JN288617

未来を拓く子どもの社会教育

UESUGI TAKAMICHI・OGI MIYOKO

上杉孝實・小木美代子　監修

立柳 聡・姥貝荘一　編著

学文社

執筆者一覧

監修者
上杉　孝實　京都大学名誉教授，畿央大学教授
小木美代子　日本福祉大学名誉教授

〔以下執筆順　＊は編著者〕
＊立柳　　聡　福島県立医科大学
柳父　立一　畿央大学
森澤　範子　川西市子ども人権オンブズパーソン
立石麻衣子　NPO 法人北摂こども文化協会
江阪　正己　志學館大学
佐野万里子　財団法人奈良市生涯学習財団
山田　隆造　前キッズプラザ大阪
水野　篤夫　財団法人京都市ユースサービス協会
大場　孝弘　財団法人京都市ユースサービス協会
宮村　裕子　畿央大学
志濃原亜美　秋草学園短期大学
掃部　陽子　家族カウンセリング研究所“ひだまり”
廣中　邦充　宗教法人西居院
星野　一人　日野市民法律事務所
田島　克哉　社会福祉法人東京聖労院
高見　啓一　NPO 法人 FIELD，近江八幡中間支援会議
小林　理恵　NPO 法人 FIELD，RINRIE デザイン
山田真理子　九州大谷短期大学，NPO 法人子どもとメディア
西村たか子　NPO 法人横浜こどものひろば　横浜きた・おやこ劇場
＊姥貝　荘一　八王子市議会議員

監修の言葉(1)

上杉孝實

子育ちの概念を提起され、それを支える活動に関わってこられた小木美代子さんの長年のご業績を記念する出版が、立柳聡さんや姥貝荘一さんたちによって企画され、私も加えて頂くことになりました。毎年開かれている、社会教育研究全国集会の子ども分科会のなかまとしてのご縁からです。青年や成人にくらべて扱われることの少なかった子どもの社会教育研究ですが、一九七〇年代には日本社会教育学会でも子どもの学校外教育を大きくとりあげることになりました。地域の変貌は、子どもの生活をも大きく変え、あらためて子どもの活動を支え、地域づくりに取り組むことが促されることになったのです。

子どもについて考え、実践するにあたっては、他世代との関係が問われることになります。子どもの主体的な育ちは、子ども自身に内在する力によるものですが、それを可能にするには、同輩集団や周囲のおとな・青年との関わりが大きく影響します。とくに、生活の土台となる地域づくりは、諸世代を巻き込んでの社会教育活動と密接な関係があります。それは、行政の縦割りを超えての共同の生活への取り組みとして実現されるものです。

これらをふまえて、子どもに関する研究や実践を展開している人々に執筆をお願いいたしました。今日の子ども観の特徴を歴史的に位置づけながら、子どもの人権がクローズアップされるようになったことの意味を考え、それを守る活動に目を向けるとともに、子どもと自然の関係に着目した実践をとりあげています。また、今日の子どもの発達を関係性において考察し、そこでの社会教育施設の役割を検討しています。さらに、ユースサービスの活動のなかで、子どもと若者のつながりを論じています。

将来が見通しにくい現代でありますが、本来子どもは未来を志向し、夢をふくらませる存在です。そのことを大切にし、未来を拓くために、私たちの課題を明らかにして、展望をもつ手がかりになればと願っています。

監修の言葉(2)

小木　美代子

一昨年の夏、立柳聡さんと姥貝荘一さんが「本を出したい」と言い出しました。というのは、一九九〇年代の半ば以降において、社会教育研究全国集会の子ども分科会で単行本を四冊（詳しくは、四三頁の〈注1〉参照）刊行しており、その第五冊目として上杉孝實先生と小木美代子の業績を俎上に上げて編みたいという意向でした。

請われれば、無下に断れないというのが正直なところ私の気持ちで、形式的にはこれまでのスタイルを踏襲し、理論と実践を組み合わせ、アクション・リサーチの方法を取り入れた本の構成にすることになりました。ただ、今までと多少異なるのは、その柱として、私たち二人のこれまでの子どもの社会教育関係の研究業績を大きく三つずつに集約し、それに合わせた実践（者）を洗い出し、その実績を受け継ぎ発展させようというのがその主旨でした。それにしても、律義なお二人に感謝です。

ところで、昔は、「子どもは風の子」といわれたように、子どもたちの外遊びは活発で、いつも異年齢集団で知恵を絞り、力を出し合い、時間を忘れて夢中になって遊んでいました。ところが、六〇年代のわが国の高度経済成長の進行に連れて、子どもの育ちの〝おかしさ〟が顕在化してきました。それを敏感に感じとった親・おとなたちは、親子劇場運動をはじめとして少年少女センターの活動、子育てサークルの活動、子どもとテレビの会の研究活動など、新しい子育ち・子育て実践を始めました。しかし、研究レベルでは成人に比して今一歩というところにありました。

そこで、これらの動きを直視し、社会教育の視点で研究を継続させていた私たち二人に焦点を当て、これに若手の主張を絡ませて一冊に仕立てるとともに、今後は、この分野の後続を育てながら次のステップへ進みたいという、彼らの意志表示の書であるともいえます。今後の日本社会のあり様を展望し、子どもの未来を拓くためにも、本書がお役に立てば幸いです。

まえがき

今回の『未来を拓く子どもの社会教育』の刊行は、二〇〇二年に学文社から出版した『子どもの豊かな育ちと地域支援』の続編ともいうべきもので、社会教育推進全国協議会が中心になって主催している社会教育研究全国集会「子ども分科会」の世話人として、子どもの社会教育の実践を大事にしながら、その理論化へ向けて長い間ご指導をいただいてきた上杉孝實先生と小木美代子先生への感謝の気持ちから企図したものです。

もう一言付け加えさせていただくならば、一九七四年の第一四回名古屋集会で「子どもの成長発達と社会教育」というテーマで「子ども分科会」が発足し、二〇〇八年八月に北海道札幌市で開催された第四八回札幌集会まで、実に三五回の実践報告と研究討議が積みあげられてきました。本書はその成果ともいうべきものです。

日本において社会教育は、長い間、主として成人教育として論じられてきました。しかし、一九八九年に国連総会で子どもの権利条約が採択され、一九〇カ国を超える多数の国による批准を得るようになった今、子どもの社会教育がやっとその出番を迎えたのではないかと思います。

ところで、今日、日本では子どもの教育問題についての書物は数多く出版されておりますが、それは学校教育に関わるものが主であり、子どもの社会教育に関する書物はあまり見当たりません。そこで本書は、子どもの社会教育研究をより深化させていくために、大学・短期大学などで子どもの社会教育や保育等の講座を担当している教員、行政やNPOといった機関・団体等で実践・研究をすすめている方々などに依頼して、大きく二部に分けて分担執筆しました。

本書の構成は、プロローグの「子どもの発達支援と権利保障」を編著者の一人である立柳聡先生に、第Ⅰ部の「子どもが育つ地域と社会教育」を上杉孝實先生と上杉先生の関係する研究者、実践者、施設職員の方々に、第Ⅱ部の

「子どもの豊かな育ちと文化・家族・社会教育」を小木美代子先生と小木先生を中心とする研究者、実践者、施設職員の方々に、最後のエピローグを私が担当させていただきました。

皆さん力量のある優れた方々であり、編集の打ち合わせで重要な柱と位置づけた子どもの社会教育の明確化ということについて、手前味噌ではありますが、手応えを感じています。

本書を、子どもの豊かな育ちを願う多くの方々をはじめ、子どもの社会教育に興味や関心のある一般の読者の方々にも読んで理解していただけるように願っています。

二〇〇九年一月一六日　北京空港にて

編著者　姥貝荘一

目次

第Ⅱ部　子どもの豊かな育ちと文化・家族・社会教育

プロローグ：子どもの発達支援と権利保障

立柳　聡

はじめに

一九七四年に誕生した社会教育研究全国集会「子ども」分科会の歴史を振り返る時、一九九〇年代は、いくつかの意味で変革期と位置づけられると思います。最も重大なことは、それまで「子ども」分科会が用いてきた基本的な概念や理論が見直される動きが生じたことです。

その一は、子どもの権利条約の登場を受けて、子どもを「発達」主体としてとらえる子ども観が世界的なスタンダードとして認識されるようになったことに伴うものです。従来使われてきた「健全育成」という概念には、おとなの主導性の下に、その理想とする姿に子どもを導こうとする意味合いがまとわりつき、九〇年代の初頭には、筆者も含め、新たな子ども観との間に顕現してきた矛盾をどのように解消するか？　折々に議論されるようになりました。こうしたなか、一九九四年に出版された『児童館・学童保育と子育ち支援』を通じて、本質は「発達」である子どもの主体的な試行錯誤による育ちを「子育ち」、それをおとなや年長者が支援することを「子育ち支援」として概念化し、見事に解決したのが、七〇年代の「子ども」分科会草創期から、子どもを発達論的にとらえてきた小木美代子さんでした。

同じ年に打ち出された国のエンゼルプランによって、「子育て支援」の概念が急速に普及しましたが、これも、養育、保育、教育など、子どもの育ちの支援に関わるおとな、なかんずく保護者の困難を軽減するための支援が本質であって、子どもを「発達」主体ととらえ、直接的に支援するものではなかったことから、この矛盾に気づいた人たちに次々と受け容れられ、各地で「子育ち・子育て支援」の名称が採用されて、広まるようになったことが、「子育ち」や「子育ち支援」の概念の有効性や意義をみごとに証明しています。子どもという存在やその育ちの矛盾をどのようにとらえ、析出していくか？　子どもの権利条約の時代に即した「子ども」分科会における新たな視点も確立されていきました。

その二は、「発達」とは、主に心理学や教育学の世界で用いられる概念ですが、心身の変化とその段階的なプロセス、取り分け、「学習」や経験の積み重ねによって導かれる精神的な変化を意味することから生じたものです。すると、子どもが「発達」主体であるならば、その「発達」は、原理的にどのように展開するのか？　「子育ち」の概念に即せば、「子育ち支援」の本質は、子どもの「発達」を促すこと＝「発達支援」と考えられましょうが、具体的にどうすればよいのか？　この点を精緻に解明することが「子ども」分科会の課題として、明確になってきたことです。それは、「子どもの学校外教育」や「子どもの社会教育」の名の下に注目し、検討を加えてきた各地の実践のとらえ方にも変化をもたらしました。これまでに例のない実践が有する先駆性をあぶり出し、それを評価すればよいわけではなく、真に「子育ち支援」に適うものであるのか？　を、検証しなければならなくなったからです。今世紀始まりの頃の胎動を経て、二〇〇三年度の「子ども」分科会以降、育ちの試行錯誤の渦中において、とりわけ多大な困難に直面しているとみられる子どもに焦点を当てた「子育ち支援」を課題とする分散会が毎年設けられるようになったことは示唆的です。しかし、十分な展望はまだ開かれていないと思われることから、本稿は、とくにこの点に迫る一助になることもめざし、草することにしました。

その三は、九〇年代、不登校や高校中退の子どもたちが一〇万人を超える状況になったり、虐待の把握も急増、いじめも依然として多発しているなど、時に命がけであるほどに、重大な困難の中で育ちの試行錯誤を繰り返す子どもたちの実態が明らかになり、また、一九九七年には、世に言う「神戸事件」が発生して、全国に戦慄が走りましたが、子どもの育ちの危うさの克服をどのように〝実現〟していくか？　不可避な課題と認識されるようになったことに伴うものです。教育、福祉、保健・医療など、究極的には子どもたちの健やかな育ちと幸せを体現することが本質であるなら、それを本当に現実のものとする実践こそが真に重要なものであり、それを支える理論や研ぎ澄ましていく方法も、アクション・リサーチ＝実践的な有効性の裏付けの下に構築していかねばならないとの認識が悟られるようになったのです。そこで、それを巧みに展開するにはどうすればよいか？　を今も問い続けながら、二〇〇〇年以降、筆者ら「子ども」分科会の世話人の一部は、子どもの育ちに関わる諸分野の協働によって構築される「発達」の視点に立った臨床・実践・学際的な学問体系として「子育ち学」の確立をめざし、裏付けとなる実践の集約に一段とこだわりをもって複数の関連書の編集を進め、世に送ってきました。よって、そうした筆者の本稿の内容は、当然、学際的なアクション・リサーチによる検証が必要であり、その意味で〝仮説〟であることをお断りして論を進めます。

1　地域・地域社会が促す子どもの「発達」とは何か？

子どもの「発達」という場合、「学習」や経験の積み重ねによって導かれるどのような精神的変化を意味するのでしょう？　また、それを促すために有効な「発達支援」の具体的な方法とは、どのようなものなのでしょう？　たとえば、社会教育の実践が展開するステージは、基本的に地域や地域社会であるといわれてきましたが、基本的な生活習慣が主に家族という集団内で身につけられるように、また、知力・学力が主に学校において培われるように、地域や地域社会を基盤に展開する教育、福祉、保健・医療、司法、心理など、さまざまな分野の単独、もしくは、協働の実践によって、固有に、もしくは主として促される子どもの「発達」とは、何なのでしょうか？

人類という生き物の普遍的な特徴を探究している人類学の知見を振り返って考えてみると、人類は、高度な頭脳を用いて文化を創造し、世界中さまざまな環境に適応して暮らすことができる能力＝遍在性によって、違った環境の下に暮らす集団ごとに異なる肉体の特徴＝多様性を獲得しました。また、他の動物との相対的な比較で、それぞれの集団のなかでも、個体ごとに顔形、身長、体型、血液型、性格などが多々異なる特徴＝多型性も身につけました。結局、人類という生き物の注目すべき特色の一つは、個体ごとに顕著な個性＝それぞれの個体（自分）らしさを有することと思われます。

それと同時に、もう一つの注目すべき特色は、社会的な存在であることです。社会とは、わかりやすくいえば、自分を取り巻くさまざまな人間との間に張りめぐらされた多種多様な人間関係の網の目の総体です。人類は、運動能力が未熟な状態で生まれ、脳のすべての分野が成人の域に成長するまで、約二〇年もかかります。生まれたばかりの赤ちゃんは、自力で生きるには多分に無力であり、両親や祖父母など、親子、親族など、身近な他者との人間関係の下で助けを得て、初めて「成長」・「発達」することができます。正に、旧ソビエトの心理学者、L・S・ヴィゴツキーが折々に述べてきたように、「子どもは生まれた時から社会的存在である」のです。それゆえに、社会を構成する一員として、文化を共有し、社会を巧みに維持、発展させる資質や能力＝社会性なり、もう少し本質に照らして具体化すれば、自分と共に社会を構成するさまざまな他者を思いやり、協調・協力して生きていくための資質や能力＝道徳性を、子どもの頃から少しずつ身につけて一人前とされる人間＝おとなになっていくこと＝「社会化」が、個々の人間に期待されることになります。

これらを逆説的に総括すると、自分らしさを確立したり、それを体現する生き方＝自己実現ができるようになることと、社会性や道徳性を着実に培い、身につけていくことが、子どもにとって、極めて重要な「発達課題」であると認識されます。

この点をめぐって、従来の発達心理学の定説を振り返ってみると、自分らしさ＝他者とは異なる自分に対する認識＝「自己意識」は、乳幼児期の自分と他者をはっきり分けて認識することができない葛藤を機に、小学校に入り、仲良く遊んだり、けんかをしたり、一緒に勉強するなど、同世代の友だちとの関わりが増え、規範やルールを守ることを学んで、社会性の「発達」の基礎を築くことと並行して培われ始め、中学校に入学した頃から二〇歳代の半ば頃までの青年期に、性的成熟や行動範囲の広がりとさまざまな他者との出会い、価値観などをめぐる抽象的な思考の実現などを契機に、自己の内面との対話が進んで築かれていくとされています。一方、社会性や道徳性は、乳幼児期に母親からの愛情を感じることから培われ始め、母親への思いが、やがて他の家族員へ、そして、学校に入学する頃から友だちを介して、さらに、付き合いの拡大に伴い、世の中一般の他者に向けられるようになるなかで、規範やルールを身につけることと共に「発達」するとされています。

すると、ここから二つの重要なことがわかります。一つは、「自分らしさと社会性・道徳性」が相乗的に培われ始める人生の時期が、概ね小学校に入学した頃からであり、就学の時期を超える時期まで続くこと、並びに、それが家族や学校の枠を超えて展開するものであることが理解されます。これは正に、子どもたちが家族や学校の拘束を離れ、放課後や休日に、地域で、そして、地域社会を相手に自由に行動を始める時期や、それが当たり前になる時期と一致しています。よって、「自分らしさと社会性・道徳性」の「発達」が主として促される場面は、地域や地域社会とみられることです。もう一つは、いずれも他者との関わりの中で積極的に促されるとみられることです。したがって、そのための支援は、さまざまな人間たちが関わり合う場面や機会に満ちた社会教育はじめ、地域や地域社会を基盤に展開するさまざまな関係分野の単独、もしくは、協働による「子育ち支援」の実践に期待されるものが大きいと考えられます。

2 ヴィゴツキーの「発達の最近接領域」理論が示唆する「発達支援」のあり方

すると、こうした「子育ち支援」の実践を、より一層有意義なものとするための要点、否、子どもが「自分らしさや社会性・道徳性」を積極的に培うことができるよう促す有為な方法とは、どのようなものか？　考える視点がさとられてきます。

発達心理学の世界では、長らく一九六〇年代の初頭頃まで、「発達」とは、子どもが何かをできるようになる年齢は生得的に決まっており、別段教えなくとも、その時期がくればできるようになる自然現象的な能力の発展であり、「学習」とは、教えられることによって引き起こされる能力の発展ととらえられてきました。この結果、あることを「学習」させたいのであれば、そうした「発達」のスケジュールを考慮して、適当な時期を見計らって働きかけることが肝要とされ、とくに知育の面から学校教育のカリキュラム作りに活かされてきました。

こうした常識を覆したのが、ヴィゴツキーでした。その考えのコアは、一般に、「発達の最近接領域」とよばれている理論です。個人的に要約すれば、子どもが自力で行いうる問題解決のレベルと、おとなや自分より能力の優れた仲間による「学習」の援助や助言を得て行いうる問題解決のレベルには差があり、前者が現状における「発達」の到達点であるとすると、後者はそこから生え出た蘖《ひこばえ》のごとき能力の芽が、これよりぐんぐん伸びようとする発展域＝潜在的な「発達」の到達点とでもいうべきものです。要するに、ヴィゴツキーは、子どもが育ちの上で課題となることに対応する際、現状の自前の能力で解決できることと、他者からの支援や協力を得て解決できることがあることを指摘し、後者への挑戦の繰り返しによって、「発達」が促されることを明らかにしたのです。この結果、子どもの「発達」に関する理解をめぐって、二つの新たな視点が誕生しました。一つは、それが専ら自然現象的なものではなく、おとなや仲間からの働きかけによって、意図的に促されうるものであるという認識（教育の意義）。もう一つは、それが専ら個人の内面的な変化なのではなく、〝他者との関わりのなかで発現し、変化する現象〟であるという認識です。

一方、ヴィゴツキーには、これらを理解する前提とも考えうる極めて重要な別の認識があります。すなわち、人間は絶えず自分を取り巻く外界＝環境に対して能動的に働きかけ、変化させる主体的な存在であるというものです。とくに興味深いのは、子どもの場合、そうした外界への働きかけにおいて困難に直面した場合、自ら周囲のおとなや有能な仲間に話しかけ、相談する＝コミュニケーションをとるか、それができない場合は、独り言のように、そのことを呟き始めるという指摘です。ここで改めて「発達の最近接領域」理論を参照しながらこの状況を解釈すれば、外界への働きかけにおける困難との直面＝現状における「発達」の到達点、おとなや有能な仲間とのコミュニケーション＝潜在的な「発達」の到達点への移行の模索ととらえられましょう。よって、はたして、「ねえねえ」なのか、「ちょっと…」なのか、「聞いてよ！」なのか、呼びかけの言葉はさまざまでしょうが、子どもがおとなや能力の優れた仲間とコミュニケーションを求めたり、呟き始めたその時こそ、正に、その子どもに対して真摯に向き合い、課題となっている困難を解決するために、誠意ある支援や協力に応じることが、「発達」を促す上で必須な取り組みになると理解されます。しかも、子どもが存在する場面では、常にそれが起きる可能性がありますから、子どもたちと日常的に接しているおとなたちによる時宜を得た「子育ち支援」に大きな期待がかかります。とくに、「自分らしさと社会性・道徳性」の「発達」が主として促される場面となるのが、地域や地域社会であるとすれば、そこに位置する児童館や学童クラブ、フリースクールなどの地域子ども・若者施設の職員や、町内会、育成会など、地域社会を構成する一員として、子どもの健やかな育ちに心を寄せる人たちの役割が重大です。

なお、この点と関わって、ヴィゴツキー研究の専門家であるＪ・Ｖ・ワーチの指摘が重要と思われます。ワーチによれば、「発達の最近接領域」理論を踏まえ、現状における「発達」の到達点から潜在的な「発達」の到達点への移行のプロセスを考えた場合、以下の四つの段階が存在するとしています。

第一段階：子どもがおとなの助言や指導をうまく理解できず、主張が齟齬する段階

第二段階：子どもはおとなの助言や指導に対し、十分に応じきれない段階

第三段階：なおもおとなの助言や指導の下にありながら、子どもが自力で考え始める段階

第四段階：子どもが完全に自力で考え、問題を解決できるようになった段階

結局、こうした違いが生じるのは、おとなの助言や指導が内面化されるには、それを解する言語的な能力などの知力、推測したり共感する感性、理解の助けとなる経験が求められるからであり、その子どもがそれらを身に着けた「発達」を遂げていることが必要だからです。裏返せば、たとえば、五歳の子どもには五歳の子どもがわかるように、中学生の子どもには中学生の子どもがわかるように、コミュニケーションを求めたり、呟き始めた子どもたちの「発達」を促せるように真摯に向き合うには、その子どもがどのような「発達」状況にあるのかを常に考慮して、それに見合う工夫が求められると理解されます。しかし、そうした知見や理解があれば、それで完璧であるのか？　後ほど論じたいと思います。

3　ハリスの「集団社会化」理論の貢献と限界

既述のヴィゴツキーの主張のなかで、もう一つ注目しておきたいことがあります。それは、おとなとの関わりのみならず、自分より能力の優れた仲間との関わりによっても、「発達」は促されるという指摘です。ここにいう仲間とは、日本では、概ね「先輩」と呼ばれるような、数歳くらいの年齢幅の年長者と思われます。または、かつて西日本を中心に各地の地域社会に存在した若者組、今日的には青年団を構成する顔ぶれを想起してもよいでしょう。

こうした仲間や集団の意義をめぐって、発達心理学による従来の説明は、一二歳頃から子どもは「自我」の急速な「発達」によって、親や年長者に対する反抗や既存の価値観や制度への懐疑を伴いながら、一個の人格として独立に向かうプロセス＝青年期に移行するが、世の中に対する認識や問題解決能力の不足から不安も増大し、親の庇護に代わり、同様な立場にある仲間同士の絆や助け合いが重要な意味をもつようになるというものでした。

いわば、先行世代が培ってきた文化の受容と拒絶の葛藤、自分らしさの模索と確立の中で、社会性や道徳性も研ぎ澄まし、当該社会を構成する一人前のおとなに「発達」する＝「社会化」という認識が語られてきたと思われます。

ところが、こうした定説を覆す理論が発表されました。日本では、一般に『子育ての大誤解』の著者として知られるJ・R・ハリスの「集団社会化」理論です。ハリスは、そうした子どもたちが、先行世代から見ると違和感や嫌悪感を伴い、反感や顰蹙を買うような装い、行動、言動、態度などを集団的に示し、いわば、当該社会全体が共有している支配的な文化とは異なる独自の文化を創造し、保持するのは、親や年長者に対する反抗や既存の価値観や制度への懐疑によるものではなく、個々の子どもや若者が同世代の集団に受け入れられたいために、忠誠の証として、先行世代とは異なる彼ら独自の文化に積極的に同化しようとすることによって生じるものであり、その集団のなかで「自分らしさと社会性・道徳性」を「発達」させることに気づき、今後の研究の進むべき方向を明らかにしました。現代の日本の子どもや若者にも当てはまることと思われ、示唆的です。

そこで、子どもや若者の集団が形成され、活躍する施設や契機として、児童館と青年団を例に考えてみます。一九九〇年代の終わり頃、筆者は法政大学の教壇にも立たせていただいていました。実質的に児童厚生員・放課後児童指導員の養成を念頭においた講座を担当して、多くの学生たちを児童館や放課後児童クラブに誘いました。ある年度の最後の授業の際に、一年を通じて多くの児童館や放課後児童クラブを訪れ、活動した一人の男子学生が、「先生、たくさんの子どもたちがやってきて、繁盛している児童館には、理由があります。」と断言しました。その言葉に驚き、「それはどういうこと?」と問いかけました。彼の答えは明快でした。「名物職員がいるんですよ。子どもたちを叱っていい。でも、どこかで常に子どもたちにとって心のより所になっていて、子どもたちに何かがあれば、いつでも頼もしく助けてくれる。そんな人がいる。」あるべき児童館の姿を追い求めてきた筆者にとって、あまりに確信に満ちた彼の言葉を忘れることができず、そこに込められた真理をめぐる思索が始まりました。また、二〇〇二年、社会教育研究全国集会が沖縄で開催されることになり、その企画・準備・運営に責任ある立場となった筆者は、それに先立つ約二年、しばしば沖縄を訪ね、その文化や社会に親しむこととなりました。多くの忘れがたい思い出のなかで、一際印象に強いのは、字公民館にある青年団の部屋の様子や、エイサーに代表される青年団の活発な活動と、沖縄出身の若者たちの故郷に対する極めて強い思い入れでした。進学や就職などで、普段は他所に暮らしていても、エイサーの季節が近づけば、必ず故郷に帰り、青年団の仲間たちに合流することを誇らしげに語る多くの若者たちに出会い、なぜ、そんなにも青年団に惹かれるのか？ 問いかけたものでした。「だからよー、いつもみんな待っていてくれるさ。この仲間たちと一緒にいると心和む。元気になれて、楽しいさー」そんな類の答えに何度となく出会いました。この当時、世間的にしばしば使われていた「居場所」という概念と響き合うものがあるようにも思えましたが、当時の筆者の認識では、決め手とはなりませんでした。いずれにせよ、青年団は各地にありますから、その組織に固有な絡繰りによるものなら、全国的にそうしたことが見られるはずですが、そうでもない。すると、子どもや若者の集団が形成され、活躍する施設や契機があれば、ハリスのいう「集団社会化」が、常に順当に展開するわけではないようです。

4　ボウルビィの「愛着理論」とその発展が明らかにした子どもの「発達」の原理

こうした違いが何故生じるのか？ を考える上で、重要な手がかりを与えてくれるのは、「愛着理論（Attachment theory）」や「対象関係論（Object relation theory）」に基づく発達心理学の知見と思われます。依存関係、マザーリング（愛撫などの母性的行動）の重要性についての議論を経て、早くも一九五〇年代に、母子関係の本質の解明に「愛着理論」を提起したのは、イギリスの医師で精神分析家でもあったJ・ボウルビィです。ボウルビィは、ホスピタリズム[1]の研究により、人類の乳児には、母性的な養育を与えてくれる特定の人間が必要であると考え、さらに、K・ローレンツなどの比較行動学の成果を踏まえ、乳児には、他者との結びつきを求め、それを維持しようとする行動のシステムが生まれながらに備わっているとの見解にたどり着きました。換言すれば、「接近行動」（おっぱいを吸うなど）、「定位行動」（声が聞こえる方を向くなど）、「養育行動」（特定の養育者が、乳児の能動的で積極的な接近行動や定位行動＝「愛着行動」にタイミングよく、適切に応じること、さらに、子どもに愛を抱いたその養育者からの積極的な働きかけ＝声かけ、微笑みがえしなどが生じ、そうした双方向のやりとりを繰り返すこと）によって、乳児は、この養育者との間に親密で継続的な行動を維持しようとする情愛の絆を形成するようになるとし、彼は、これを「愛着（Attachment）」とよびました。そして、それがその後の子どもの安定した発達において、不可欠なものになると主張したのです。

ボウルビィの「愛着理論」は、その後、M・D・S・エインズワースやM・メインらによる実証的な研究、たとえば、ストレンジ・シチュエーション法による形成された「愛着」の質の違いの測定、乳幼児の「愛着」の発達研究などによって大きく進化を遂げました。エインズワースは、後者の研究によって、それが四つの時期に区分されることを示し、とくに、「明確な愛着期」と呼ばれる第三期（二〜三歳頃）に、幼児は移動能力の向上と共に、自分を取り巻く環境に対する「探索行動（冒険）」を活発化させ、次第に活動の範囲を広げていく仕組みを解明しました。すなわち、この頃の幼児は、環境に興味や関心を抱きつつも、見知らぬ人に話しかけられるなど、新規の場面に不安や危機を感じるとすぐに母親の元に戻り、その後ろに隠れたり、足にしがみついたりします。こうして安全を確保し、しばらく様子を見て安心すると、再び「探索行動」を始めます。これを繰り返すことによって、幼児は次第に活動範囲を広げ、知人を増やし、環境に対する知見を豊かなものにしていくことに気づき、こうした幼児の「探索行動」を支える母親とは、幼児に対して常に受容的に応答してくれる絶対的に安全な場所であり、不安を払拭し、安心を与えてくれる心のより所であることを指摘したのです。彼女は、こうした母親の存在と役割を「安全基地（Secure base）」とよびました。

ボウルビィは、こうした母子関係、または、母性的な養育者と乳幼児との関係（以下、「良好な母子関係」）が、自尊感情を培う源であると同時に、その他の人間との人間関係の原型であり、その後の社会的適応、社会性や道徳性の涵養に重大な影響をもたらすことを主張しました。すなわち、「良好な母子関係」が築かれ、常に勇気づけや支援を怠らないような親（養育者）の下で育った人間は、自主性や自己肯定感に優れ、他者への信頼感も厚く、人間関係の形成や仕事の達成に成功をおさめる傾向にあるのに対し、それを失ったり、剥奪された場合（Maternal deprivation）は、免疫機能が低下し、罹患率が高くなる他、愛情によって他者との結びつきを作ったり、維持する能力に障害が生じて、犯罪などの反社会的行動、虐待や自傷行為、転職の繰り返しなどを示すようになると指摘したのです。

　この点に関わって、筆者なりに若干の補足を記せば、N・アイゼンバーグなどが指摘するように、注目すべきは、乳幼児期に親（養育者）との間に培われた「愛着」が生み出す信頼と安心が、子どもの「発達」を促す極めて重要な二つの力を生み出すことです。一つは、親（養育者）から愛されている実感がもたらす自信と自己肯定感、もしくは自尊感情＝自分らしく生きていく力の源であり、自分が独立した存在であることを自覚し、別な存在である他者を支援できる立場にあることの気づきにつながります。もう一つは、精神状態の安定と他者の感情や思いに関心を寄せる余裕です。それは、第一義的には、自分を受けとめ愛してくれる親（養育者）への補償感情（この人に心配や迷惑をかけることはできない、申し訳ないという思い）として発現し、やがて他者一般を思いやる共感能力へと高められ、社会性や道徳性の基礎になっていきます。結局、自信・自己肯定感・自尊感情と社会性・道徳性の涵養は相関していて、共に「愛着」に基づく〝愛される経験〟に由来するのです[2]。

　さらに、ボウルビィは、〝特定の個人に対して親密な情緒的絆を結ぼうとする傾向が人間性の基本的構成要素〟であり、それが新生児期に原初的に発現し、老年に至るまで存在し続けるとして、「愛着理論」の核心とみられる認識を明らかにしました。この結果、思春期の子どもや出産を控えた妊婦、軋轢の多い職場で働く労働者、悩みを抱えた人などにおいても、不安を払拭したい思いから、「安全基地」への欲求が高まることにも言及しています。

　ボウルビィの説明を要約すれば、〝愛着行動の、臨床的に最も大切で、それに関わる個人の年齢には関係のない特徴は、その行動に伴う情緒の強さと、愛着を持つ個人と愛着の対象との間に、どのような関係が成り立っているかによって決まってくる情緒の種類である〟と筆者は理解しますが、結局、何らかの人間関係が取り結ばれれば、そこに自動的に「愛着」も形成されるわけではなく、当該人間関係に伴う〝質〟が問題になることを明らかにしています。

「安全基地」概念の紹介以降ここまでの議論を振り返れば、それは、「愛着行動」に踏み出した個人が、その対象となる特定の個人からの受容的な応答によって、絶対的な安心感を与えられ、自尊感情を高めることができるような関わりが担保されるか否かに懸かると思われます（以下、こうした特定の個人を「Mentor」と称します。[3]）。

かつて筆者は、〝子育ちを促す望ましい発達環境〟が本質と思われる「居場所」の概念をめぐって、到達点は、福田雅章さん（一橋大学名誉教授）が提示した「人として安心と自信と自由を保障する人間関係」という認識に集約されると指摘しましたが[4]、改めて「愛着理論」に照らしてみると、納得と思われます。結局、名物職員がいる児童館が繁盛するのは、この名物職員が「Mentor」であるからであり、また、沖縄の青年団が盛況なのは、そこで築かれる人間関係に、既述のような担保されるべき〝質〟が伴っているからであり、共々福田さんが概念化した「居場所」として子どもや若者が認識し、「Mentor」との付き合いのなかで、自ら知らぬ間に居心地よく「発達」を遂げているためだと考えます。[5]本書に収録させていただいた実践論文もまた、この点で多くの証左を提供していると思われます。

なお、管見では、その後、「愛着理論」は、イギリスとアメリカを主たる舞台に、M・クラインなどのクライン派、W・R・D・フェアベーンやD・W・ウィニコットなどの独立学派、O・カーンバーグやH・コフートなどの北米対象関係論者、D・N・スターンなどの精神分析・乳幼児精神医学など、主として「対象関係論」と括られる発達心理学の学派に分類される研究者や精神分析学者らとの間で論争を交わしたり、相互に影響を与え合いながら発展を遂げました。既述のように、ボウルビィは、特定の個人に対して親密な情緒的絆を結ぼうとする傾向が、人間の一生を通じて発現するものであると考えていましたが、この間、現実には、乳幼児期を対象とした研究に偏りがちでした。しかし、二一世紀になって間もない今日、成人の「愛着」をどのようにとらえるか？　研究は第二ステージに入ってきているようです。[6]

また、医学や大脳生理学による近年の「愛着」に関する研究にはめざましいものがあり、Maternal deprivation がさまざまなトラウマを生み出すことから、トラウマや心的外傷後ストレス障害（ＰＴＳＤ）との関係でとくに研究が深められていると思われます。たとえば、大脳辺縁系に位置する海馬（Hippocampus）は、記憶の機能に関わる重要な脳の一部として知られますが、「愛着」が奪われることによって生じるトラウマが、脳幹や海馬の成長を阻害することもわかり、情緒や行動に問題を抱えた子どもたちの心の背景が解明されてきています。さらには、そうした成果を踏まえ、「愛着」を修復するための臨床研究も進んでいます。「愛着理論」は、そうした自然科学による注目すべき根拠にも支えられ、重要性が強く認識されるようになっていることを、社会科学の立場にある研究者は、よく理解すべきです。

5　子どもの権利保障のためのオンブズパーソン制度の意義

子どもの「発達」とそれを促す方法について、ここまで原理的な確認を進めてきましたが、そうした取り組みを支援する政策・施策や法制などがあれば、子どもたちにとって一段と福音になります。二〇〇七年度に全国の児童相談所が対応した虐待相談件数は史上初めて四万件を超えました。二〇〇三年七月から二〇〇六年一二月までに虐待によって死亡した子どもは二九五人と報告されています。こうした子どもたちの処遇をめぐって、児童養護のあり方も検討と改善が進められていますが、入所した施設で虐待される子どももいます。二〇〇七年度、全国の小中学校で把握された子どもの暴力行為は五万二七五六件で、過去最多となりました。同様にいじめの認知件数は一〇万一一二七件、自殺者は一五八人と把握されています。二〇〇八年一〇月現在、保険料の滞納によって、国民健康保険証を取り上げられた子どもは三万人を超えました。この他、不登校、ひきこもり、就職難、高校中退、薬物中毒、妊娠中絶、非行、拒食、過食、リストカットなど、育ちの上でさまざまな困難を抱え、苛立ちやストレスを抱えた子どもや若者が溢れているのが、日本の現状です。しかし、「はじめに」に記した実態と比べていただけば一目瞭然、今に始まったことではなく、このところ一段と悪化したり、ほとんど改善されないまま推移しているととらえるのが適切と思われます。たとえば、二〇〇五年、日本にやってきた国連子どもの権利委員のN・リウスキーさんは、物質的に豊かで、一見すると何も問題がないかのように思われながら、知らぬ間にじわじわと首を絞められ、気がつけば取り返しのつかないほどに傷つけられてしまっている日本の子どもたちのそうした現状を、「目に見えない権利侵害」[7]と表現し、憂慮される事態と指摘して帰国されました。

何とか、子どもの「発達」の原理に適う方法で状況を改善していきたいものですが、そのためのより所となるのは、子どもの権利保障を進める世界的な指針である子どもの権利条約と思われます。日本はこの条約の批准国であるため、その法制上の位置づけは憲法に次ぐものとなります。子どもの権利条約を所管する国連の専門機関である国連子どもの権利委員会（UNCRC）によって、定期的に履行状況の審査も受けなければなりません。過去二回、一九九八年と二〇〇四年に審査が行われ、最終所見（改善勧告）が出されています。とくに、いずれの勧告においても、日本の子どもたちが、育ちの上で何か困難に直面し、助けを求めたくても、それを受けとめる制度や機関、専門家がほとんど存在せず、仮に相談できても有効な解決に導いてもらえない現状の改善が強く求められ、具体策として、子どもの権利保障のためのオンブズパーソン制度の創設や普及が盛り込まれたことは、注目を要します。それは、子どもの権利保障のためのオンブズパーソンが、悩み、不安など、困難を抱えた子どもと直接向き合い、その思いに耳を傾け、関係するおとなや機関との間に立って、問題解決に当たる機能を有するものと考えられるからです。

そうしたUNCRCからの二度の勧告にもかかわらず、未だに日本政府が国としてそうした制度を設けていないなか、早くも一九九八年、全国に先駆けて条例を制定し、独自に子どもの権利保障のためのオンブズパーソンを制度として発足させた自治体が、兵庫県川西市でした。この詳細は、第I部の森澤範子論文が扱っているので、そちらを参照していただきたいと思いますが、子どもの権利条約に基づいて、子どもの権利の確立を図ることの重要性を認識し、オンブズパーソン制度の創設を提言した「子どもの人権と教育検討委員会」で中心的な役割を担ったのが上杉孝實さんでした。

その後、川西市の条例と制度に触発されて、同様のものを制定、創設しようとする動きが各地に起こりましたが、それを超える内容を伴うものは、今のところ誕生していないと筆者は認識しています。逆にいえば、川西市子どもの人権オンブズパーソン制度の鋭い慧眼は、以下の点にあると考えます。①職務を遂行する子どもオンブズパーソンを、公的な第三者機関と位置づけると共に、人格が高潔で社会的信望が厚い、子どもの人権問題に優れた識見を有する人に委嘱すること。（独立性と専門性の確保）、②子どもオンブズパーソンを、子どもの利益の擁護・代弁者としていること。（子どもオンブズパーソンを介した子どもによる直接的な救済請求権の承認）、③子どもオンブズパーソンに、調査権、資料提出請求権、問題解決に向けた勧告・意見表明権、並びに、その公表権、是正などの措置について報告を求める権利を認めていること。（実効性のある問題解決に向けた手段の担保）④子どものオンブズパーソンに、利害調整のためのおとな間での告発や対決よりも、問題の当事者である子どもとおとな、または関係機関・施設などとの間に建設的な介入を行うことによって問題に対処することが期待されていること。（対話的・調整的な問題解決）、これらを総合すると、川西市の子どもの人権オンブズパーソン制度の顕著な特色は、子どもの相談を受け付けた上で、関係するおとな同士で利害関係の調整に当たるのではなく、関係する子どもとおとなの間の人間関係の〝質〟の改善を実現することによって、問題の解決を図ろうとする点にあると思われます。まさに、既述のような子どもの「発達」の原理に適い、また、子どもの権利条約の核心的な理念の体現に迫る出色の取り組みと認識されるものです。

6　子どもの「意見表明権」の本質とそれを裏付ける「愛着理論」

この理由は、子ども の権利条約の本質を振り返ることによって、直ちに明らかになります。子どもの権利条約は、前文において、それが「子どもの保護及び調和のとれた発達のため」に協約されるものであることを記すと共に、すべての条文の解釈の礎となる最も重要な理念＝「一般原則」を盛り込んだ条文の一つである第六条二において、「締約国は、子どもの生存及び発達を可能な最大限の範囲において確保する」と規定し、その本質が、一八歳未満のすべての子どもの「発達」を促すことを保障するものであることを明らかにしています。そして、同様に一般原則の条項である第一二条において、いわばそのための方法として「意見表明権」を規定しています。世間一般には、これを、子どもに自由にものを言わせたり、そのための機会を設けたり、制度的に保障すること、はては、子どもの言ったことに、無条件でおとなたちが従うことを規定するもののように受けとめる誤解が蔓延していて、何とも困ったものですが、本質は、「子どもが自分の〝意見〟を、無視されることなく誠実におとなたちに受けとめてもらえる権利（おとなに対する応答請求権）、もしくは、〝意見〟表明した子どもに対し、その子どもの「発達」状況に合わせて応答することをおとなたちに義務づけるもの」であり、応答の中身も肯定的なものとは限りません。きちんと理由を示し、いわば、〝誠実に叱ったり、諭す〟ことも含まれています。しかも、ここにいう〝意見〟は、「Opinion（言語的に表現された意見）」に限定されるものではなく、本質は「View（身振り、手振り、しぐさ、泣き声など、非言語的に表現されたものも含めた思いや欲求）」であることにも注目しなければなりません。何故ならば、ここから、たとえば、学校に通い、言語の運用能力など、本格的に知力や学力の「発達」を促す機会にたどり着いていない生まれたばかりの赤ちゃんや、言語的な表現に困難が伴う障がいを負った子どもたちも、「意見表明権」を有する主体であることが明らかになるからです。

こうした理解が導かれる理由は、子どもの権利条約の本質が、子どもの「発達」を促すものであるからであり、それは、「愛着行動」に踏み出した子どもが、「Mentor」からの受容的な応答によって、絶対的な安心感を与えられ、自尊感情を高めることができる〝質〟を伴った人間関係のなかで導かれるからです。子どもの権利条約第一二条が規定する子どもの「発達」を促す一般原則である「意見表明権」は、疑いなく「愛着理論」という実証性に満ちた科学的な根拠に基づくものなのです。この点を担保した川西市の子どもの人権オンブズパーソン制度の先駆性は疑えません。

結語――「子どもの社会教育」の本質と子育ち支援のこれから――

最後に、本書の主題を念頭に、標記の副題に基づいてこれまでの議論を総括し、結びとします。一九九九～二〇〇〇年、筆者は、「子ども」という存在と人々の自主的な学びや学び合いを本質とする「社会教育」を結びつける実践と理論を総称して「子どもの社会教育」と概念化すると共に、その構造は、子どもの発達状況の違いを踏まえ、仮に〇歳から一八歳まで、「子どもによる自主的な学びや学び合いの実現」に要件を求め、それは普遍的に可能であるのか？ との疑問を傍らに抱えながら、① 中高校生の子どもを主として念頭に、正真正銘子どもによる自主的な学びや学び合いが展開する場合、② 小学生以下の子どもを主として念頭に、おとなからの一定の助力や働きかけを得て自主的な学びや学び合いを展開する場合、③ ②を逆説的に捉え、子どもが自主的な学びや学び合いを展開できるように、より有効な助力や働きかけを実現する力量を高めるためのおとなの学びや学び合い、という三つの側面を有すると提起しました。[8] しかし、この機会にこうした見解を更新したいと思います。

具体的には、その後に「子育ち支援」や「子育ち学」の概念が提起されたことを踏まえ、今後は、地域や地域社会を基盤に展開する教育、福祉、保健・医療、司法、心理など、さまざまな分野の単独、もしくは、協働による「子育ち支援」において、子どもが「Mentor」と認識するさまざまなおとなや年長者、自分より能力の優れた仲間との共同・協同で自主的に学び合う場面や機会における「発達支援」の側面を「子どもの社会教育」と再定義します。

すると、子どもの「発達」や子どもに対する「発達支援」に関するここまでの検討を踏まえ、その本質や構造上の特色を、以下のように提起できると考えます。

「子どもの社会教育」の本質は、生まれたその時以降、「愛着行動」に踏み出した子どもが、「Mentor」からの受容的な応答によって、絶対的な安心感を与えられ、自尊感情を高めることができる〝質〟を伴った人間関係＝「愛着」が成立する環境のなかで、「Mentor」と共に、もしくは、「Mentor」を含むさまざまなおとなや仲間と一緒に、自主的に展開する学びや学び合いであり、とくに、「自分らしさと社会性・道徳性」の「発達」を促すものであることです。よって、「子どもの社会教育」の構造上の特色とは、常に、「愛着」に裏付けられた人間関係によって結ばれた子どもと「Mentor」との共同・協同のなかに成立するものであることです。「子どもの社会教育」は、紛れもなく子どもが誕生したその瞬間から成立するのです。

「教育」の一つの本質が〝子どもや人間一般の「発達」を意図的に促す営為〟であり、「社会教育」もその一部であるなら、「子どもの社会教育」においても、本質の探究において常に原点として考慮されるべきことは、子どもの「発達」が促されることです。〝真に子どもの「発達」を担保する〟子どもの自主的な学びや他者との学び合いとはどのようなものか？　が問われなければなりません。自主的な学び合いを進める仲間は子どもだけか？　一部に支援者としておとなも加わるのか？　といった顔ぶれによる分類や、支援者としてのおとなの学習との絡み合いといった概念化や構造化は、明らかに、今日的・世界的な子どもの「発達」に関する科学的な知見を反映したものではなく、適切ではありません。

ところで、「子育ち支援」一般の本質が「発達支援」であるなら、「子どもの社会教育」に限らず、「子育ち支援」のその他の側面においても、「愛着理論」に基づく実践が求められると考えます。ヴィゴツキーが言うように、人間が絶えず自分を取り巻く外界＝環境に対して能動的に働きかけ、変化させる主体的な存在であるなら、子どもを取り巻く環境が、そもそも子どもの「発達」を促す上で有益なものであるのか否か？　子どもにとって、極めて重大な運命の分岐点となりましょう。この点、とくに、地域や地域社会を基盤に展開するさまざまな関係分野の単独、もしくは、協働による「子育ち支援」でもあることを念頭に考えれば、地域や地域社会という環境をそのように整えていくことが肝要となります。そのために大きな役割を有する自治や行政、政治への期待が膨らみますが、子どもの権利条約、なかんずく、「愛着理論」に裏付けられた「意見表明権」を中核に取り込んだ子どもの権利条例やオンブズパースン条例を各地で制定し、それを体現していくことが、〝子どもが育つ〟まちづくりの本質であると考えます。(9) 本書に収録された各論考が、そのための着実な前進に向けて、多くのヒントを提供してくれています。新たな実践を次々と生み出す糧とし、アクション・リサーチによる検証を進めていかなければなりません。

【たちやなぎ　さとし】

注

（1）「施設病」。何らかの事情で、長期に母親から引き離されて育てられたり、施設に入所した場合に乳幼児に生じる情緒的な障害や身体的な発育の遅れなどのこと。無表情や無反応、激しい攻撃性などのほか、食欲の不振や体重の増加停止などの身体症状も知られている。

（2）一九九七年に「神戸事件」を起こしたA少年は、自分を「透明な存在」と表現した。二〇〇八年夏、東京・秋葉原で、歩行者天国にトラックで突っ込み、次々と人を刺す事件を起こした若者は、「自分のような者が、この世に存在してよいとは思えなかった…」と述べたと伝わる。いずれも凄まじいまでに自己を否定した認識がうかがわれる。まさに、ボウルビィがいうように、自己肯定感・自尊感情を喪失した者が反社会的行動や自傷行為に走っていることがよくわかる。

また、愛されることと人格形成の相関、自尊感情と社会性・道徳性との相関、非行・被虐待・家庭環境における不遇など、育ちの上でさまざまな困難を負った子どもたちの「発達支援」のあり方をめぐっては、たとえば、以下の文献などが示唆的で、いずれも見事に「愛着理論」の真理を証明していると思われる。

アリス・ミラー『魂の殺人』新曜社、一九八三年

アリス・ミラー『子ども時代の扉をひらく　七つの物語』新曜社、二〇〇〇年

トリイ・L・ヘイデン『シーラという子　虐待されたある少女の物語』早川書房、一九九六年

朝日新聞記事『かけがえのない「自分」――一万三〇〇〇人の声から――』、二〇〇七年九月一六日

神戸新聞記事『ずっと家族がほしかった』『ずっと家族がほしかった　児童養護施設編』、二〇〇八年五月二〇日～八月二二日

なお、二〇〇六年九月～二〇〇七年三月にかけて、筆者らは、福島市内の学童保育所において、発達障害を抱え、他の施設において処遇を断られた小学生のAくんを受け入れ、「愛着理論」を念頭においた人間関係づくりを進め、相応の手応えを得たと総括している。ご一家の都合でAくんが退所することとなり、十分な成果を確認するところま

でたどり着けなかったが、追って別途概要報告を試みたいと思う。

一方、二〇〇六年九月に発足した安倍政権以降、国の教育政策は、規範や徳目を一方的に子どもに教え込み、身につけさせることによって、社会性や道徳性を向上させようとする姿勢を一段と強化していると思われてならない。また、地方政府においても、子どもの権利条例の制定であったはずが、そうした国の姿勢と原理的に同様な健全育成条例に置き換えるなど、子どもの自己肯定感・自尊感情を育み、共感能力を高める対応とは全く矛盾する例も間々見受けられる。警鐘をならしつつ、真理を見極め、訴えねばならない。

（3）「Mentor」の重要な能力の一つとして、ワーチがいう、現状における「発達」の到達点から潜在的な「発達」の到達点への移行のプロセスを構成する四つの段階についての十分な理解と、目の前の子どもの「発達」状況を見極め、それを適切に運用する能力が想定されることはいうまでもない。

（4）小木美代子ほか編『子育ち学へのアプローチ』エイデル研究所、二〇〇〇年、二二頁

（5）管見ながら、近年の「居場所」をめぐる議論や研究、筆者の目からは安易に「居場所」を冠する箱物づくりを進める傾向にあると見える自治体の動きを念頭に、ここから以下のことを確認しておくことが大切と思う。

①「居場所」の本質は、場や空間ではなく、子どもと「Mentor」との「愛着」という〝質〟が伴い、自信・自己肯定感・自尊感情と社会性・道徳性を育んで、子どもの「発達」を促す人間関係であること。よって、単に多様な人間関係を紡ぐ場や機会を提供したり、勝手気ままに過ごすことを保障すれば「居場所」になるわけではないこと。場・空間の設定、単純に関係性の強調だけでは本質に迫れない。

②能動的に「愛着行動」に踏み出す主体は子どもである。特定のおとなや仲間は、自己の「愛着行動」を受容し、応答してくれたことによって、子ども自身が判断するものなので、おとなの側からの意図的な「居場所」〝づくり〟はありえないこと。（但し、子どもからそう認識してもらえるようになることを期待し、努力することは可能と思われる。）

③よって、本質的に問われるべきは、物理的な場や空間づくりのあり方ではなく、子どもにとって、「Mentor」として特別な存在と認識されるおとななどの資質や能力、それがどのように培われてきたものであるのか？　子どもの「愛着行動」と特別な存在による「養育行動」がかみ合い、「愛着」が成立するプロセスに潜む真理の探究といったものと考える。

（6）日本では、「格差社会」と呼ばれ、不安や悩み、生活難に喘ぐ人たちが増大している今日、「愛着理論」によって裏付

けられることがわかった「居場所」の概念が、今や、「親父の居場所」、「高齢者の居場所」など、さまざまな立場にある人間を指す形容句と共に用いられるようになってきたことは示唆的である。生涯にわたる「発達」を見通しながら、「愛着理論」に基づいて、「子育ち」や「子育ち支援」を考えることの大切さが理解される。

（7）Norberto LIWSKI、二〇〇五年三月来日。明治大学などで講演。

（8）立柳聡「子どもの社会教育と児童館―試論的考察・その二―」『明治大学社会教育主事課程年報』No.8、明治大学社会教育主事課程、一九九九年。前掲、小木美代子ほか編、一四頁

（9）一九八九年の国連総会で子どもの権利条約が採択されてから二〇周年の今年を、そのための起点としたいものだが、新潟市と国分寺市で、年内にそうした条例が制定される見通しである。成果に注目しよう。

参考文献　※注で紹介しているものは除く。

「はじめに」に関するもの：
小木美代子ほか編『児童館・学童保育と子育ち支援』萌文社、一九九四年
白井愼監修、小木美代子ほか編『子どもの豊かな育ちと地域支援』学文社、二〇〇二年
「1　地域・地域社会が促す子どもの「発達」とは何か?」、並びに、「2　ヴィゴツキー「発達の最近接領域」理論が示唆する「発達支援」のあり方」に関するもの
L・S・ヴィゴツキー（柴田義松訳）『思考と言語　上・下』明治図書、一九六二年
L・S・ヴィゴツキー（柴田義松ほか訳）『心理学の危機　歴史的意味と方法論の探究』明治図書、一九八七年
L・S・ヴィゴツキー、A・R・ルリア（大井清吉ほか訳）『人間行動の発達過程』明治図書、一九八七年
中村和夫『ヴィゴーツキーの発達論―文化‐歴史的理論の形成と展開』東京大学出版会、一九九八年
中村和夫『ヴィゴーツキー心理学　「最近接発達の領域」と「内言」の概念を読み解く』新読書社、二〇〇四年
Wertsch, J.V. (ed.), *The concept of activity in Soviet psychology*, M.E. Sharpe, Cambridge University Press, 1979.
Wertsch, J.V., *Vygotsky and the social formation of mind*, Harvard University Press, 1985.
「3　ハリス「集団社会化」理論の貢献と限界」に関するもの
J・R・ハリス（石田理恵訳）『子育ての大誤解』早川書房、二〇〇〇年
Harris, J.R., What is the child's environment? A group socialization theory of development. *Psychological Review*, 102,

1995.
「4　ボウルビィ「愛着理論」とその発展が明らかにした子どもの「発達」の原理」に関するもの
J・ボウルビィ（黒田実郎訳）『乳幼児の精神衛生』岩崎学術出版社、一九六七年
J・ボウルビィ（黒田実郎ほか訳）『（改訂新版）母子関係の理論（Ⅰ）愛着行動』岩崎学術出版社、一九九一年
J・ボウルビィ（黒田実郎ほか訳）『（改訂新版）母子関係の理論（Ⅱ）分離不安』岩崎学術出版社、一九九一年
J・ボウルビィ（黒田実郎ほか訳）『（改訂新版）母子関係の理論（Ⅲ）対象喪失』岩崎学術出版社、一九九一年
J・ボウルビィ（作田勉ほか訳）『ボウルビイ母子関係入門』星和書店、一九八一年
J・ボウルビィ（仁木武監訳）『ボウルビイ母と子のアタッチメント　心の安全基地』医歯薬出版株式会社、一九九三年
数井みゆき「第七章　「母子関係」を越えた親子・家族関係研究」遠藤利彦編著『発達心理学の新しいかたち』誠信書房、二〇〇五年
W・スティーブン・ロールズ、ジェフリー・A・シンプソン編（遠藤利彦ほか監訳）『成人のアタッチメント』北大路書房、二〇〇八年
P・フォナギー（遠藤利彦・北山修監訳）『愛着理論と精神分析』誠信書房、二〇〇八年
藤岡孝志『愛着臨床と子ども虐待』ミネルヴァ書房、二〇〇八年
Ainsworth, M. D., Blehar, M. C., Waters, E., & Wall, S., *Patterns of attachment: A psychological Study of the strange situation*. Hill, S.dale, NJ: Lawrence Erlbaum Associates, 1978.
Bowlby, J., *Maternal care and mental health*. Geneva, Swizerland: World Health Organization Monograph Series (2), 1951.
Bowlby. J., *Maternal care and mental health: A report prepared on behalf of the World Health Organization as a contribution to the United Nations Programme for the Welfare of Homeless Children*. Geneva: World Health. Guilford Press, 1952.
Bowlby, J., *Attachment and Loss*: Vol.I. New York: Basic Books, 1969.
Bowlby, J., *Attachment and Loss*: Vol.II. New York: Basic Books, 1973.
Bowlby, J., *Attachment and Loss*: Vol.III. New York: Basic Books, 1980.
Bowlby, J., *A Secure base: Parent-child attachment and healthy human development*. New York: Basic Books, 1988.
Bowlby, J., *A Secure base: Clinical applications of attachment theory*. London: Routledge, 1988.

Eisenberg, N., *The Caring Child*. Harvard University Press, 1992.

Fonagy, P., *Attachment Theory and Psychoanalysis*. New York: Other Press, 2001

Lorenz, K. Z., The Comparative Method in Studying Innate Behavior Patterns. In *Physiological Mechanism in Animal Behavior* (No.17 of Symposia of the Society for Experimental Biology). Cambridge University Press, 1950.

Lorenz, K.Z., Comparative Behaviorology. In J.M. Tanner and B.Inhelder(eds.), *Discussions on Child Development*, Volume 1. London: Tavistock Publications, 1956.

Main, M. & Solomon, J., Procedures for identifying infants as disorganized/disoriented during the Ainsworth strange situation. In Greenberg, M.T., Cicchetti, D. & Cummings, M. (eds.), *Attachment in the preschool years*. The University of Chicago Press, 1990.

Stern, D.N., *The First Relationship: Infant and Mother*. London: Fontana/Open Books, 1977.

Winnicott, D.W., *The Maturational Processes and the Facilitating Environment*. London: Hogarth Press, 1965.

「5　子どもの権利保障のためのオンブズパーソン制度の意義」に関するもの

川西市子どもの人権オンブズパーソン事務局編『ハンドブック　子どもの人権オンブズパーソン』明石書店、二〇〇一年

喜多明人ほか編『子どもオンブズパーソン』日本評論社、二〇〇一年

子どもの権利・教育・文化・全国センター編『〇四改訂　ポケット版　子どもの権利ノート』同センター、二〇〇四年

Concluding Observations of the Committee on the Rights of the Child: JAPAN (CRC/15/Add.90, 24 June 1998)

Concluding Observations of the Committee on the Rights of the Child: JAPAN (CRC/C/15/Add.231, 30 January 2004)

「6　子どもの「意見表明権」の本質とそれを裏付ける「愛着理論」」に関するもの

DCI日本支部『子どもの権利モニター』No.75／76、同支部、二〇〇五年

CRC. General Comment No. 7 (2005): Implementing child rights in early childhood

第Ⅰ部

子どもが育つ地域と社会教育

1 子どもの社会教育の展開

上杉孝實

1　社会教育の概念をめぐる問題

一九七一年の社会教育審議会答申「急激な社会構造の変化に対処する社会教育のあり方について」は、社会教育は乳幼児期から高齢期に及ぶものであると述べ、一九七九年の同審議会の建議「在学青少年教育に対する社会教育の在り方について」は、学校を終えた青少年だけでなく、在学青少年も社会教育の対象であることを強調しました。このころから、社会教育における少年教育の語がよく用いられるようになり、社会教育施設としての位置づけの下に少年自然の家の設置などが国策として進められました。

確かに、第二次世界大戦以前の社会教育行政にあっても、文部省社会教育局の課として成人教育課と青年教育課が並んでいたように、社会教育として成人教育と勤労青年教育が強く意識されていました。しかし、子どもが、あるいは在学青少年が、社会教育の範疇で省かれていたわけではありません。戦前でも、少年団の育成は社会教育の一環とされていたし、戦後も、児童愛護班や子どもクラブの活動は、社会教育の名で行われていました。自治体にあっても、社会教育課が子どもの学校外の活動を所管する例は少なくなかったのです。ただ、子どもに関する行政には、厚生省と文部省との二元行政の面があり、児童育成班の活動や子供会が、児童福祉行政の一環として扱われて、社会教育行政における事業と類似したものが多く見られました。高度経済成長政策が採られ、連動して人つくり政策が打ち出される一九六〇年代までは、児童福祉法の下に、児童館などの児童施設をもつ福祉行政の方が目立つところがありました。

第二次世界大戦後、社会教育を成人教育としてとらえようとする考えが目立つようになり、今日でもその立場を採る人が見られます。そこには、欧米等では、社会教育に当たる語が乏しく、成人教育がポピュラーであるということのほかに、戦前の社会教育が、未成年の青年教育に力点を置くなかで、未熟な者への指導といった性格が濃く、社会教育全体がそのような色彩を帯びて、成人の主体性を尊重した教育でなかったことへの反省があります。また、勤労青年を対象とした社会教育が、安上がりの学校教育の代位の機能をもって、すべての者への充実した中等教育の保障を妨げる結果になったことへの批判も込められています。戦後日本国憲法の下に主権者の自己教育という観点からも、社会教育を成人教育に限定することに意義が見出されます。この場合、子どもの学校外の活動は、学校外教育の名で扱われることになります。とくに義務教育年限の子どもにとっては、学校で学んでいるのが通常ですから、学校を意識した表現がなじむし、社会教育の名称を用いるよりは福祉と教育の統合が容易になるとの考えも成り立ちます。

しかし、社会教育を成人教育としておさえるのであれば、社会教育でなく成人教育の語を用いればよいともいえます。社会教育の概念を用いるのであれば、そのことの意味を問うことが必要です。社会教育は、学校教育以外の教育を総称するだけでなく、社会を意識した教育全体を示すものとして登場しましたが、そこには、学校教育と社会のギャップへの意識や生活と教育の乖離への批判があり、教育を土台から問い直す契機が含まれていました。このことは、一方で教育の概念をあいまいにし、教育の制度化を不十分なものにして、その自律性を脅かすことにもなりかねず、事実戦前の社会教育には、そのような問題が多く見られましたけれども、子どもからおとなまでの教育を社会との関連でとらえ、さまざまな場での教育の営みに着目することは、積極的な意義をもつものです。

とくに、戦後、主体的な自己教育・相互教育に社会教育の本質を見出すようになったことは、成人のみならず子どもにあっても自主的な集団活動等を通じての成長・発達に着目することを進め、年代を超えた地域の人々の教えあい、学びあいを重視することになるのです。主体的な市民の形成が課題とされ、権利主体としての子どもの位置づけがなされる今日、子どもの社会教育を考えることの意味は大きいのです[1]。

児童（子ども）の権利に関する条約において、子どもは単なる保護の対象でなく、権利の担い手であることが明らかにされています。そこでは、教育についても、単なる教育対象としての存在でなく、教育に関しての権利（right to education）をもつ者であることが明示されています。ロジャー・ハートは、子どもの社会参画について、子どものみで決定する段階からさらに高次なものとして、おとなと共に決定することをあげています[2]。子どもどうしの働き掛け合い、またおとなとの相互作用によっての成長・発達が図られるとき、社会教育は子どもにおいても成り立つものとしてとらえるのが適当です。

なお、社会教育の概念のない欧米では、教育を学校教育中心にとらえ、学校外での子どもや青年の活動援助は、ユースワークなど、社会事業の一環として考える傾向があります。イギリスのプレイグループなど、幼少期に重点を置いた取り組みもありますが、ユースワークとなれば、一〇歳代の人たちが主対象になります。日本では、教育を広くとらえ、子どものさまざまな活動に教育的意義を見いだしていて、年齢を超えた取り組みを進める上で、社会教育の概念の有効性がうかがわれます。

2　子どもと社会教育行政

子どもの社会教育が意識される背景として、地域社会の変貌があります。前近代の農業社会などでは、子どもも早くから労働に従事し、それだけにおとなからの隔離は顕著なものではなく、また地域における子ども集団の存在もあって、家族や地域の生活のなかで、多くのことを学んでいました。近代になり、学校教育が普及すると、子どもとおとなの隔離が進んできます。子どもは、将来の労働に向けて訓練されるべき者としての性格を強めることになります。この段階では、自生的な子ども集団では不十分であるとして、少年団など、おとなに指導される団体形成が進められ、一九二〇年代にはボーイスカウトや赤十字少年団など各種少年団の全国組織が誕生しています。とくに、農村にくらべて近隣のつながりが弱い都市にあっては、少年団の必要性が意識される傾向が強かったのです。

第二次世界大戦前の民衆教化的な社会教育観の下では、団体の指導が重視され、なかでも青年団の育成が図られましたが、それにつながるものとして少年団体の指導にも力が入れられました。学校を通じて地域に国家の影響を浸透させる政策は、一九三二年の学校外生活指導強化のための網羅的で自動加入の学校少年団結成にもそれを見ることができます。

戦後は、民主主義と関連づけて、団体にあっても自発的意志に基づく自由参加が促されました。クラブの名称が好んで使われたのも、楽しさの追求と並んで、このことと関係があります。しかし、戦前との連続性も決して弱いものではなく、多くの地域団体と同様に子ども団体も自動加入的要素を保持したところが少なくありません。ただ、戦前にくらべ、学校による地域の指導の側面は減少し、一部の団体を除いて子ども団体の担い手は地域に移ることになります。

政策として、子どもの社会教育に力が加わってくるのは、一九七〇年代に入る頃からです。一九六〇年代の高度経済成長政策が急激な都市化をもたらし、地域の解体を惹起することによって、子どもの自生的な集団形成も容易でなくなり、活発な活動も不足することによって、心身の発達にも影響を及ぼすことになります。また、進学競争があおられ、詰め込み教育が問題になるなど、学校教育における子どもの疎外が指摘されるようになります。これらへの対応として、学校外の団体加入の促進や、山中や海辺の宿泊研修施設の設置などが、社会教育における青年教育とともに少年教育として推進されます。一九七〇年代から国庫補助で多くの少年自然の家が自治体によって造られ、また国立少年自然の家も全国各地に建設されたのです。

これらは、六〇年代から七〇年代にかけての青年の対抗文化への傾斜や脱社会傾向に対して、既成社会への適応を促す政策です。青年の家において規律の習得が重視されましたが、その子ども版とも言い得るものが見られました。学校教育の一環として、これらの施設を利用して、児童・生徒がそこの職員の指導を受けることで、また学校で学校外の団体への加入を勧めることで、学校教育と社会教育の連携がうたわれました。このころから、国にあっては、総理府を中心としての青少年健全育成政策が強められ、都道府県にあっても、首長部局による青少年施策が増し、市町村もその影響を受けるようになります。教育行政の手を離れることによって、行事や大規模団体を通じての健全育成の面が強化されやすくなっています。少子化対策としての子育て支援は、集団保育を進める面がありますが、子どもの最大利益の観点がどれだけ貫かれているかが問われるところです。

一方、子どもの集団遊びの減少や不登校・いじめの問題などのクローズアップによって、子どもの居場所づくりの必要性が強調されるようになり、地域での子ども教室の開催や、学校と地域の連携の促進に、社会教育行政の比重がかかっています。大阪府などいくつかの自治体で、社会教育課が地域教育振興課に変えられたことにも、そのことがうかがわれます。教育行政としては、中心となる学校とのつながりにおいて、社会教育の位置づけがはかられるのです。そのことは重要であるとしても、学校を子どもの生活の土台である地域のなかでとらえ返し、地域全体のなかでのおとなと子どもの関係や子どもの自主的な活動に着目した社会教育、地域づくりを進める社会教育が見失われてはなりません。子ども行政の一元化を図る動きは、縦割り行政の弊害を克服するものとして歓迎する向きもありますが、社会教育が軽視されたり、行政の宣伝や教化の手段となるとすれば、問題は深刻です。

3　子育ち・子育てと社会教育

今日、子育てに不安をもつ人が多いといわれています。周囲から孤立状態にある核家族では、相談相手を欠きがちで、性別役割分担が大きいところでは、子育てに対するプレッシャーがとくに女性にかかっています。あらためて地域共同の子育てが必要になっています。

子どもの主体的な活動を支えることに重きを置いた共同の取組みは、さまざまな自主団体によって行われてきました。親子劇場・子ども劇場、子ども文庫・地域文庫、共同保育、子育てサークル、プレイパーク、プレイグループ、子ども会など、枚挙にいとまがありません。ただし、これらの団体が、自らの活動を社会教育として意識してきたとは限りません。社会教育の名称が社会教育行政と重ねて考えられることが少なくなく、その場合、これらの活動が社会教育行政の中心的位置を占めることが乏しかったこと、むしろ福祉行政とのつながりが濃いものとして意識されてきたこと、さらに教育といえば、学校教育が連想され、子どもの自由な活動と距離をもって把握されがちであったことなどが影響しています。

これらの自主的な取組みには、児童文化を中心としたものが多く、文化と教育をめぐっては、前者をディスチャージ（放電）、後者をチャージ（充電）として対照的にとらえる識者もいて[3]、あえて教育としての見方を避ける関係者も少なくありません。しかし、本来文化抜きの教育はあり得ず、とくに自主的活動を重視してきた社会教育にあっては、文化活動等表現と学びを一体としてとらえてきています。

学童保育も、一九六〇年代後半には、文部省が留守家庭児童会に国庫補助を行うことで、社会教育としての位置づけがありましたが、留守家庭以外の子どもとの分離が望ましくないとの理由で、一九七〇年度で打ち切って校庭開放に吸収することになりました。しかし、自治体にあっては、親の要望もあって、継続的取組みが図られ、また学童の共同保育への援助がなされることによって、教育行政と福祉行政との関係が問われてきました。家庭代わりといったとらえ方は福祉行政との関係で見られやすいのですが、同輩集団の形成と継続的活動に重点を置くと社会教育の側面が強く意識されます。

子どもの成長・発達を自覚的に促す地域におけるいとなみは、社会教育であり、その観点に立つことによって、子育ちの筋道と方向性を見きわめ、その社会的基盤にも迫って、子どもへの働きかけや条件整備についても省察を加えることになるのです。子育ちに関わる者自身の学習が促され、子どもの社会教育のみならず、子どもを通じてのおとなの社会教育も進展するのです。

行政としては児童福祉施設である児童館や、社会教育施設である公民館、図書館、博物館、青少年教育施設などは、これら自主団体に活動の場を提供し、協力するほかに、自らも子どもに関わる活動を展開します。公民館は、おとなの学習のための施設と考えられる傾向もありましたが、もともとそのような限定はなく、広く住民各層に開かれたものです。ただ、成人のための学校に当たるものが少ないなかで、公民館の存在意義がここに見出されたのであり、本来は地域における世代間の学びあいの場としても重要な位置にあります。とくに近年は、子どもの居場所、子どもたちにとって自由で、くつろげ、認められる空間の保障が課題となっていて、これらの施設のあり方も含め、子育ちを支える場が求められています。

子育ちを支える子育て学習は、子どもの発達についての理解とともに、子どもの現状を規定している社会のありようそのものについての学習が重要となります。育児不安が目立っていますが、その背景に競争社会における連帯の喪失や不安があり、新自由主義の下でのその一層の加速があります。商業主義的マスメディアも、強い刺激でこの風潮をあおることになります。養育費・教育費の高さが子どもをこれ以上もつことへのためらいの最大原因であることを、二〇〇五年の国立社会保障・人口問題研究所の調査が示しています。[4] これも、経済発展度にくらべて、日本はOECD加盟国中でも低い公教育費支出であること[5]と関係があります。教育も市場化が進み、私費での負担が増すことによって、少子化が容易には止まらないのです。社会的解決を図ることなしには、親も子も問題を背負うことになるのです。

4　子どもにとっての社会教育

家族、同輩集団、近隣集団、学校、職業集団などが通過集団として子どもの社会化に大きな影響を与えることが指摘されてきました。家族での子育ての重要性が強調されますが、家族の教育機能は、地域に規定されているところが大きいのです。しつけも地域を準拠集団として行われてきたことが指摘されています[6]。子育ての知恵も、地域のなかでの伝承と結びついたものでした。農業社会に典型的に見られたように、両親とも労働に従事するなかにあって、子どもは地域の人々の関わりによって育ったのであり、異年齢の子ども集団に早くからまじって、その相互作用によって多くのことを学んだのです。かつての家族の教育機能が高かったかのような言説がありますが、親が育児に専念できた家族は、限られた数の新中間層家庭などごく一部であったし、それも準拠集団あってのことでした。むしろ家族の教育機能は、自営業家庭などで見られた親子の共同労働によって発揮されたといえます。

孤立した小規模家族では、親の育児不安も増し、子どもの人間関係も限られてきます。家族を支える上でも、子どもの社会性を育てる上でも、身近な地域の同輩集団、近隣集団の機能が重要です。これらが自生的に成立しにくい状況にあるとき、意図的にその形成をはかるところに社会教育の機能があります。「地域の教育力」の回復といった表現もよく目にするものです。これには、必ずしも意図的でない社会化機能も含まれるところから、「地域の形成力」というべきとする論もありますが、今日的には、まさに意識的な取組みによって実現すべきものになっているがゆえに「教育力」の言葉が意味をもつと考えられます。

教育が、子どもに与えるものとして受け止められ、子どもの自己教育・相互教育の側面を無視したものになることがあります。地域の教育力をおとなの教育力に置き換えることがありますが、この場合、ともすると子ども自身の育つ力、つまり子育ちへの着目が副次的になりやすいのです。ピアジェは、拘束規律から協同規律への転換は、同輩集団による遊びを通じてなされることを示し[7]、G・H・ミードも、ゲーム（スポーツの試合など）の自我形成機能を明らかにしました[8]。子どもの社会教育は、このような同輩集団の形成・活発化が中心になるものです。もとより、おとなとともに参画することを、子どもだけでの参画の上位に置いたロジャー・ハートのとらえ方からも、おとなとの相互作用を通じての社会化も重要ですが、そのことは同輩集団を抜きにしてのことではなく、それを前提にしてのものであるといえます。

今日、都市化が進むなかで地域での人々のつながりが乏しくなり、以前のようには、帰宅後近隣の同輩集団、さらには異年齢集団で遊ぶ姿が見られなくなりました。近隣に同じ年齢の子どもがいても接触が乏しく、まして異年齢間の関係は希薄になっています。学校での同級生など限られた友人関係で、あらかじめ約束することによって、互いの行き来が可能になり、それも少数で家の中で遊ぶといった形態が多くなっています。この現象は、すでにいまの親世代が子どもの頃から始まっていて、その循環作用が見られるのです。このことは、子どもの社会化にも大きな影響を及ぼし、自立を実感できる機会を少なくしています。仲間との共同活動で、自らの力を試すギャングエイジの体験が弱いと、思春期で自立への焦りが大きくなり、ときに問題行動と烙印を押されるかたちでの強迫的自立行為が現れることがあります。

子どもにとっての社会教育の意味は、学校以外にも子ども集団、それも異年齢集団も含めて多様な関係を築くことにあり、そのための機会づくりや条件整備が課題となっています。継続的な共同活動につなぐために、文庫活動や子ども会の班活動などが注目されます。

5 子ども観の問題

ルソーが子どもの発見者といわれるように、子どもの独自性が認められるようになったのは、そう昔のことではありません。アリエスの研究などによっても、子どもは近代の産物であることが示されてきました。(9) 二〇世紀に入っても、子どもが過酷に扱われる例は少なくなく、おとなに入り混じっての児童労働がなくなったわけではありません。それでも、学校の普及や職住の分離などで、子どもが独自の世界を構成することが増え、保護の対象として扱われることが多くなってきます。おとなの世界との分離は、童謡、童話などに見られる児童文化の発展を伴います。これには、有用性を超えた遊びに価値を見出す芸術家の関わりがあり、新中間層の拡大は、その市場を広げることにもなります。ここでは、子どもはおとなにない純真さをもつ者とされ、おとなから隔離されることによってその保護がなされることになります。

子どもとして従順であることに価値が置かれる場合、自立的であることが求められるおとなとの間に不連続があり、とくに青年期の社会化において、そのギャップをどのように埋めるかが大きな課題になります。一元的にイニシエーション儀式を通じて成人になることも困難な時代にあって、あるときは子ども扱いされ、あるときはおとなであることを求められる青年期が登場し、役割の葛藤から、主要文化からは逸脱とみなされやすい下位文化を構成することになるのです。

しかし、成長過程にある子どもにとって、常に分離に満足しているとは言いがたいのです。児童文化の観点からは必ずしも高く評価されたとはいえない、おとなの世界に混入する子ども像を描いた作品に興味を示す子どもは少なくありませんでした。おとなのすることに関心をもち、それをまね、できればおとなと同様のことをしてみたいという気持ちには強いものがあります。それが禁止の対象になっているとき、無知を装うことで非難を避けながら、侵入を試みるのです。

マスコミ、とりわけテレビの普及は、おとなと子どもの境界をあいまいにする上で効果の大きいものでした。活字メディアの場合、おとなが買って子どもに与えることが多く、おとなによって選択される余地が大きく、そこに児童文化が形成されるのです。子どもが自ら選択できるのは、安価な貸本屋を通じて手にする本であり、そこにウラ文化としての子ども文化が成立します。ところが、テレビは、家庭にあってストレートに子どもの目に跳び込んできます。送り手も、視聴率のことを考えれば、おとなも子どもも同時に対象とすることを得策として考えることになります。このようにして、子どもが流行歌を歌うのはタブーではなくなり、恋愛ものも、おとなだけのものではなくなります。おとなが子どもじみたことをし、子どもがおとなのようにふるまう場面がうけることになります。おとなは、子どもとの間にスクリーンを張って権威を保つことができましたが、いまや裸の王様同然のおとなの世界となるのであり、子どもにとっても、以前にくらべ、おとなの世界を魅力あるものとして受け止めることは困難になります。消費社会は、子どももおとなとともに顧客として流行に巻き込むのです。

一九六〇年代の「現代っ子論議」は、その先駆となったものです。もっとも、第二次世界大戦後の混乱のなかで、子どもたちも食べるためにおとなに混じって行動をとることが避けられず、理念型とは異なるおとなの姿にも接してきました。その意味では、戦前も、労働者や自営業の家庭の子どもは同様の位置にあったともいえ、児童文化の対象となったのは、一部の新中間層を中心とした家庭の子どもでした。ところが、一九六〇年代には、新中間層も増える一方、テレビの普及もあって、これらの子どもも含めて、ちゃっかりしている子ども、現実的な子どもが、阿部進によって描き出されたのです[10]。価値観の変化、社会の変貌の前に、おとなの方が自信がなく、子どもにすり寄る現象も指摘されるようになります。

しかし、子どもとおとなとの壁がなくなったとはいえません。職住分離の労働が増加するなかで、子どもの労働からの隔離は進み、学校への囲い込みが増すことによって、かつてにくらべても、おとなとともに働く子どもは減少しています。消費面ではおとなと子どもの統合が進むのに対し、生産面では隔離が広がるといったずれが見られるのです。このアンバランスが、子どもにとっても戸惑いをもたらします。これまで、青年期は、あるときは子ども、あるときはおとなとして扱われ、役割葛藤にさらされる存在として注目されてきましたが、いまは、子ども自体が、おとなのするようにすることが、あるときは奨励されながら、あるときは禁止されるといった状況にあります。

いまさら、子どもたちをおとなから切り離す分離的処遇は難しく、むしろ積極的に統合的処遇を進める必要に迫られているといえるでしょう。子どもの権利条約も、このことを促しています。子どももひとりの人間として、その表現の自由や意思決定への参画を保障することが必要です。学んだ後に参加を認めるというより、参加を通じて学びを進めることが課題であり、地域の諸活動に子どもも関わるなかで、生産面の学習もなされ得るのです。これらは、子どもの社会教育においてよくなされ得るものであり、学校と社会教育のつながりによって、学校にも影響を及ぼしています。近年は、学校においても総合的学習の時間を活用した、地域でのフィールドワークや、兵庫県の中学校の「トライやるウィーク」をはじめとした社会での体験学習などが顕著に見られるのです。

ニート問題も論じられてきていて、そこには、不安定労働の増加や、個性の強調の一方でのルーティンワークの増大といった要因があり、どこまで真にニートなのかといった問題がありますが、消費生活と生産生活とのギャップもあり、子どもや青年にとって職業が見えにくくなっていることも関係しています。

子どもは、時代の影響下にあり、おとなの子ども時代とは異なった状況の下で育っていますから、現代っ子論議でも見られたように、子どもをどう見るかが問題になります。そもそも、ルソーのように、子どもの独自性を見出したり、それを価値づけることは、時代の産物であり、その意味で子どもは社会的構築物でもあります。変化の激しい時代にあっては、子どもの示す態度や行動に、違和感を覚えて、「異界に生きる子ども」とか、「異文化としての子ども文化」等のとらえ方も出てきます[11]。このような見方は、おとなの過去でもって子どもを律したり、安易に子どもを理解していると思わないといったことにつながりますが、同時に、子どもを了解不能の存在としてしまうこともあります。感じ方の差異に基づく世代間ギャップ意識そのものが、子どもとの間に壁を築くことにもなりやすいのです。

おとなは、子どもの生きる時代には自らは子どもでなかったゆえに、子どもの異文化性を認めながらも、年齢を超えて同時代に生きる存在として、いまの社会の影響を共有することから、相互の学びあいを通じて、共通性と異質性を見きわめることが課題となります。異なる面があればこそ、学びあいの意義があるといえ、社会教育としての把握の重要性が浮かび上がってきます。

6　子どもの居場所と社会教育

子どもの居場所についてもよく語られるようになっています[12]。子どもが落ち着くところ、認められているという実感がもてるところなど、いろいろな意味合いで語られています。かつては、家の周辺が遊び場であり、生活の場が子どものたまり場で、そこに行けば仲間がいる場所でした。今日では、仲間と自由に過ごす場を見出すことは難しくなり、互いが認め合って充実感を味わうことができにくくなっています。一方、子どもがおとなの看視の目にさらされることが多くなっています。子どもの安全に配慮することからの善意であっても、絶えずおとなの目を意識して過ごすことには、自立の願いとそぐわない面があり、息苦しさを感じさせることになりかねません。塾や習い事の増大といったことも、学校化社会と相まって、子どもの自由を狭めています。そこからの逃避として、自分の部屋をもつ子どもはそこに閉じこもることにもなります。しかし、それでは、孤独であり、エネルギーにあふれた子どもにとって、物足りず、人間関係への欲求が満たされません。

おとなとのかかわりだけでは成長し、自立の道を歩む子どもにとって不足であり、自分の力を試し、成長を確認するためにも、おとなの看視から外れたところでの仲間が必要です。ギャング・エイジにおける同輩集団の機能に着目しなければならず、その形成の条件を作り出すところに社会教育の課題があります。立派な施設以上に、自然のなかや街角に自由な遊び空間があることが求められます。そこでのおとなの役割は、直接指導以上に、自らの活動を通じて子どもの活動モデルとなったり、相談相手となったりすることです。

気さくな若者の働くコンビニエンスストアが子どもや若者の居場所になっていて、彼がよい話し相手となっている例もあります。ときには、年齢の近い若者と同じ場で活動し、互いの触れ合いで成長の刺激を得ることも意味があります。とくに中学生ともなれば、常に子どもとして扱われるのでなく、若者につながるものとして位置づけることが大切です。日本では、青年概念がヤングアダルトに及んでいますが、ユースワークは一〇代の人たちに焦点が当たるべきものでしょう。

子どもの権利条約は、子どもも一人の人間として人権を保障されるべきことを明示しました。そこでは、差別の禁止、子どもの最善の利益、生命・生存・発達への権利、子どもの意見の尊重、結社・集会の自由、表現・情報の自由、教育への権利、休息・余暇、遊び、文化的・芸術的生活への参加などが規定されています。これに照らしての施策の展開が課題となっています。子どもが勉強に忙しく追い立てられ、活発な遊びの機会がもてないような状況は、心身の発達にも影響します。現に体位は向上しても、体力の低下傾向が見られるのです。

いじめや児童虐待の増加が指摘されていますが、かつては少なかったということではなく、あっても問題にされることが少なかったというべきです。人権意識の向上によって、問題として扱われることが増えた面があります。これらの問題の背景には、異質を排除する同化主義や、子どもを社会の子どもとしてとらえない家族主義があり、欲求不満を他者攻撃に向けさせる競争社会・格差社会があります。子どもにとってもストレスの多いことによって、ときに鬱積したものを発散する衝動に駆られることも生じます。

これらへの対策として「こころの教育」が強調され、道徳教育やカウンセリングに力が注がれてきましたが、問題の社会性に着目した取組みを抜かすことはできません。社会的解決を図るために、子育てネットワークなど集団の取組みや、子どもに寄り添いながら問題を解きほぐし、人と人、人と機関、人と制度をつなぐオンブズパーソンやソーシャルワーカーの機能が注目されます。相談もさることながら、調整活動が効果をあげているのです。

社会教育施設の活動も、これらの人々との連帯が重要となります。子どもの活動に携わるボランティアは少なくありませんが、その活動を支える専門職員が必要であり、そのことを軽視してのボランティア依存は、不当な負担を強いて、持続的な活動を妨げることになりがちです。また、公民館等が子どもの居場所としての機能をもつには、かつて枚方市の公民館でも見られたように、おとなの印がなくても子ども自身で使用申し込みができるようにするなどの配慮が要ります。

7　子どもの社会教育実践の課題

過去にも、いじめはよく見られたし、異なった組や地域との対立も多くありました。児童虐待も、しつけの名で親の勝手にされていたことが少なくありません。人権についての意識が高まったことによって、問題が指摘されるようになった結果、これまで隠れていたものが明るみに出るようになった面があります。問題行動にしても、最近は新聞のスペースも多く、メディアの数も膨大になっていて、以前なら報道されなかったことが詳細にとりあげられます。単純に過去をモデルにして解決を図るというわけにはいかないところがあります。

心の教育が強調されていますが、問題の背景に迫ることがおろそかになり、仕組みの問題を意識にすり替えては、基本的な解決にはなりません。学区の拡大によって進学競争があおられ、欲求充足延期を強いられる一方、商業主義の利那的刺激があることによって、ストレスが増すことになりやすいのです。農業が多数を占める時代にあっては、子どもの生活は労働に追われる多忙なもので、学校はそこから解放される場でしたが、今日では第三次産業に就くために学校の比重が高まり、学校が労働の場に類似したものに映るようになっています。不登校の原因は一様ではありませんが、学校のありようが関係していることも否定できることではなく、政策の影響もみることができます。

このような状況の下で、もっぱら心理面に傾斜した内向きの対処を図るのではなく、活発な活動を保障することが重要になります。社会教育にあっては、子どもの文化活動の推進が課題であり、ときに世代を超えた取組みを進めることも意義があります。地域で共同活動の機会を多くすることが望まれます。また、問題の根底にあるものを見据える学習が重要になります。

子どもの安全が脅かされるような事態もよく報道されるようになっています。モラルの低下も話題になっています。過去にも、顔見知りの社会では秩序がよく守られても、見知らぬ人々の間でのモラルには問題が多く、公衆道徳の欠如がよく指摘されていました。今日では、交通手段の発達などで社会の広がりがあり、子どもも見知らない人々から成る社会に置かれることが多くなっています。安全の確保の観点から、監視カメラをつけたり、学校の門を閉ざすことが拡がっています。このことは善意でなされていても、ますます子どもの行動を制約し、限られた空間に囲い込むといった結果になりかねません。地域のなかでの関係づくりが求められるのであり、学校にも多くの地域の人の姿があることが、子どもを守ることにもつながる面があります。

地域の教育力を高めるために、地域教育協議会を結成して取り組む事例が多く見られます。大阪市教育委員会は、多くの地域組織の単位となっている小学校区で「はぐくみネット」と称する地域教育協議会をつくり、大阪府教育委員会は中学校区の「すこやかネット」を立ち上げて、新たな組織の結成を呼びかけています。これらの活動にはさまざまなものがありますが、地域あげての行事が目立ちます。これらの行事やその準備を通じて住民のつながりが増し、子どもの参加が進むことが期待されているのです。その際、子どもの参画がどのようになされているか、協議会を構成するそれぞれの単位団体の日常活動が子どもとどのように関わっているか、これらの行事が一時的なものにとどまらず、子どもの日常的な集団活動につながっているかどうかが問われるところです。

おとなが子どもに関わるとき、どうしても教えすぎ、与えすぎになりやすいところがあります。それに慣れた子どもたちは、さらなる刺激を与えられることを期待することになり、自らの創意で取り組む姿勢を失ったり、消化不良で長続きしなくなったりすることがあります。子どもに対して待つ姿勢も必要であり、素材の提供にとどめることも考えなければなりません。北摂こども文化協会の「ひと山まるごとプレイパーク」のように、山を借り切っての自由な遊びの展開には、山にある素材を使っての子どもの創意工夫の発揮が見られます。

子ども会でも、育成会との区別が考えられていますが、実際には、未分化の会も見られます。子どもの自治組織があり、それを支援する育成会があって、子どもの自主運営を軸にした継続的な活動がなされなければなりません。子ども会の役員がおとなで、子どもが会員といった組織とか、子ども会の会長はおとなで子どもがその下の役員といった組織では、子どもの組織とはいえないでしょう。育成会の大きな役割は、子どもの活動のよい相談役を置くことにあり、できれば若いサポーターを見出すことです。

日常異なった職場で働く青年たちが持続的な活動を可能にするために、かつての若者宿のように、ある期間、個々の家でなく宿泊施設に帰って、そこから通勤するといった活動例がありますが、子どもの自治能力を伸ばすために、長崎県野母崎町樺島地区のように通学合宿を試みた例もあります。

今日的課題として男女共同参画社会の形成が課題となっていますが、家庭や地域、さらにはマスメディアの状況を反映して、子どもの活動に性別役割分担が入り込むこともまれではありません。子どものもつさまざまな可能性を引き出すためにも、性を超えて個性を重視した取組みが求められます。地域には、多様な子どもがいるのであり、異文化・多民族共生やユニバーサルデザインの考えに基づいた取組みは、子どもの活動においても促進されるべきことです。

ニューメディアの発達は、子どもの世界にも入り込み、活発な遊びの代償として子どもたちのバーチャルな世界での遊びを促進しています。そこには、身体的活動とは違った神経作用があり、疲れをもたらしています。そこから子どもを切り離すことはむずかしくても、メディアそのものに目を向けて考える機会を多くして、メディアリテラシーの向上によって、読み解く力を育てることも望まれます。

子どもの社会教育において、子どもの自治活動に重点を置くのは当然として、子どもの社会参画を支えるためには、おとなとの共同活動にも注目する必要があります。そこではとかくおとな主導か、おとなと子どもでの役割分化が生じやすいのに対して、おとなと子どもが同じ役割を共有して、決定にも対等に参画することが望まれます。子どもだけの活動にも自治を伸ばす意味がありますが、おとなや青年と共同活動を展開することによって、新たな刺激を受け、自然に交わされるコミュニケーションによって、生活の知恵の伝承も行われます。

子どもの活動にとって、遊びのもつ意味は大きいとしても、おとなの行動の模倣としての遊び以上に子どもが興味をもつものとして、仕事そのものがあります。本物の乗り物を動かしたり、実際に料理をしたりすることは、男女とも子どもたちが関心を示すものです。仕事の話を聞いたり、現場を見たりといった機会が、子どもの活動にも組込まれ、近隣のおとなや青年が、自らの体験を活かしてその援助に当たることができるはずです。

学校でも、総合的学習の時間を使って地域について学ぶことがよく行われるようになっています。子どもたちが自分の育つ地域を深く知ることで、そこでの人との関わりやくらしの姿に関心を寄せ、社会性がはぐくまれます。学校教育も、子どもたちの生活経験を土台に据えることで、学習における理解を容易にすることができます。学校教育と社会教育関係者の意思疎通を進めるところに、地域教育協議会の意義があるでしょう。

【うえすぎ　たかみち】

注

(1) 酒匂一雄編『地域の子どもと学校外教育』東洋館出版社、一九七八年。子どもの学校外教育と社会教育のとらえ方をめぐる論稿が掲載されている。なお、子どもの社会教育を論じたものとして次の書がある。白井慎・小木美代子・姥貝荘一編著『子どもの地域生活と社会教育』学文社、一九九六年。小木美代子・立柳聡・深作拓郎編著『子育ち学へのアプローチ』エイデル研究所、二〇〇〇年。小木美代子・立柳聡・深作拓郎・星野一人編著『子育ち支援の創造』学文社、二〇〇五年。日本社会教育学会編『子ども・若者と社会教育』東洋館出版社、二〇〇二年。
(2) ロジャー・ハート（木下勇・田中治彦・南博文監訳）『子どもの参画』萌文社、二〇〇〇年、四一–四六頁。
(3) 大阪文化振興研究会編『都市と文化問題』大阪府、一九七五年、六五–六八頁。
(4) 国立社会保障・人口問題研究所『第一三回出生動向調査』二〇〇五年。
(5) ＯＥＣＤ『図表で見る教育　二〇〇七年版』明石書店、二〇〇七年、二二四、二二七頁。
(6) 作田啓一『価値の社会学』岩波書店、一九七二年、四三一–四三三頁。
(7) ジャン・ピアジェ（大伴茂訳）『児童道徳判断の発達』同文書院、一九七四年。
(8) G.H. Mead, *Mind, Self, & Society*, The University of Chicago Press, 1974, pp.152–164.
(9) P. Ariès, *Centuries of Childhood*, Penguin Books, 1962.
(10) 阿部進『現代っ子採点法』三一書房、一九六二年、同上『現代っ子教育作戦』国土社、一九六三年。
(11) たとえば、本田和子『異文化としての子ども』紀伊國屋書店、一九八二年、門脇厚司・宮台真司編『異界を生きる少年少女』東洋館出版社、一九九五年。
(12) たとえば、久田邦明編著『子どもと若者の居場所』萌文社、二〇〇〇年、田中治彦編著『子ども・若者の居場所の構想』学陽書房、二〇〇一年。

2 少子化の原因としての子ども観

——「勉学的子ども観」への移行——

柳父立一

はじめに

身近なところで中学三年生の次男に将来子どもをもつかどうか尋ねると「面倒くさそう」と言いました。クラブ活動以外の学校外活動も特別な経験もせず、マンガ、ビデオ、ネット、音楽プレーヤーでゆるく生きている「フツーの」（本人いわく）中学三年生です。現在の青少年にとって子どもをもつことはまず「面倒くさそう」と口にするようなことなのです。筆者の中学生時代は子どもをもつのは当然、という感覚をもっていました。個性の違いかもしれませんが、このような「面倒くさそう」の社会的総和も少子化につながるのではないでしょうか。そのような子ども観の変化生成に影響する社会的作用力を考えたいと思います。子どもの社会教育は子どもあってこそですし、少子化をもたらす子ども観は子どもをどのように社会教育に参加させるかをも左右します。

生殖医療によってでも自分の子どもを欲しい人が少なからずあるように、個々人はさまざまな考え方をもちながら、総体としては出生数が減り、合計特殊出生率は人口維持にはほど遠いのです。少子化をもたらす子ども観の生成の問題は、たまたまにせよ、意識の高さからにせよ、切実な問題状況からにせよ、子どもをめぐる社会教育に参加する少数の人々の学習を通じての意識変革と運動で解決されはしないでしょう。現代社会における日常の経験のなかで、どこからともなく影響を受け、そのことを自覚的にとらえることもない意識の形成が問題なのです。本論では、必然性があり着実に少子化につながる影響関係の構造性をとらえたいと思います。

子ども観は、宗教と教典が生き方のコアにあるような社会では子どもにさせるべきこと・禁ずべきことが明確に言説として再生産され、なしくずしに変化することへの抵抗となりますが、われわれにはこのような明確に言説化された子ども観を意識的に再生産する文化はありません。そのために、生活の変化によって、なしくずし的に子ども観が変化するだけで、明確な子ども観からは当然出されるはずの異議や、子どもの生活の変化への抵抗が、例外的にしかなされない（国民全体としてみればですが）、という特徴をもっているのではないでしょうか。

安土桃山時代から三五年間日本を観察したルイス・フロイスは、「われわれの間では普通鞭で打って息子を懲罰する。日本ではそういう事はめったに行われない。ただ言葉によって譴責するだけである。」「六・七歳の小児に対しても七〇歳の人に対するように、まじめに話して譴責する」[1]と子ども観の違いを述べ、日本の子どもはのびのびしていて、立ち居振る舞いに落ち着きがあり優雅であると述べています。後述しますが、明治期にやってきた外国人の多くも日本の子どもが幸せそうで親が子どもに優しく接していることに感銘を受けています。宗教と教典が生き方のコアにある社会の人々からは賞賛されるような子ども観が長期にわたって生き続けていたのです。これは少子化をもたらすような子ども観ではなかったのです。

かつて子どもは働き、家事を手伝い、宗教行事で役割を果たし、集団で遊び、自然体験をすることは当たり前でした。われわれが子どもの社会教育として子どもたちに経験させようとすることの多くは、かつての当たり前の経験を回数限定で経験させるだけではないのでしょうか。賞賛されるような子ども観がなぜ維持されなかったのでしょうか。少子化をもたらす子ども観がわれわれの文化にどのように育つことになったのか、歴史的に考察しようと思います。まずは安定的に再生産されていた子ども観から出発しましょう。

1　江戸期における子ども観の再生産

江戸時代後期の安定的に再生産される子ども観として次の三種類をあげられるでしょう。(1)民俗学でとりあげられてきた集落共同体の子ども観[2]、(2)武士の家における子ども観、(3)商人・職人の家における子ども観、がそれです。この三つが再生産されていた時期を仮の原点としましょう。これらは当時の社会的文化的条件下で再生産されやすかったもので、条件が変化すると、ある方向性が作用するようになる、と考えてみたいのです。

(1)　集落共同体の場合

まつってくれる子どもをもたないで死んだ人の墓は無縁様として別にしたり、未婚者はあの世にいってから花を摘みにやらされるから難儀をしないように小さな花摘み袋を棺にいれてやる習俗がみられるように[3]、子どもは祖先と自分のあの世での安心のもとでした。育てられないと思えば堕胎・間引きすることはあっても、子どもをもつことは当たり前でした。

集落共同体では「村に丈夫な男の子の増加することは、神さまばかりか村民にも望ましいこと[4]」であり、子どもが生まれるということは、その家だけの私事ではなく、「村の中に一人の人間、労働力がふえる[5]」ことととらえられていました。「猫の手も借りたい農繁期には、五つ六つの子にも下の子の守りをさせたり、簡単な干しものを手伝わせたり[6]」、できることはなんでも手伝わせなければ、「家がマワッテいかなかった[7]」のです。これは農家の生活構造が変わらなければ再生産され得るものです。農業のなかでは、多様な作物同様、子どもも一律ではなく、個性によって細かな注意をするもの[8]、という子ども観も形成されます。おとなは育ちを見守りあまり口出しをせずとも、子ども組や若者組の自治的年序組織のなかで年長の子から学び[9]、子守や年少の子どもたちの相手をし、なんでも手伝う生活のなかで、子どもを社会の子どもであり家の働き手とみる子ども観は再生産されたといえます。この子ども観の特徴は

〝手伝・働き手的〟といえるでしょう。

(2) 武家の場合

武士は江戸期の世襲身分のなかでも、下層では勉学で獲得した能力によって、少しばかりの昇進が可能であったために[10]、子どもは勉学に励んで親の代よりも知行が加増される「立身」[11]をめざすべきもの、という〝勉学的〟とでもいうべき子ども観があったといえます。武家の家柄で百姓をする郷士のみならず、百姓町人も勉強によって武士になる可能性があったので[12]、学問ができるほどの余裕のある者で、勉強による出世をめざすものもありました。一八世紀後半には「武士の出身で町人となる人々、町人の出身で武士となる人々」が少なくなく、「他国に出生しそこの集団に帰属していた者が当国（ここでは佐渡）における集団に一時的に帰属し、この集団における医師業や商人業を認められている」[13]ような、身分は変えず生業を変える事例は珍しくないのです。

(3) 商人・職人の家における子ども観

江戸時代は農民が人口の八〇パーセント以上である、とわれわれ団塊の世代とその前後の世代は学んだのですが[14]、実は農業以外の多様な生業の人々を多く含んでいて[15]、奉公や出稼ぎに行ってそのまま戻らなくなる割合も大きかったとも指摘されます[16]。すなわち、隣村や都市に奉公・修行に行き、親とは別の職を生業とすることは、ありふれたことだったというのです。身分制度がなくなっても逆方向の、「非農業従事者の子弟が農業につくというのは、明治期にはごく稀なケース」だったようです[17]。商人・職人の家では、家業をつぐにせよ、別の職につくにせよ、「可愛い子には旅をさせよ」で、子どもは家業をすぐ手伝うよりは奉公・修業に出る存在でした。商売に必要な読み書き算盤を寺子屋で学ばせることは（経済的に可能であれば）当たり前となってはいましたが、勉学を職につく手段とはみなしていません。この子ども観は〝奉公・修業的〟といえるでしょう。

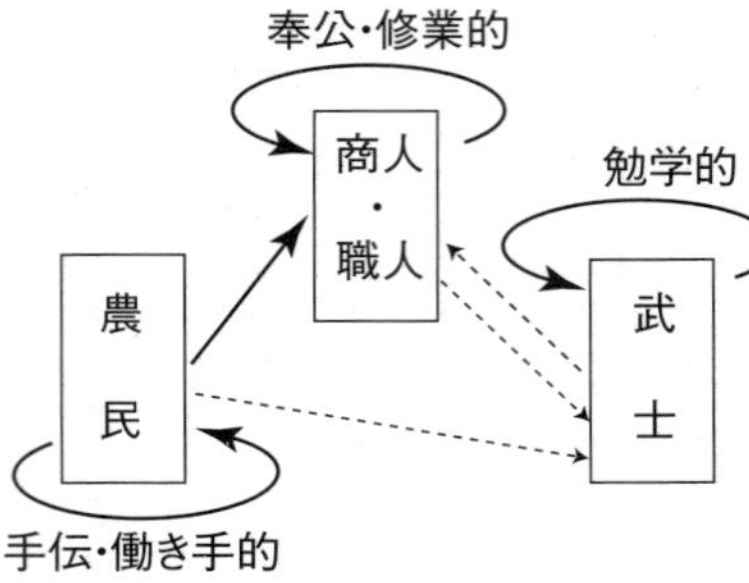

図１

農繁期に他所で働く農民は〝奉公・修業的〟子ども観に移行していくと見るべきでしょう。そもそも作物を育てる以外に多くの仕事をこなすのが百姓たる所以で（前掲、網野参照）、出稼ぎとして大工や酒造りなど職人仕事に従事することは日常的で、〝奉公・修業的〟子ども観は〝手伝・働き手的〟子ども観とは連続しているともいえるでしょう。

この三つの再生産的子ども観と、それからの移行の方向性は図のようにあらわせるでしょう。再生産されるこれら三種の子ども観のうち、とくに農村小作農においては奉公に出るベクトルがつねに作用し、不作の年にはいっそう強くなります。農繁期にも奉公するようになると帰村率は低下し、〝奉公・修業的〟子ども観への移行ベクトルが作用します。逆の向きの〝奉公・修業的〟子ども観から〝手伝・働き手的〟子ども観への移行ベクトルは一般的ではないでしょう。

2　明治期における子ども観の再生産

宗教・教典の言説をコアにもつ厳しい子ども観に立つ外国から明治期に日本に来た人、大森貝塚の発見者モースは、子どもは欧米のように厳しく扱われず親切に扱われ、「多くの自由を持っているがその自由を濫用することはより少なく(18)」、「ニコニコしている所から判断すると、子供達は朝から晩まで幸福であるらしい。彼等は朝早く学校に行くか、家庭にいて両親を、その家の家内的の仕事で手伝うか、父親と一緒に職業をしたり、店番をしたりする。彼等は満足して幸福そうに働き、私は今迄に、すねている子や、身体的の刑罰は見たことがない」し、「日本人の子供程、行儀がよくて親切な子供はいない。また、日本人の母親程、辛抱強く、愛情に富み、子供につくす母親はいない。(19)」

とも述べています。

またアリス・ベーコンも「日本の子どもは驚くほど健康で、元気で幸せそうである」[20]と述べています。「中流階級の赤ちゃん」は、「よちよち歩きができるまで」、「乳母の背中で育てられるので、町中に出ることはまれである」が、「庶民の家に生まれた赤ちゃんは、生後数週間たつと」「せいぜい五、六歳の兄や姉におぶってもら」い、「生後一ヵ月にも満たない赤ちゃんが、外の天気がどうであろうと、兄や姉の背に長い紐でくくりつけられ、頭をひょいと出して、目をぱちくりさせているのを道端で見かけることがある」[21]と述べています。明治期、都市の子どもで、家の外にいることの多い子ども達は、〝奉公・修業的〟子ども観の再生産ループにあることがうかがわれます。

明治時代は、一方では苦学して立身出世を果たす人も増加し、そうした成功者の話は出身地域に広まり、また雑誌等でも取り上げられ知られていきますが[22]、明治二二年前後に生まれた人々から子ども時代のことを聞き取った次の藤本浩之輔の調査からは三つの子ども観はほぼそのまま再生産されていることがうかがわれます。

旧士族の大学教授の長女は女学校に進学させてはもらえましたが、「女の子は、もう十三才になったらお嫁に行って、ちゃんと家のことができて、家をもつことができるように育てる、という風な考え」で父親にきびしくしつけられました[23]。〝勉学的〟子ども観の再生産を担える主婦としての教育をされたわけです。

大阪の商業の中心地の商家の子どもは、数え年十一歳ぐらいから「店すわり」をするか、進学のために勉強するかでしたが、行儀作法やていねいな挨拶は厳しくしつけられ、海外との商売や移民を念頭に外国語を学ぶ姿もみられました。外でよく遊んでいたのは職人の子や店の勤め人、縫い物で食べている人の子、裏屋住まいの子どもで、一流の店の子は家にいることが多かったといいます[24]。

宿場の百姓出身の床屋の子どもは、技術のいる家業は手伝えないので、学校から帰ると遊んでいられましたが、「とにかく、大阪へ行って丁稚になって、商売人になれ」という以上は言えなかった親にしたがって、高等小学校を出ると口入れ屋を通じて月給もなしの奉公にあがり、しくじって戻って「あいつはしくじり者や、あかん」と言われないよう辛抱して働いたそうです。高等小学校の月謝の二十銭が出せない家も多く、遊ぶためには友だちの仕事を手伝ってその遊び時間を捻出したといいます。〝奉公・修業的〟子ども観が再生産されていたのです。[25]

室戸（高知県）の農家の息子は、子どもが学校から帰ってくると親は待ちかねていたように、麦の手入れ、草取りの手伝い、と仕事にひっぱっていき、手伝いを全部させられ、「勉強は学校でせえ」と言われました。[26] 農村だった長居（大阪市）の農家の息子は、ため池から水を汲み上げて田に水を張るための水車を踏んだり、数軒で共有する井戸の水を順番の日に汲むために、夜通しでも水を汲んだり、田植え、草取り、稲かきをし、牛に食べさせる草取りのために一時間も歩いたりした、[27] と〝手伝・働き手的〟子ども観のままの育ちを語っています。

3　子ども観の再生産のほころびと子ども観の移行

(1)　昭和二〇年代までの子ども観

明治中期生まれの筆者の祖父は十一人兄弟の五男で、出身は中国地方の中山間部の庄屋でしたが、その田畑屋敷はすべて子どもの学費に変わり、大学を出てしかるべき職に就いた兄が弟たちを大学に通わせたそうです。兄弟は郷里を出て戻るべき農地もなく勉学に励んだのです。

ここには、江戸時代にすでに〝勉学的〟子ども観の再生産が生じていた村役人層から明治になってひらけた学問を通じての出世に家をあげて取り組んだ例が見られます。江戸期に、武家・村役人以外に勉強的子ども観が再生産されるのは、金貸しや、ベニバナなどの商品作物、漆器・陶磁器などの製造業、林業や回船業、醸造業など、家業にとっての必要もあり、経済的に余裕のある家でした。商人のなかには私費で塾を設立するなど勉学に対するスポンサーシップも見られました。[28] こうした塾などで優れた才能は目につきやすく、明治期になると地方の優れた人材を奨学金を出して中央に送り込む旧藩や地域、[29] 個人も見られるなど、[30]〝ウチの子〟ではなくとも地域ぐるみで優れた人材を育成しようとする意識によって、生家の経済的条件はなくとも勉学の道への機会を得られることにもなりました。野口英世は言うまでもなく、働き手としてその子どもを必要とする親を地域の人々が説得し、他家の支援で進学できた、という話はどこの地方にでもあるでしょう。

このような機会は大多数の子どもには無縁ですが、学業によって出世への道がひらける、という物語は江戸時代以上に多くの人々に身近なものになります。一方、家業を継承するもの、という子ども観は家業で生きる見通しがある間は、簡単に崩れるものではありませんが、子どもの全員が家業を継承できるわけではないので、新たな生業として明治後期からは工場労働者として俸給生活者になる人々も増えます。サラリーマンは継承できる家業ではありませんし、日露戦争や第一次世界大戦による好況の際の所得の上昇も大きかったので、よりよい暮らしのために子どもにはより高い教育を受けさせる〝勉学的〟子ども観を実行する条件は早く整いました。

深谷昌志は昭和生まれの子ども時代を「明治や大正の頃より、はるかに豊かに」なり、「子どもが小学校に入学し、卒業するのは当然になった。遊ぶ時間も持てるようになった」[31]と概括し、昭和八年の東京の小学生の調査からは、「〝何もせずに遊ぶ〟は、」「中学年までの子どものほぼ四割」で「高学年になると、勉強と同時に家事をする割合が増す」と指摘しています。[32]ここからは〝手伝・働き手的〟〝奉公・修業的〟子ども観のなかに、ある時期の子どもをもっぱら遊ぶ時期と認める〝遊び的〟子ども観が浸透し、同時に〝勉学的〟子ども観もある程度広がっていることがうかがえます。とはいえ、「中学進学にかかる費用は現在の二〇万相当」[33]で、これが毎月必要では、「進学率が一割」[34]にとどまっても不思議ではなく、〝勉学的〟子ども観が支配的にならないのはむしろ当然です。

〝手伝・働き手的〟子ども観は、敗戦後も健在でした。長欠児童生徒にも一家の働き手であった子どもたちが含まれ、[35]たとえば、昭和二八年の泊村（北海道）での調査では、壮青年の出稼ぎの穴埋めとして、中学生の六六・九％が五〇日以上、深夜のイカ釣り漁に従事していました。[36]家事の手伝いは一般的で、昭和二九年の調査によると、都市の小学生でも平日四〇分、休日一時間三七分の手伝いをしています。[37]「百姓に学問はいらない」とか、「早く一人前の漁師になりたい。中学校に行ってもしかたがない」といった言説はこの時代には子どもでも耳にする（筆者自身も聞いた覚えがある）ようなポピュラーなものでした。お上のお達しなので学校にも行かせるが、家業継承にとって、ある程度以上の学校教育は不必要、という感覚が広がりをもっていたわけです。

(2) 〝手伝・働き手的〟〝奉公・修業的〟子ども観の衰退

前項では〝遊び的〟子ども観が浸透してきたと述べましたが、子どもが家の中での仕事をまかされるかどうかは、一端に子ども観があり、他端には必要性があって、そのバランスによるのではないでしょうか。子どもが家の仕事を手伝わないでもイエがまわる場合に手伝いをさせるかどうか、というところに子ども観があらわれます。家の仕事を離れて学校に行っている時間は楽しく、家の仕事で学校にも行けないことがつらい思い出であった親は、子どもにはできるだけ学校に行かせてやりたい、せめて子どもの間は思う存分遊ばせてやりたい、と自分が果たせなかった願いを子どもには叶えてやりたいと思うことは理解できます。暮らしに少しの余裕ができると、〝手伝・働き手的〟子ども観は減少し〝遊び的〟子ども観が増大する方向性をはらんでいるといえるでしょう。

戦前の農村における次・三男や小作農は、出稼ぎや手伝いなどで生きていくのがやっと、という状態から抜けることは難しかったのですが、農地解放で、田畑を安価に購入できた結果、「戦前においてはきわめて低かった農村の生活水準が、高率小作料の廃止、農産物価格の相対的上昇、農業外収入の増大などによって大幅に向上した」[38]のです。朝鮮戦争の特需に始まる昭和三〇年代の高度経済成長のなかで、中・高卒での就職者では学卒農業就職者の比率が「三〇年度の二五・三％が三八年度の六・五％と実に一／四にまで低下」しただけではなく、かつての次・三男ではなく、経営主、あととりが他産業就職者となる比率が「三三年には経営主が二・二％、あととりが一三・一％であったのが、三八年にはそれぞれ八・八％、一九・九％と年々増加の傾向」[39]が強くなりました。「第二種兼業農家は、三八年には四二％をしめるに至り、専業農家はわずかに二四％にすぎなくなって」[40]、農業を機械化して農業労働を短縮し、そのローンを払うためにもお父ちゃんは平日サラリーマンとの兼業や長期出稼ぎで働き、じいちゃん、ばあちゃん、かあちゃんが農業を主担する「三ちゃん農業」が三八年の流行語となりました。父親自身がサラリーマンになるのですから、子どもを〝手伝・働き手的〟とする子ども観の再生産はもはや望めなくなりました。

さきにも述べましたが〝奉公・修業的〟な進路は、明治以降の殖産興業政策から日清・日露の戦争による産業拡大のなかで、商家・職人から工場労働者へと、職域をひろげていきます。小学校の年限が六年制になると、奉公を始める年齢も二年遅くなり、その分を子どもが新聞配達や内職で家計を補うことになります。戦後になって昭和三〇年頃、筆者の小学校の同学年には新聞配達をやっている子が何人かいましたし、新聞をおとなが配るのを見ると、強い違和感を感じた記憶があります。高度経済成長のなかで、新規中卒者の求人倍率は三四年に一・一倍程度であったものが、三七年には二・九倍となり（昭和三八年　労働経済の分析）、四四年三月卒については中卒四・九倍（昭和四三年　労働経済の推移と特徴）となりましたが、「急速かつ広範囲にわたる企業間賃金格差の縮小[41]」によって家計に進学させる余裕がある家庭が増し、中卒の就職率は、昭和二五（一九五〇）年の四五・二％から三〇年には四二・〇％、三五年には三八・六％と着実に減少し、四〇年には二六・五％、四五年には一六・三％、五〇年には六・九％と急激に減少します。進学が当たり前になると、〝勉学的〟子ども観への移行は必然となります。

さらに昭和四八年には、国民の九割が自分の生活程度を「中」と回答するようになりました[42]。これは一方では大学にでも進学できると思えるようになることですし、他方では仕事の種類の違いが生活レベルの違いにはつながらない、と思えるようになることです。これらの状況が子どもの暮らしを変えることになります。

4 子ども観生成の言説化

(1) 子どもの生活の変化と子ども観の変質

昭和二二（一九四七）年から三五年の間に農林水産業就業人口は五三％から三〇％に減少し[43]、都市部の人口割合は三二％から六四％に倍増し[44]〝手伝・働き手的〟子ども観の基盤は大幅に減少しました。団塊の世代が児童年齢にあるのは昭和二九年から三六年ですが、家の手伝いはするものの、家計的に厳しい受験競争に参入する予定のない子どもが多くなり、〝遊び的〟子ども観はいっそうひろがり、路地や原っぱには子どもの群れだらけになります。高校進学率は昭和三〇年には五一％、三五年五八％、三八年六七％、四〇年七一％、四五年八二％、五〇年九二％となります。大学・短大進学率は三六年一二％、四一年一六％、四三年一九％、五一年三九％と激増します[45]。

戦後社会は、世の中が変わった、と強く意識されていました。ひろく読まれた『幼児の心理』で、波多野勤子は、上からの指示・規則に従うのではなく、自己教育・自己批判の能力を育て、独立心をやしなうことを大切にする、と戦後の子ども観・しつけ観を紹介し[46]、『スポック博士の育児書』は、「子どもには必要なことだけをしてやり、もう一方で、子どもに害を及ぼさない程度に、親は親で楽しむことです」と母子密着型の日本の育児に、親の気負いをやわらげるメッセージを発し[47]、こうした本を読み、あるべき教育についての言説を求めるような人々（多くは〝勉学的〟子ども観で育った人々）に幅広く受け入れられました。〝遊び的〟子ども観を普及させる根拠ともなったことでしょう。

一方、勉学的子ども観に新たに移行する家庭では、テストの点数というある意味で平等なモノサシで、いっそうの暮らしの向上への競争に子どもが参加できるチャンスをやっと手にしたのです。より良い教育を子どもには受けさせたい、という思いはあっても、自らの学歴は低く、勉学的子ども観の具体的なあり方を経験することも目撃することもなく「先生の言うことを聞け」という程度の教育理解しかもたなかった新専業主婦が、よかれと思って塾やおけいこ事をいくつもかけもちさせ、子どもにつきっきりで勉強をやらせ、自分では教えられなくなると家庭教師をたのも[48]

うとする「教育ママ」になることは避けられなかったのではないでしょうか。

新聞が「教育ママ」に対する批判を書き、そうした家庭のドラマが放映されると、一方ではそれに批判的な意識も形成しますが、他方ではあそこまでやる必要がある、できることがある、という意識も喚起します。他方、正しい教育理解をもつ「教育熱心なママ」をめざそうと、家庭教育雑誌を回覧して読む[49]ような動きも目立つのです。

高度経済成長期に、会社勤めの核家族が主流になると、家業は継承できなくなり、〝勉学的〟子ども観に移行することになりますが、所得格差は縮まり[50]、経済的事情で高校に進学できない家庭は大きく減少し、また、あこがれであった専業主婦[51]が可能になり、昭和四〇年頃まで専業主婦化が進みます[52]。

昭和三〇年代、電気炊飯器、掃除機、洗濯機がいっそう家事を楽にし、家事は専業主婦と電化製品で十分まわるようになり、子どものお手伝いの必要性はなくなりました。典型的には大正末期から昭和初期生まれで戦中戦後の厳しい生活に耐え仕事と家事をこなしてきた働き者の女性が専業主婦になったわけです。昭和初期、中学進学が試験地獄ととらえられ、進学のための補習教育が禁止されていた頃[53]に自身が進学年齢で、友人の受験勉強の厳しさを目の当たりにし、それが専業主婦となったので、「家の手伝いなんかしなくていいから勉強しなさい」という発想の教育ママになるのも無理はないでしょう。

新中間層が多かった山の手の方が下町よりも家の手伝いの時間が長かったという昭和一七年の調査がありますが[54]、必要はなくてもしつけとして子どもに家の仕事をさせる、という明確な子ども観が先祖伝来の〝勉学的〟子ども観のなかには生き続け、その再生産があってこそ、女子の高等教育や新教育への賛同などの教育理解をもたらしたのではないでしょうか。

新専業主婦の、子どもに残してやれるものは教育だけ、という生活構造のなかでの進学競争参入は、群れである子どもを、ウチの子、ヨソの子と分けて、ウチの子だけは「良い子」にする責任がある、という意識を広め、伝統的な〝勉学的〟子ども観では専業主婦がかなりのレベルまで勉学を指導するところを塾や家庭教師などに頼る動きを広めることになります。勉学に耐えきれなかった近親者や身内の子どもの事例は身近になく、自身の教養には旧教育から新教育にいたる教育観の知識はないので、一方では、子どもにはたっぷり遊ばせ、他方でできるだけ進学もさせてやろう、という気にもなりますが、ノウハウはないのでただ早期から始めれば差をつけることができるという直線的発達観や評判を聞きつけた厳しいとされる塾に頼る、といった行動に走っても不思議はありません。

家業を脱してサラリーマン化し、高度経済成長で所得格差が縮小し、子どもは進学も可能になることは、親の世代には勉学的子ども観への移行を迫り、子どもの世代には、好きなこと、で暮らせる、という可能性幻想の培地を準備します。親の世代では、よほど嫌いなものは避けて、とりあえず就くことができる少しはましな職に就いて、子どもには進学させてやれる暮らしができるようになれば、上出来の人生になりました。子どもの世代以降では、生業による暮らしの格差・困難は見えなくなり、好きかどうかで職を選ぶものとしての高校受験をすることが可能になりますが、こういう選択をする力がある中学生は例外ですので、普工商農が偏差値の序列のような観を呈していきます。

(2) 少子化につながる子ども観の再生産性を考える

日本の人口置換水準は二・〇八と推計されていて、日本の出生率は一九七四年以降これを下回っています。[55] 男女ともの未婚化、晩婚化、高学歴化、若い女性の労働力率の一九八〇年代からの上昇の影響が大きいというのですが、[56] 筆者は子ども観の生成プロセスにある諸問題を指摘したいと思います。

① 当然、ではなくなった自分の子ども

イエを継ぎ、墓を守り、先祖や自分を子どもがまつる、ということを当然、と感じるようなおとなが育たなくなって二世代になる家も多いのではないでしょうか。先祖の出身地に残る墓を子どもの世代が参りやすいところに移す、本山で永代供養してもらうようにする、など、まつる人としての子どもも、という、かつてはそれ自体で子どもを必要と感じた感覚はもはや再生産されません。家業の働き手として、共働き家庭の家事分担者として子どもは必要、とす

る子ども観も見られません。当然、でなくなると、決断し、判断して「つくる」存在になります。

②「つくる」のであれば

「つくる」かどうか、の問題になると、自分自身の感じ方が重要です。長い期間にわたって時には長時間子どもの相手をする、という体験をすることがまれになった現在、子どもを「つくる」かどうかを考えるのは、子どもについてのイメージや思い込みに基づいて行われることになります。それらは言説や暗黙の言説によって形成されます。

半世紀前、同級生が四年生のときに盛り土の高架線路の土手で遊んでいて轢死し、筆者が弔辞を読んだことがありますが、事故や事件で子どもが死ぬと、かつての親は「あの子のさだめ」「親の目は行き届かないから」といい、世間もそれを否定はしなかった、という記憶があります。その後、長年のマスコミの取り上げ方に影響され、現在われわれは「親は何をしているのか」「育て方に問題があるのではないか」とまず定型的に発想することでしょう。

ウチの子主義、あるいは子どもの私物化の進行と、私物としての子どもの管理・教育責任を親に問う風潮とは表裏一体となって進んできたのではないでしょうか。このような言説を取り込んでしまうと、完璧な「良い子」を育てなければ「良い親」と自他を評価することはできなくなります。

ニコニコと機嫌の良いシミひとつないきれいな赤ちゃんと幸せそうな母親が登場するコマーシャルは、「良い子」「良い母」の標準イメージとして潜り込みやすく、たまに公共空間で泣きやまない赤ちゃんと、泣きやませる技を見せない母親を目撃すると、「それでも母親!」と無言でののしったりするもとにもなります。

「つくる」のであれば、泣いてもすぐにやさしい母親になだめられる完璧な「良い子」を育てなければいけない、と思わせるように、これらの暗黙言説の布置連関は作用します。

子どもが生活上も死後の安心のためにも必要でなくなり、「つくる」からには完璧な「良い子」でなければならない、と成功的子育てを暗黙の基準にする子ども観の生成は、少子化の方向に作用するものではないでしょうか。

③子ども理解と子ども観形成

■群れの自己解体と仲間の喪失

群れでの遊びは簡単に楽しめるものではなく、できないこと、しんどいことを乗り越えた先に味わえる、不満や衝突と隣り合わせの修業の果てにひらける楽しさです。ときにはそのしんどさを逃れて一人遊びにふけりたいこともあります。ですが、暇をもてあまし、逃れようもなくその群れで遊ぶしかない、という生活構造が基本的にあって、遊びの修業の末の充足感を得て病みつきになる、というのが群れ遊びのように思えます。モースやアリス・ベーコンなどの目にとまった明治期の日本の路上に遊ぶ子どもたちの幸せそうな様子はこのような遊びに満たされていたからではないでしょうか。

仕事や手伝いが減り、遊ぶ時間があり、空間があり、仲間があり、遊びのモデルがあって伝承される、という、子どもがおもてで遊び暮らすことができる条件が整ったのは筆者の周りでは昭和三〇年前後です。筆者が遊んでいた群れは、小学校中学年のわれわれが力の拮抗した学校友だちと遊ぶようになって抜ける日が増え、大将とは年齢が離れてしまった弟たちは二・三人ずつの仲良しで分かれて遊ぶようになり、異年齢大集団は分解してしまいました。

遊びのおもしろさ自体を求めるあまり地域の異年齢集団が自己解体することは、こうした条件では必然的に起きるのではないでしょうか。

勉学的子ども観に移行する新専業主婦は、一方では遊びの楽しさをとりあげたくはない、という理解はあるのですが、週に一度か二度なら自分はできなかった習い事に行かせても悪いことはないだろう、と思えます。無料の遊びより有料の学習の方が価値があるはずですし、習い事に行かないときは遊んでいるように見えます。不可欠の遊びを取り上げているとは思えないでしょう。ですが、遊び仲間はひとりが欠けても遊びの質が変わります。ひとりひとりは週に一回の習い事でも遊び仲間としてはおもしろさが欠ける日が増えます。「誰かのところに誘いにいってごらん」と言われても、近隣を浮遊し、「〇〇ちゃんあそぼう」「××ちゃんいる?」と托鉢のように遊びを乞いながらフラれ続けると、そのガッカリする思いから逃げていたくなります。

こうして、あまり誘いにも行きたがらないし、お友達と遊んでいないわけでもない子どもを見ると、遊びが不足しているとは思えません。仕事のない子どもは何をしていても遊んでいるように見え、十分遊ばせていると思えてしまいます。よかれと思ってちょっとだけ行かせる習い事がどれほど子どもの遊びの世界を変質させるかはおとなには見えないのです。その世界はおとなの目の届かない「場外」にあったからです。

子どもは友だちが確実にいる、というだけで自分も習い事に行きたいと言うのですが、その意味を本当の遊びによる充足が得られていないことと読み解くことができる親は少ないのです。

■勉学的子ども観への移行と空間の喪失

子どもたちの多くが群れをなして路地や原っぱや公園を巡りながら遊んでいた（筆者の場合は自宅のまわり八〇メートル以内ぐらい）この時代は、出遅れてもお決まりの遊び場に行けば、どこかで群れに会えることが多かったのです。

昭和三〇年の公団住宅の発足から、鉄のドアを閉めれば隣の音もあまり聞こえずプライバシーのある生活ができると話題になり、2DKの間取りで一部屋を子ども部屋にする、といった暮らし方が勉学的子ども観への移行で増加します。三八年までに一人当たり住宅延面積は東京でも全国でもほぼ倍増し、四〇年には住宅数は世帯数を上回ります[57]。この住宅建設で空き地や原っぱは確実に減少します。さらに、自家用車は昭和四二年には八%程度であったものが五二年には五〇%に達しています[58]。高価だった自家用車を置く駐車場からは空き地があっても子どもは追い払われます。勉学的子ども観への移行を可能にした高度成長は、外の子どもの遊び場所である空き地を囲い込み、どんどん駐車場や子ども部屋に変えていくものでした。

交通量が増え、子どもの群れが路上で遊ぶのは危険が増します。自家用車で動くのはニューファミリーで、休日には遊び相手の子どもがいなくなる、ということが増えていきます。相手がいないとつまらないのでウチもお出かけすることになります。しんどい群れ遊びよりはわがままも満たされるおでかけに抵抗しない子どもが増えます。

大きな状況変化はあらゆるところに同時に作用するわけではありません。一部入居が始まった宅地造成のドーナツ化の前線では、十分な大きさの同年齢集団はそろわず異年齢集団を成立させ、群れ遊びを可能にし、空き地や原っぱで秘密基地遊びを何年も可能にします。

④ 現在の子ども観形成の問題

■言説による子ども観生成

現在はトラブルをおそれて、できるだけ近所ゆえの接触を避けることが若い世代ほど一般的になり、近隣は知人もなく通り過ぎるだけの場所になっています。子どもがおとなになっていく間に、小さな子どもの相手をする経験はおろか、見ることもほとんどない、という状況からは、子どもを記号化しもっぱら言説によってとらえることになり、青い水を吸収してみせる紙おむつのＣＭから、異星人同様の見たこともない赤ちゃんというものは、青いオシッコをするのかもしれない、と発想する新米の母親をうみだします[59]。

■マイナスイメージの言説の取り込み

報道は、何かの問題があるものとしてなされますので、マイナスのイメージを与えるような言説とばかり出会いやすいのです。虐待や子殺し、いじめ、自殺が報道され、身近に類似のうわさ話でもあれば、自分や自分の子どもにそうしたことが起きるかもしれない、と思えます。誰に起きても不思議ではないこととして語られる傾向があるので、そうならない、というよほどの確信がなければ、少子化につながる子ども観を生成させる方向性があるでしょう。

また、最も費用のかからないオール公立コースでの子育て費用が二四〇〇万円になる、といった報道[60]に接するたびに、その負担の重さが印象づけられます。これも少子化につながる子ども観を生成させる方向性があるでしょう。

■自己肯定感が下がる入試制度

しんどい修業が必要な群れ遊びでは、うまく遊べるようになると達成感も自己肯定感も高くなりますが、そうした日常の繰り返しは、しんどさに耐えながら将来の満足を予期する力を育て、根拠はなくとも将来に希望をもつ根アカな感性を育てると考えられるでしょう。目先のペーパーテスト対策に追われ、大部分の子どもは結果に挫折し自己肯定感を下げていく元になる勉学的子ども観は、少子化につながる子ども観を生成させる方向性があるでしょう。

選択肢や可能性を狭められないように偏差値の高い高校に進学する、という消去法の受験の論理は、自分が受験や入学できなかったことで、自分の選択肢や可能性を狭めたことになります。日本の中学生が将来に夢をもたない傾向は[61]、仕事のことなど知らないまま偏差値で進学が決定する構造が、無限定の「可能性」を閉じられていく、という意識をもたらすためでしょう。自分で暮らせるようになったことで自己肯定できた世代とはちがって、仕事を通じての自己肯定感が得られるまでは、現代の若者は自分に高い可能性を見出せない一方で、自分の子どもを非のうちどころのない「良い子」に育てなければならない、という子ども観を生成してしまうのですから、「良い子」を育てる「良い親」になる見通しは低くなり、「幸せな家庭生活」をする可能性も低いと感じるのではないでしょうか。これにも少子化につながる子ども観を生成させる方向性があるでしょう。

他方では、好きなこと、で暮らせる、という可能性幻想の培地が勉学的子ども観への移行の条件が整った時点で準備され、「自分らしい」生き方への可能性が開かれ、カウンターバランスとなっている側面があります。しんどいことをやっていき、それをこなせるようになっていく果てに「自分らしさ」が築かれていく、のではなく、たまたまの現状の自分が変わることもなく、自己肯定できる何かが予定されているはずだ、という思い込みをもたらす言説として、「自分らしい」の用語法から次のような暗黙のメッセージを受け取ります。

i 自分らしいものに出会えば、すぐにコレとわかる

ii そこでは、苦労と思わないで努力できて、しかもそれが楽しい

iii 最初から「向いている」「いいネ」と認められる

iv やればやるだけ人より優れた成果・結果が得られる。

v 今の自分がいいなと思えることの先のどこかに必ずそれはある

このようなものとの出会いを、期待しているという意識もなく「自分らしい」生き方として予定し、それとの出会いを果たすまでは身軽でいようとすることは、少子化への方向性をもたらします。

「ワクにはめずに自由にのびのび育て」る態度[62]のなかには、好きなこと、で暮らせる、という「自分らしい」生き方との出会いを求める意識に通じるものがあり、勉学的子ども観と表裏一体とみることができるでしょう。

子どもの社会教育への参加も勉学的子ども観からのもので、それを補強することになるかもしれません。

⑤ 少子化を妨げる子ども観形成の可能性

■子どもとの継続的な接触体験

子どもとつきあう経験の有無は子ども観の生成にどのように影響するのでしょうか。子どもとの接触経験が多い人の方が子育てを「楽しい」とイメージする割合が高く、その傾向はとくに子どものいない未婚層と中高生層で顕著にみられますし[63]、子どものいる既婚者は、子どものいない既婚者と比較して〝子どもを持つことで豊かな人生を送ることができる〟と考える人の割合が、「明らかに高」く[64]、「まだ子どものいない家族においては、〝子育てはお金がかかる〟との意識が子どものいる家族より強く、子どもを持つことにためらいを感じている面」がみられます[65]。言説としての子どもが、存在としての子どもよりも否定されやすいことのあらわれと解釈できるでしょう。男子高校生が六ヵ月間に六回乳幼児検診の際のボランティアとして赤ちゃんと触れあう交流事業では、赤ちゃんに対する否定的な感情の記載が減り肯定的な感情の記載が増えていますし[66]、出産前から子育てに「自信があった」母親は、「赤ちゃんと触れ合った経験が、自信の裏づけになって」[67]います。言説による子ども観生成が子育てへの不安感を高くするのに対して、子どもと触れあう経験の蓄積は、子どもを好ましく感じさせ、子育ての自信をもたせる作用があるといえるでしょう。ここには少子化を妨げる方向での子ども観の形成作用があるとおもわれます。

■子どもへの好意・愛情の日常的表現

日本の文化は、質問紙には「子どもがいることは幸せなことだ」と回答しても、人前で子どもに向かって「あなたがいてくれて幸せだ」と語りかけたり、子どもを抱きしめることによってそのことを表現するものではありません。「子どもがいることは幸せなこと」を当たり前と感じるようになりにくい根本的要因ではないでしょうか。かつては見られなかった人前でキスする若者がもはや異様とは感じられなくなったように、抱擁や愛情を口にすることで愛情表現の交換を求めたい心情が育つ余地はあり、それは少子化を防ぐ方向に作用するのではないでしょうか。

日本でも、おとなも子どももたえず路上に出ていた時代は、目の前でたえず起きていたことがその欠落を埋め合わせました。赤ちゃんを背負って外に出れば、外に出ていることが多い近所の人に「何ヵ月?」と聞かれたり、「ちょっと抱かせて」と言われて、顔見知りへのきっかけができ、八百屋の店先で赤ちゃんの笑顔を引き出そうと見知らぬ人がご機嫌取りをしたり、ということが日常的でしたし、列車に乗っても同じようなことが起きて、子どもはその姿を目撃していたのです。近年は、このような行為は常には見られない、という点で「異常」な行為であり、それゆえ不審にとられかねないと感じられていますが、これに相当することを再生する必要はあるのではないでしょうか。

落語の「子ほめ」ではありませんが、筆者が子どもの頃、祖母の世代の明治生まれの女性たちは、筆者が何を言おうが「まあ、おりこうさんだこと」と大きな声で人前でほめる人が多かったと思います。この文化は現在は死滅したも同然ですが、明治の子どもたちの幸せそうな様子にはこうした文化の力もあったのではないでしょうか。

おわりに

本論では、現在の子どもから、しんどい修業を積んだ後にこそ醍醐味が味わえる群れ遊びが失われ、自己価値観を下げる方向にばかり作用しがちな〝勉学的〟子ども観への移行をもたらした社会的条件を明らかにしながら、少子化をもたらすような子ども観の形成作用をするものを考察し、少子化を妨げる子ども観の形成力のありかを考察しました。

【やなぶ　りゅういち】

注

（1）ルイス・フロイス（岡田章雄訳）『ヨーロッパ文化と日本文化』岩波文庫、一九九一年、一〇六頁

（2）実際の共同体は、領地支配の単位としての村落であるよりは、共同が可能な集落が単位になるので以後、集落共同体、と呼ぶことにする。

（3）大藤ゆき『子どもの民俗学』草土文化、一九八二年、一二―一四頁

（4）柳田国男「母の手毬歌」『こども風土記・母の手毬歌』岩波文庫、一九七六年、一五三頁

（5）大藤、前掲、三八頁

（6）大藤、同右、一〇一頁

（7）大藤、同右、二〇頁

（8）大藤は「大地に種をまき、苗を育て、肥やしをやり、手入れをして風雪に耐え、育てあげ実らせるという辛抱づよい仕事であり、待つということを余儀なくさせる」農業においては、「第一に土地の手入れが大切であるが、水や肥やしをやりすぎてもいけないし、足りなくてもいけない。いろいろな作物によってそれぞれやる時期というものがある。陽を当てた方がよいもの、陽が当たらぬ方がよいものなど、一率ではない細かな注意がいる。それぞれに個性のちがう子育てと共通する面をもっている」と指摘し、農業のなかで「農家の母たちは理屈ぬきに、生活経験の中から、人の一生を見通す目というものを身につけ」ていた、と述べる。（大藤、同右、一六頁）

（9）柳田国男「子ども風土記」『こども風土記・母の手毬歌』岩波文庫、一九七六年、六五頁

（10）R・P・ドーア『江戸時代の教育』岩波書店、一九七〇年、一七五頁。また、中江藤樹は『翁問答』（一六四一『日本思想大系　二九』岩波書店、一九七七年、一六八頁）で、世俗が学問をそしることについて「世俗の、学問をそしるは世俗のあやまりにあらず、学問する人のあやまりなり。世間の学問する人を見るに、学問の実義を知りて学問に志す方はまれなり。多分ものよみ奉公の望か、または医者のかざりか、或はだて道具か、此三つを志として学問する」と指摘しており、江戸時代初期にも学問をすれば教師など（物読み奉公）になる道があったことがわかる。

（11）竹内洋『立身出世主義――近代日本のロマンと欲望』NHK出版（NHKライブラリ）、一九九七年、一六頁

（12）石田梅岩は「學問ヲサセ候者ドモ、十人ガ七八人モ商賣農業ヲ疎略ニシ、且帯刀ヲ望、我ヲタカブリ、他ノ人ヲ見下シ…」となげく姫路からの訪問者の問に答えている（石田梅岩『都鄙問答』（一七三九年）『石田梅岩全集　上巻』清

文堂出版、一九七二年、三五頁）。学問によって、百姓町人にも行政の記帳実務を担当する可能性が開けていた（前掲ドーア、一七五頁）ことがわかる。

(13) 中村牧子『人の移動と近代化：「日本社会」を読み換える』有信堂高文社、一九九九年、八一頁

(14) 手元の学習参考書ではあるが、笠原一男『改訂版詳説日本史研究』山川出版、一九七一年、一九七頁、小野信二・門脇禎二『チャート式シリーズ　新日本史』数研出版、一九七一年、二一六頁

(15) 網野善彦は「廻船、商業、塩浜経営など多様な生業に従事する人々」が「百姓」とされ、「土地をもつ必要のない豊かな都市民」が田畑を持たない水呑とされていると指摘し（『「日本」とは何か』講談社、二〇〇〇年、二五八頁）、「百姓」の中に約四〇％ほど「農業以外の多様な生業に携わる人々」が含まれると述べている（同、二九四頁）。

(16) 速水によれば、濃尾地方の西条村の例では、一七七三年から一八二五年に出生した十一歳までは生きた者の奉公経験率は男子で五〇パーセント、女子で六二パーセントになるという（速水融『江戸の農民生活史　宗門改帳にみる濃尾の一農村』NHKブックス555、日本放送出版協会、一九八八年、一一七頁）。これよりも長期間の記録でみると、出稼ぎに出て、最終的に西条村に戻って宗門改帳に記載されたのは二割強であるという（速水融『歴史人口学で見た日本』文春新書、二〇〇一年、一二一頁）。

(17) 中村牧子『人の移動と近代化：「日本社会」を読み換える』有信堂高文社、一九九九年、一一〇-一一一頁

(18) E・S・モース（石川欣一訳）『日本その日その日　一』東洋文庫一七一、平凡社、一九七〇年、八七-八八頁。モースは、「いろいろな事柄の中で外国人の筆者たちが一人残らず一致することがある。それは日本が子供達の天国だということである。この国の子供達は親切に取扱われるばかりでなく、他のいずれの国の子供達よりも多くの自由を持ち、その自由を濫用することはより少なく、（…中略…）赤坊時代には（…中略…）刑罰もなく、咎めることもなく、叱れることもなく、五月蠅く愚図愚図いわれることもない」と述べている。

(19) E・S・モース（石川欣一訳）『日本その日その日　二』東洋文庫一七二、平凡社、一九七〇年、六八-六九頁

(20) アリス・ベーコン著、矢口祐人・砂田恵理加訳『明治日本の女たち』みすず書房、二〇〇三年、二三頁

(21) 同右、二〇-二一頁

(22) 竹内洋『立身出世主義――近代日本のロマンと欲望』NHK出版（NHKライブラリ）、一九九七年を参照

(23) 藤本浩之輔「三　士族風の家庭教育」『聞き書き　明治の子ども　遊びと暮らし』本邦書籍、一九八六年、三一-四五頁

(24) 同「八　船場のぼんぼん」九一-一〇四頁

(25)同「一七　街道筋の子どもの生活」二四〇―二六六頁
(26)同「二五　室戸の子どもの〝野球あそび〟」三五六―三六五頁
(27)同「二九　手伝いに忙しかった農村の子どもたち」四一七―四二七頁
(28)享保二（一七一七）年平野郷七名家の一人土橋友直が発議し創設した含翠堂、その影響を受けて享保九年に創設された懐徳堂など。各地に創設されている。
(29)仁坂吉伸和歌山県知事は明治期「和歌山では、藩侯がものすごい奨学金を出して、若い人たちを中央に送りこんでいました。それから特に林業を中心とした篤志家が和歌山にはたくさんいて、これが大変な奨学金の制度をつくっている。」と対談で述べている。和歌山県総合情報誌『和』vol.五、五頁
(30)城山三郎『わしの眼は十年先が見える―大原孫三郎の生涯』（新潮文庫、一九九七年）、八五頁には、大原孫三郎の父孝四郎が多くの人に奨学金を与えていたことが述べられており、孫三郎は口癖で「自分は勉強しない代わりに、他人に勉強して貰う」と言って諸分野の学問や研究に資金を出していたことが紹介されている。
(31)深谷昌志『昭和の子どもの生活史』黎明書房、二〇〇七年、一六頁
(32)同右、二四頁
(33)同右、一〇四頁
(34)同右、九六頁
(35)『昭和二八年度　教育白書』（「わが国の教育の現状」）には、出席すべき日数の三分の一（五〇日）以上の長期欠席児童生徒について、中学生では一五六、五六三人（三・二三％）中、「家庭の無理解」四三、九六八人・「家計の全部又は一部を負担させせなければならぬ」が三一、五一四人、「教育費が出せない」が一二、八七九人とされている（第三章　義務教育　第一節　就学状況　三、長期欠席の状況　を参照 http://www.mext.go.jp/b_menu/hakusho/html/hpad195301/hpad195301_2_038.html より。また、『山びこ学校』にも主たる働き手であった子どもの暮らしがの生活綴方に書かれている（無着成恭編『山びこ学校』岩波文庫、一九九五年）。
(36)「イカ釣り作業に従事する学童の実態調査」北海道立労働科学研究所『北海道労働研究』五（八）、一九五四年八月、五九―六一頁
(37)竹之下休蔵「子どもの遊びと生活時間の構造」『児童心理』一九五九年一月第三・四表より算出、三七―三八頁
(38)『厚生白書（昭和三一年度版）』一六頁

(39)『厚生白書（昭和三九年度版）』二三頁
(40)同右、二四頁
(41)『昭和四一年版　労働白書』「昭和四〇年　労働経済の分析」一八八頁
(42)「国民生活に関する世論調査」（昭和四八年二月）で最初に九〇％を超えたが、昭和四五年からは八九％を超えていた。自己評価の最初は昭和三九年で、八七・一％、四〇年は八六・五％、四一年からは三九年を上回っている。四八年は http://www8.cao.go.jp/survey/s47/S48-02-47-13.html 参照。他の年度は省略するが、各年度への索引は http://www8.cao.go.jp/survey/y-index.html
(43)昭和二二年については昭和二四年『労働経済の分析』二〇頁第九表。三五年については『労働力調査』長期時系列データ「産業別就業者数　旧分類：平成一四年以前」を参照。データの所在は http://www.stat.go.jp/data/roudou/longtime/zuhyou/lt05-02.xls
(44)『平成七年　国民生活白書』、二〇頁、第I-1-23図
(45)『文部統計要覧　平成五年版』三六-三八頁
(44)波多野勤子は「なんでも上からの言いつけで、ことが決まっていた」戦前の日本では「だまってハイハイしたがっているのがよかった」ので「しつけは、上からおさえつけるように、きびしいやり方でよかった」が、一人ひとりが対等になり、「自分の創意をもち、自分の考えにしたがって」やっていき、自分のやったことに「ちゃんと責任をもたなければならない」と述べ、ユネスコの考え方を紹介している（『幼児の心理』光文社、一九五四年、二四七-二五二）。
(47)阪口志朗「育児法の変遷と乳児」川上武編『戦後日本病人史』農山村文化協会、二〇〇二年、所収、二〇四-二〇五頁
(48)李貞淑によれば、五〇年代は母親が「仕事が忙しくて子どもの勉強をみてやれない」ことの悩みを相談するが、六〇年代は「今は何らかの形で勉強をみてやっているが、今のままでは心配である」のような、母親の低学力の悩みや、塾や家庭教師を雇うときの注意点などの相談が目立つという。（李貞淑「子育てにおける勉強の位置に関する考察——五〇〜六〇年代教育雑誌の教育相談欄の分析から——」『子ども社会研究』一一号、二〇〇五年、二六頁）
(49)桜井智恵子「一九六〇年代家庭教育ブームの生成——『家庭の教育』読者の声を中心に——」『子ども社会研究』八号、二〇〇二年、六六頁
(50)『昭和四一年版　労働白書』「昭和四〇年　労働経済の分析」一八八頁
(51)世帯主の収入で暮らせるようになると専業主婦化する傾向については、明治後期には家族全員が仕事をしなければ暮

らせなかった工場労働者層でも、大正末の家計調査では有職の妻はわずか九パーセントとなり、専業主婦化していることを千本暁子が指摘している。（千本「日本における性別役割分業の形成——家計調査をとおして——」荻野美穂ほか『制度としての〈女〉：性・産・家族の比較社会史』平凡社、一九九〇年、二一七頁）

(52)『平成七年　国民生活白書』「戦後五〇年の自分史　多様で豊かな生き方を求めて」九二頁

(53)深谷、前掲書「第二章　中学受験体制下の子ども」参照（六三-一一一頁）。「試験地獄」は上田庄三郎の指摘（深谷、九六頁）

(54)教育研究同志会「児童の生活調査」深谷昌志『子どもから大人になれない日本人』一九四三年、一七七-一七九頁を参照

(55)「少子化に関する基本的考え方について——人口減少社会、未来への責任と選択——」人口問題審議会（平成九年一〇月）Ⅱ、1「持続的な出生数の減少」

(56)『平成一六年版　少子化社会白書』（概要）「第一部第二章　なぜ少子化が進行しているのか」

(57)『昭和四五年年次経済報告（経済白書）日本経済の新しい次元』二六頁

(58)『平成七年　国民生活白書——戦後五〇年の自分史　多様で豊かな生き方を求めて』一二三頁、第Ⅰ-1-27図参照

(59)西村寿一郎「青いオシッコ（聞いてよ福祉あれこれ：二）」『朝日新聞』一九九七年五月八日 朝刊 宮崎版

(60)『朝日新聞』「子育て費用総額、最低で二四〇〇万円　AIU保険が試算」一九九一年四月六日朝刊 など

(61)苅谷によれば、学校の成績と関係ないはずの職業を目指す中学生が、学校の成績がその道に進める可能性の大小を決定し、幸せな家庭生活をおくれるかどうかも学校の成績による、と考える傾向があるという。苅谷剛彦『大衆教育社会のゆくえ』中公新書、一九九五年、七頁

(62)『朝日新聞』「エンゼル係数さらに減少　半数が『のびのび育児』野村證券調べ」二〇〇〇年二月二六日朝刊家庭面はこの回答が最多で約五〇％と報じている。

(63)『月刊子ども未来』二〇〇五年七月号「特集　子ども未来財団が調査『子育てに関する意識』」七-八頁

(64)『国民生活白書　平成一七年版』三四頁

(65)同右、三九頁

(66)佐藤紀子「思春期児童と赤ちゃんのふれ合い交流事業視察報告——愛育病院母子保健科」高野陽編『地域の児童館等における思春期児童と赤ちゃんのふれ合い交流の促進に関する研究』子ども未来財団、二〇〇六年、四四-四九頁

(67)エンゼル一一〇番レポート、VOL47、二〇〇五年一一月、二頁

3 子どもの人権を守る活動
――川西市子どもの人権オンブズパーソンの活動から――

森澤範子

1 「子どもの人権オンブズパーソン」とは何か

(1) 条例制定による子どもオンブズパーソンの誕生

兵庫県川西市は、一九九八（平成一〇）年一二月、「川西市子どもの人権オンブズパーソン条例」（以下「条例」といいます）を市議会の全会一致で可決し制定しました。この条例の目的（第一条）は、国連・子どもの権利条約の積極的な普及に努めるとともに、オンブズパーソンの設置をもって、一人ひとりの子どもの人権を尊重し確保することです。この条例制定によって、教育委員会や福祉事務所等の市の機関から独立した立場で子どもの擁護・救済を図る公的第三者機関として「川西市子どもの人権オンブズパーソン」（以下「オンブズパーソンという」）が全国で初めて誕生しました。そして、翌年四月から子どもの権利条約に基づくオンブズパーソンの制度運営がスタートしました。

なお、条例二〇条では、毎年オンブズパーソンの活動について、市長に文書で報告するとともにこれを公表することを定めています。この報告書は『子どもオンブズ・レポート』として一般に公表されています。

(2) 子どもの置かれている現実から出発

川西市でオンブズパーソンが誕生する契機となったのは、一つには、一九九四年、子どもの権利条約が日本でも批準されたこと、二つには、同じ年に、全国で子どもの「いじめ」やそれによると思われる子どもの自殺が相次ぐという、子どもたちが置かれている極めて深刻な状況があったことです。川西市教育委員会では、子どもたちが毎日の生活をどのように感じながら過ごしているのかという観点から、一九九五年に「子どもの実感調査」を実施しました。その結果、「いじめを受けたことがある」と答えた小学校六年生が三六％、中学校三年生が一九％で、そのうちいじめを受けて「生きているのがとてもつらい」と答えた子どもが二～三％、四〇人のクラスにすると一人～二人の割合でいることがわかりました。また、同時に何回もいじめられた子どもほど「一人で我慢する」との傾向が浮かび上がりました。こうした子どもの置かれている厳しい現実を重く受けとめた川西市では、困っている子どものSOSをどう受けとめ、どのように救済していくのか、そしてそのために必要な仕組みはどのようなものなのか検討が重ねられた結果、子どもの権利条約に根ざした子ども固有の公的オンブズパーソンが誕生したのです。

(3) オンブズパーソンの職務と体制

条例は、オンブズパーソンを「子どもの利益の擁護者・代弁者」「公的良心の喚起者」と定め（第七条）、次の三つをオンブズパーソンの職務（第六条）としています。一つは「子どもの人権侵害の救済に関すること」、二つには「子どもの人権の擁護及び人権侵害の防止に関すること」、三つには「前二項に掲げるもののほか、子どもの人権擁護のための必要な制度の提言に関すること」です。この職務を果たすべく、実施機関や当事者と利害関係をもたない公的第三者機関として、子どもの最善の利益の観点を堅持しながら、子どもが抱えている問題を個別具体的に支援する活動を行っています。

現在は、大学教授や弁護士など三名のオンブズパーソンと、オンブズパーソンのアシスタントである調査相談専門員四名と、事務局一名の行政職員で制度運営を行っています。筆者は、二〇〇一年四月から調査相談専門員（通称は相談員）として、二〇〇六年度からは調査相談総括役のチーフ相談員として、この活動に携わり、多くの子どもや親に出会い、かかわってきました。本論では、これまで川西市で実践されてきたオンブズパーソンの取り組みについて紹介します。また、オンブズパーソンの現場で学んだことから、子どもの救済と支援に向けた取り組みとは具体的にどのようなことなのか、述べていきたいと思います。

2 オンブズパーソン活動の実際

オンブズパーソンの活動は、主に相談・調整活動、調査活動と、この他にオンブズパーソンの存在を広く知ってもらい必要なときに利用してもらえるように広報・啓発活動を行っています。

(1) 広報・啓発活動について

子どものSOSを積極的に受けとめていくためには、子ども本人や子どものことで悩んでいる保護者にオンブズパーソンが身近な存在として感じてもらうことが必要です。したがって、これまで「顔の見えるオンブズパーソン」として、広報・啓発活動にも力を入れてきました。オンブズパーソンは、年に二回市内のすべての小中学校、幼稚園や保育所など、子どもたち一人ひとりに向けてオンブズパーソンへの相談電話番号が記載してある電話カードやリーフレットを配布してきました。相談電話はフリーダイヤルになっており、電話料の心配もありません。また、このカードやリーフレットには、オンブズパーソンや相談員の顔写真が入っており、子どもたちに少しでも親しみを持ってもらい、助けが必要となったときに利用してもらえるように工夫をしています（次頁写真参照）。

川西市では、二〇〇五年に「子どもの権利条約にもとづく実感調査」を実施し、そのなかではオンブズパーソンの認知度を調べています（全市内小学校五学年、中学生二学年の児童・生徒対象のアンケート調査を実施。川西市人権推進課『子どもの権利条約にもとづく実感調査集計結果報告書』二〇〇七年発行）。オンブズパーソンのことを「名前も何をす

子ども向けリーフレット（中面）

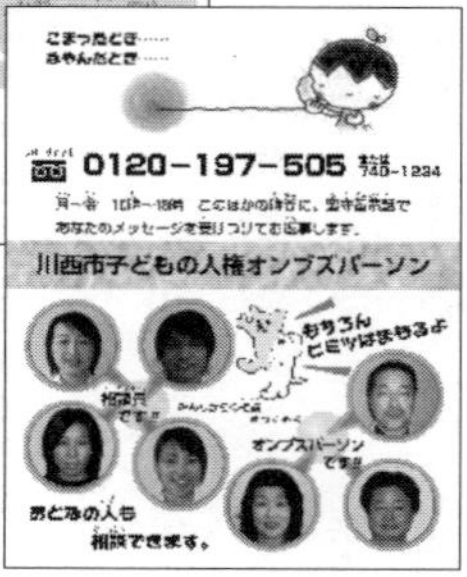

子どもオンブズ電話カード

るところかも知らない」と答えた中学生は三四％（前回二〇〇三年度実施、中学生三五％）、小学生は二〇％（同四四％）で前回よりどちらも認知度が上がっているのがわかります。また、「何か困ったことがあったとき相談できる人」と答えた中学生は三九％、小学生は五二％と半数を超えています。存在を知っているかだけでなく、どのように利用できるのかを理解している子どもの割合も多くなっています。実際に、中学生や高校生になって相談をしに来た子どもが「オンブズパーソンのことは、小学校のときに配布されたリーフレットで知っていた」という場合も少なくありません。これも制度創設から一〇年目を迎え、毎年広報・啓発活動を積み重ねてきた成果があらわれているといえるでしょう。また、保護者から「子どもが幼稚園内で受けているいじめ」について相談を受けたケースでは、五歳児の当該の子どもに出会い、リーフレットを見せながらオンブズパーソンのことを丁寧に説明しました。その子どもは、家に帰るとリーフレットを「これ、僕の大事」と言って宝物のように大切にとってあった、といいます。年齢の低い子どもたちに対しても理解できるよう丁寧にわかりやすく伝えていくことによって、子ども自身がSOSを発信することができ、それを受けて実際の救済にむけた活動がはじまっていきます。したがって、常に子どもがオンブズパーソンにアクセスしやすい環境を整えていくことは重要な課題となっています。

(2) 相談活動について

オンブズパーソンには、市内に在住、在学または在勤する一八歳未満の子どものことについてなら誰でも相談でき、子どもの救済に向かう入口としての相談窓口は可能な限り広く設けています。

二〇〇七年次は、一五九案件で延べ六〇二件の相談を受けました。一九九九～二〇〇七年次の相談件数は**表1**のとおりです。過去九年間の相談受付総件数は、四九〇七件です。相談件数は、第三年次より大幅に増加し、その後は毎年五〇〇～六〇〇件台の間を推移しています。相談活動では、子どもや保護者など当事者自ら解決できるようエンパワメントをめざして支援していくため、一回の相談で終わることは少なく、一定問題が解決するまで継続するケースが多くなっています。次に、相談者の内訳をみていきます。活動開始から二～三年においては、相談者は圧倒的に保護者の割合が多くを占めていました。一方、子どもからの相談の割合は、第一年次を除いては徐々に増え続け、第八年次には四割を越えました。相談内容は、「いじめ」「交友関係」「家族関係」「教員との関係」など子どもの身近な人間関係における問題が多くを占めていますが、そのほか乳幼児の子育て相談から、思春期における心身の悩みなども寄せられており、子どもに関する幅広いホットラインとして機能しているといえます。

子どもからの相談の割合が年々増えているのは、たとえ初回に親などおとなから相談を受けた場合でも、できるだけ当該の子どもに出会って話を聴くことを大切に考えて対応をしてきた成果です。それは、あとで詳しく述べるとおり、子ども自身が権利行使の「主体」となって、抱えている問題を解決できるように支援していくためです。

表１　相談件数と相談者の内訳（1999～2007年次）

年次	子ども		保護者		教職員等*		計（件）
第１年次（1999）*	92	30.7%	133	44.3%	75	25.0%	300
第２年次（2000）	99	20.5%	289	60.0%	94	19.5%	482
第３年次（2001）	134	20.6%	382	58.8%	134	20.6%	650
第４年次（2002）	180	27.6%	369	56.5%	104	15.9%	653
第５年次（2003）	135	25.7%	311	59.2%	79	15.0%	525
第６年次（2004）	173	34.3%	263	52.2%	68	13.5%	504
第７年次（2005）	225	38.3%	289	49.1%	74	12.6%	588
第８年次（2006）	246	40.8%	311	51.6%	46	7.6%	603
第９年次（2007）	247	41.0%	304	50.5%	52	8.6%	602
総計	1531	31.2%	2651	54.0%	726	14.8%	4907

*第１年次は、６～12月までの７ヵ月の集計
*「教職員等」には、保育士なども含まれる。

(3) 調整活動について

調整活動とは、相談者である子どもや親の意向があれば、関係機関・関係者に任意の協力を得て、相談活動の一環として行っているものです。子どもに関する問題が起きて解決が困難になっている場合には、往々にしてその子どもとまわりのおとなや、まわりのおとな同士で、意思疎通が難しくなり関係不全に陥っている状況がみられます。そのような状況になって、オンブズパーソンに相談が寄せられることも少なくありません。たとえば、子どもの問題を巡って一度学校と保護者間で誤解やすれ違いが生じてしまうと、そこからは適切な意思疎通を図ることができなくなり、非難や責任の押し付け合いのようなやりとりに終始する、ということがしばしば見受けられます。このような状況では、「何が子どものためなのか」という観点が見失われていき、建設的な対話が図られず、協力し合って問題を解決することが困難になります。したがって、子どもにかかわるまわりのおとなが、対立的な関係ではなくお互いに信頼し合い、つながり合って子どもを支援していくことができるような関係を再構築していくことが、子どもの最善の利益を実現するために必要な取り組みだと考えています。

調整活動の後半部分では、オンブズパーソン立ち会いのも

と、当事者同士（子どもと教員、子どもと親、親と教員等）の直接の対話の機会を設けます。そこで双方がお互いの考えや思いを聴くことにより相互理解が生まれ、問題の打開が図られていくことがありました。

近年の取り組みにおいて特徴的なのは、学校問題だけではなく、家族関係を調整するケースが増えていることです。たとえば、第三者の市民から「虐待」として寄せられた情報をもとに、福祉事務所や学校と連携し、当事者へのアプローチを試み個別支援を展開してきました。ケースの入口では「虐待」と認識されていたものが、実際に出会って、見えてきたのは、支援のない状況で子育てに孤軍奮闘し、思い悩んで疲れ切っている母親の姿でした。母親自身が子どもの思いを受けとめ、支えていくことができるようになるために、まずは母親に寄り添い、支えていくことが必要です。オンブズパーソンは、親子それぞれからゆっくり話を聴いていきます。そして、オンブズパーソンが立ち会うなかで、親と子がお互いの気持ちを率直に伝え合い、受けとめ合う機会をつくります。第三者がかかわることで、密室化した家庭に風が通り、緊張した親子関係が少しずつ緩和され、関係が修復されていったというケースもありました。

子どもの人権侵害の多くは子どもの身近な人間関係において発生しています。したがって、子どもにとってまわりの人間関係がよりよく変わっていくことが「子どもの安心」の回復を助けていくのです。子どもは、自分のことでまわりのおとなが非難し合ったり、責め合ったりすることを望んでいません。そんな姿をみれば、逆にますます傷つき、不安になっていくでしょう。そんなときに、子どもの擁護者・代弁者として、子どもの話に耳を傾け、そしてその声を関係するおとなに代弁してきました。そして、今後どうしたらそれぞれの立場や役割において子どもを支えていくことができるのか、という建設的な対話が図られていくように働きかけていくことが、オンブズパーソンの役割なのです。

⑷ 人権救済の申立て等を受けて実施される調査活動

また、オンブズパーソンは、子どもの人権救済の申立てを受け付けるなどして調査活動を行います。条例は、オンブズパーソンの市の機関に対する調査権（第一一条）、勧告および意見表明権（第一五条第一項二項）を付与しており、市の機関に対しては「オンブズパーソンの職務の遂行に関し、その独立性を尊重し、積極的に協力、援助しなければならない（条例第八条二項）」と規定し、あわせて、勧告・意見表明の尊重義務（条例第一五条）を課しています。以上のように、条例の手続きにしたがって、個別具体的な子どもの人権救済を図り、同時に個別具体の案件から見えてきた課題に対して、子どもの最善の利益の観点から、再発防止等の提言をすることができます。提言を受けた市の機関側は、オンブズパーソンの意見を尊重しながら、行政上適切な措置を講じていくことになります。調査の目的は、調整同様に、学校や行政に対して子どもの最善の利益を実現するための必要な対話に努め、問題を解決していくための具体的な取り組みを促し、支援していくことです。実施機関における取り組みにオンブズパーソンの提言が活かされていくことで、制度の実効性が出てくるものです。

3　子どもの救済と支援に向けて

⑴ 「子どもの意見表明の尊重」の実践

私たちは子どもの救済に向けた活動を展開する上で、最も大切な原則は、子どもの権利条約一二条「子どもの意見表明と参加の権利」を具体的に保障していくことであると考えています。子どもの最善の利益を確保しようとするのであれば、子ども自身がどのように考え、感じているのか、そしてどのような状況に変わっていったら安心でき、希望をもって生きていくことができるのかについて、われわれおとなが理解を深める必要があります。そのためにも、子どもの意見表明の尊重は、もっとも欠かせない取り組みです。

しかし、出会ったこともないおとなに対して自分の心情を語ることは案外難しいものです。オンブズパーソンの活動において「子どもの意見表明・参加」の権利を保障するという取り組みが重要であると述べましたが、現実に子どもと出会えたとしても、自らのことを語り出し本題に入るまでにはかなりの時間を要するケースもあります。たとえば長期にわたって不登校や引きこもり状態であったり、人に会って話をすることに強い不安を抱いていたりなど、出会うことすら困難なケースもあります。相談員は、子どもが他者と安心してつながれ、自分の意見をまわりに表明できるようかかわっていくことに多くのエネルギーを注ぎます。一人ひとりの子どもの年齢や状況に応じて、一緒にゲームやトランプをしながら遊んだり、世間話をしてコミュニケーションを図るなど工夫をしています。必要に応じて家庭訪問や地域訪問もしています。

以上のように、子どもとの相談においては、子どもの意見表明が具体的に保障されていくよう、その子どもに応じた支援にあたります。したがって、初回相談からしばらくは、子どもが信頼し、安心して語ることができる関係性と環境を整えていくことが相談員にとって職務であると同時に大きな課題となっています。こうした環境が整って初めて子どもとの応答的な対話が実現し、子どもにとっての「本題」に入ることができます。こうして、問題解決に向けた具体的な支援が開始されていくのです。オンブズパーソンで子どもからの相談が年々増えてきたのは、子どもとの信頼関係をつくること、子どもとの対話を深めていくことを大切にしてきた積み重ねの成果だと考えています。

(2) 子どもをエンパワメントしていくために

ある中学生女子のケースでは、まずは親から相談を受けて、当該の子どもと会いました。しかし、彼女がこれまで受けていたいじめ体験や家庭内での非虐待体験を語るまで多くの時間を要しました。彼女は当初、言葉では語らず自分の痛みを自傷行為で表していました。そのとき、何がその子の痛みなのか私は十分に理解することができませんでした。かかわりを続けるなかで彼女が今まで受けてきた人権侵害によって「生きているのがつらい」「自分なんて生きている意味があるのか」と感じていることがわかりました。彼女の語る言葉にただひたすら耳を傾け、彼女が「自分が自分のままでいい。自分は大切な存在だ」と実感し、少しずつ回復していくまで四年以上にわたって支援を続けました。そしてこの春に、一八歳になりオンブズパーソンを卒業しましたが、その際に彼女は以下のメッセージを残してくれました。

「私がオンブズの存在を知ったのは、一四才の中学二年生の時でした。あの頃は誰も信用できずにビクビクしてましたよね。いつも辛い時、苦しい時、悲しい時に側で暖かく見守ってくれたオンブズの皆さん。どんな時でも話を聞いてくれた。本当に本当に大切な『居場所』でした。辛い事・苦しい事を抱えているまだ幼き子どもにとってオンブズパーソンとはかけがえのない大切な場所だと思っています。一緒に笑ったり泣いたりして共に闘ってくれる… オンブズという優しい存在はなくてはいけないものだと思ってます。オンブズパーソンでは、たくさん学びました。人を大事に、命を大事に、自分を大事に… 私がこんな風に変われたのもオンブズの皆さんのおかげでもあります。一緒に闘ってくれて本当に本当に嬉しかった。一人で追い詰められて苦しんでる時、家まで来てくれて本当にありがとうございました。まだまだたくさん『ありがとう』という言葉でいっぱいです。これからもその優しさ、暖かい存在として子どもたちの命を救い続けて下さいね」。

(3) 子どもを理解すること、支援すること

いじめや虐待等の人権侵害を受けた子どもの状態は、たとえば、これ以上傷つかないようにと他者に対して警戒し過剰に自己防衛していたり、どうせ何を言っても無駄と思い込み最初からあきらめて何も言わないと決めていたり、そもそも問題と向き合うエネルギーそのものがすでに失われていることがあります。さまざまな傷つき体験をした結果として、子どもがこのような状態になっていることを十分に理解する必要があります。不信感や無力感、無気力

感、自己否定感に苛まれている状況を少しずつ回復していくこと、つまりエンパワメントしていくことが、子どもの人権救済には不可欠なことです。他者に対して不信感でいっぱいだった気持ちが、人を信頼してもいいんだと思えること、何も変わらないと思っていたが何か少しずつでも変わっていくかもしれないと思えること、自分には何もできないと思っていたが、自分もできるのだと思えること、自分が大嫌いと思っていたが、自分を好きになっていくことができること、つまり、子どもが実際に自己効力感や自己肯定感をもてるようにエンパワメントしていくことが、子どもを支援していく活動の本質であると考えています。

「生きているのがつらい」と訴えるほど、子どもたちは深刻な状況に置かれていますが、「おとなが真剣に話を聴いてくれるだけで安心する」といいます。自分の気持ちや意見を尊重して聴いてもらえたこと、存在を肯定され受け入れられたことを嬉しく思い、そこから子どもはもう一度自分や周りに対する信頼を取り戻していきます。子どもにとって必要なときに適切な支援があれば、子ども自身が自ら解決に向けて動き出す力をもっているのです。子どもが実際に回復し、再生していく姿に何度も出会ってきました。そんな姿に私たちも励まされてきました。逆に「子どもには何もできないから、おとなが代わりに解決してあげる」という発想で子どもにかかわっても、子どもの傷つきはけっして回復しません。子どもが権利行使の「主体」として、自ら問題の打開や解決に参加し、子ども自身が課題を乗り越えていけるように支援していくことが大切なのです。

4　第三者の立場で子どもとかかわること

教職員や親からは「なぜ子どもは教師や親にも言えないようなことを、第三者であるオンブズパーソンに相談するのか」とよく質問を受けることがあります。実際に子どもが話をするには、「つらい」「しんどい」という心情を含めてありのままに安心して聴いてもらえる関係が求められます。しかし、子どもは、身近なおとなに相談した場合に、自分の意思に反して問題が複雑化しないか、必要以上に心配や迷惑をかけやしないかというおそれを抱いています。だからこそ、子どもに寄り添いながら代弁する第三のおとなの存在が必要なのです。そういう意味では、親でも教員でもない第三者のオンブズパーソンは、子どもから話を聴くにはたいへん有利な立場にいるといえます。

また、調整のところで述べたように、オンブズパーソンは、子どもにかかわる問題が起きたときには、子どもを中心においた解決のために建設的な対話が図られるよう関係者に対して働きかけます。オンブズパーソンが、実施機関や当事者と直接利害関係をもたない第三者だからこそ、子どもの利益を図る観点を堅持して課題解決に向けて取り組むことができるといえます。調査においても、子どもの声を代弁し、市の関係機関における行為の是正や、子どもに不利益をもたらす制度や仕組みの改善を働きかける（制度改善等）など、行政機関の適正な執行を促していくことができますが、これもオンブズパーソンが、行政機関から独立した立場にあるからできることです。

オンブズパーソンは、当初〝外部から介入され糾弾される〟という印象をもたれていましたが、子どもの最善の利益を実現するために「人と人とをつなぐ第三者」であるという理解が、この九年間の活動の積み重ねによって浸透しつつあると認識しています。

5 さいごに

(1) 子どもから学ぶ

これまで、川西のオンブズパーソンでは、当事者である子どもとの対話を重ねて権利擁護を図る、という手法にこだわってきました。この経験から学んだことは、子どもの救済のためには、〝しんどさ〟を語ることのできる応答可能な関係を成立させることが何よりも必要であるということです。

しかし、現実に子どものSOSを受けとめ、具体的に子どもへの支援が展開できるかどうかは、受け手であるおとな側のコミュニケーションのあり方が大きく左右するものです。子どもとのコミュニケーションを豊かに深めていくためには、言語によらないコミュニケーションも含めて、子どもが発信していることを受けとめ、深く理解していくことが必要です。さらには、子どもが感じていること、考えていることをまわりに的確に表現して伝えていくという「子どもを代弁する力」も必要です。したがって、ＳＯＳの第一の受け手となる相談員には、子どもに寄り添い受けとめていくことのできる高い専門性が求められています。今後も本制度が、子どもにかかわるセーフティネットとして有効に機能していくためには、相談員の人員配置や研修体制等の充実など克服すべき多くの課題があります。

⑵　子どもを支援していくための新たなシステムとして

少子高齢化がすすむなかで、子どもが安心して豊かに育ち、おとなが安心して子どもを育てられるまちづくりは、どの自治体にとっても最重要課題となっています。川西市では、オンブズパーソンを活用しながら、より一層安心できる子育て・子育ち環境の充実に寄与することできるといえるでしょう。

いじめや虐待、不登校といった子どもを巡る今日的な課題を解決していくためには、一人ひとりの子どもに寄り添いながら、その立場から調整を図り、当事者とともに解決の道筋を探っていく、という公的第三者としてのオンブズパーソンの活動は今後もますます必要とされていくものと思われます。子どもオンブズパーソンとは、社会が子どもの声を積極的に受けとめ、子どもが未来に希望をもって生きられる社会への変革を志向した営みです。一人ひとりの子どもの権利実現を具体的に追究するシステムとして、今この時代に求められている新たなシステムであると感じています。

【もりさわ　のりこ】

団体紹介

正式名称　川西市子どもの人権オンブズパーソン

所在地　〒666-8501　兵庫県川西市中央町一二-一

連絡先　TEL　〇七二-七四〇-一二三五
FAX　〇七二-七四〇-一二三三
Email　mn0942@ml.city.kawanishi.hyogo.jp
URL　http://www.city.kawanishi.hyogo.jp/shimin/jinken/kdm_onbs/index.html
川西市子どもの人権オンブズパーソン事務局

主な活動　川西市子どもの人権オンブズパーソンとは、条例に基づき一人ひとりの子どものSOSを受けとめ「いじめ」「体罰」「虐待」などの人権侵害から子どもを擁護・救済するための公的第三者機関である。市長から任命された三人のオンブズパーソンと調査相談専門員（相談員）が、子どもの人権を守るために活動。相談だけではなく、調査・調整を通して、関係者に勧告・意見表明をする権限をもっている。筆者は、二〇〇一年四月から相談員に採用され、二〇〇六年度からは調査相談総括役のチーフ相談員として活動している。

出版物　・森澤範子「川西市子どもオンブズパーソン活動の展開」荒牧重人・吉永省三・吉田恒雄・半田勝久編『子ども支援の相談・救済』日本評論社、二〇〇八年三月、二九～三四頁

一言PR　人と人とのつながりが希薄になりがちな現代社会のなかで、地域で子どもを守ったり助けたり、関係を調整したりする子どものためのオンブズパーソンの役割はますます必要とされていくと感じています。子どもの声を社会に届け、子どもとおとなが共に生きる社会の実現をめざし、働きかけていくことも、オンブズパーソンの大切な役割です。今後も、子どもが安心して気軽に相談できるよう一層努力していきたいと思っています。

4 自然のなかでの子どもの活動
――一人ひとりの存在を認める「ひと山まるごとプレイパーク」――

立石麻衣子

1 主催団体について

豊能おやこ劇場を前史とする「北摂こども文化協会」は、「子どもの権利条約」の普及と推進を基本理念に掲げ、子どもの心が豊かに育つ地域文化環境の向上に努める団体として、一九九九年にNPO法人格を取得し、各種の子ども文化活動を行っています。とくに、「子どもの権利条約」の第十二条と第三十一条で謳われている、「子ども自身が自分の思いや考えを自由に表現することの支援」と「心と体を充分に休め、文化的・芸術的な活動および遊びを通して、心身をリフレッシュさせ、心を豊かにする機会の提供」、を進めています。本稿で取り上げる実践は、まさに第三十一条に謳われた権利を保障するための事業といえます。

2 「ひと山まるごとプレイパーク」の概要

⑴ 事業の背景

九〇年代後半、いじめや不登校などが社会的に認知されるようになり、子どもの日常の生活を脅かす危機的状況がみられました。とくに、孤立した核家族化による子育て環境の問題、少子化による過干渉の問題、都市化と情報化による間接体験への偏りなどは、どの家庭にも生じ得る今日的な課題となっていました。

　このような状況において、当協会は次に挙げる四つの仮説を立て、危機感を募らせました。第一に、今の子どもたちは受験勉強に必要となる偏差値的な価値観によって評価される環境におかれ、あるがままの自分を受け入れてもらえているという絶対的な安心感を得ることができずに苦しんでいるのではないか。第二に、孤立した子育て環境は、親同士だけでなく子ども同士の人間関係をも希薄にし、自分の気持ちを相手に伝えることや考えの異なる相手と意見の調節をするといったコミュニケーション能力を養う機会を奪っているのではないか。第三に、少子化による過干渉は、子どもが自ら考えて選択し、行動する機会を奪う傾向にあり、その結果、さまざまなことに対して周囲の大人任せであったり、自分の行動に責任を取ろうとしない子どもが増えているのではないか。そして最後に、都市化やメディアの発達は子どもたちが心身を使って遊びほうける機会を奪い、情報化は子どもたちにさまざまな知識を与えることに成功したものの、今の子どもたちから、得た知識を実際の体験を通して検証する機会を奪っているのではないか。

　これらの課題を少しでも解決するために、北摂こども文化協会はひとつの山を丸ごと使って、自分の責任で自由に遊びほうけるプレイパーク事業、すなわち「ひと山まるごとプレイパーク（以下、ひと山）」を始めました。なお、本事業が実現できた背景には、東野さんという地域の方の多大なる貢献があります。当協会がひと山を構想し、フィールドを探していたとき、東野さんは理念に賛同し、子どもの教育のためになら自由に使ってくださいと、実践現場に相応しい山（所有地）を開放してくださいました。

(2) 事業の目的

　ひと山の目的は「時間に拘束されず、心を解放する居場所づくり」です。学校や家庭以外に、地域の特性を生かしたすばらしい自然環境のなかで、子ども、おとな、スタッフとの協働を通して、以下のような子どもの居場所づくりを展開することを目指しました。ホットして安らげる空間、人と人との関係が開かれていく空間、自分探しの学びが生まれる空間です。一方的な評価のまなざしや都会の生活から離れて、休日をのんびり過ごし、自分の興味関心に応じて、自由にのびのびと遊ぶことを趣旨に掲げました。

(3) 活動形態

活動場所は大阪府豊能郡豊能町木代にある山林（私有地）です。最寄り駅となる阪急電車池田駅より車で約三十分の距離に位置します。年度毎の会員制をとっており、二〇〇九年度に第九期を迎えます。活動日は毎月一回土曜日か日曜日の午前十時から午後三時まで。ただし、八月は「ひと泊まるごとプレイパーク」と称して、フィールドで一晩過ごし、夜の山を体感します。

(4) 検証機関の設置

ひと山を手がける際に意識したことが、第一に、実践を分析するための検証機関を設けることでした。従来、当協会は、実践者としての現場感覚と教育に対する情熱によって事業を展開してきました。しかし、ひ

出所）「ひと山まるごとプレイパーク」パンフレットより

と山を着手するにあたっては、初めて、「プロジェクト委員会」と称する、実践分析を目的とする研究会を定期的に開くことにしました。なぜなら、本実践が、子どもたちの心の解放を目的としていたため、より丁寧に実践を振り返る必要があると考えたからです。

そこで、実践に携わる者の思いばかりが先行しないように、また、現場での子どもたちの様子を主観的に判断してしまわないように、実践に直接携わらない第三者であり、なおかつ子どもの文化や社会教育に関する知識に長けた専門家を招くことにしました。プロジェクト委員会に参加する専門家の方を「プロジェクト委員」とよんでいます。

このプロジェクト委員のお一人が、上杉孝實先生です。設立当初より今日まで継続してご協力くださり、社会教育学的視点をもって専門的助言をしてくださっています。上杉先生の他には、二〇〇八年で創立六十周年を迎えた人形劇団クラルテの作・演出家であり全国児童・青少年演劇協議会運営委員長を務める松本則子氏、地域子ども会ソフトボールの監督を十年以上続けてこられた立石文一氏のお二方がいらっしゃいます。

⑸ プレイリーダーとマイスター

第二に意識したことは、子どもと自然、二つの切り口からボランティアスタッフを募集することでした。子どもと一緒に遊ぶことに興味のある方は、「プレイリーダー」として参加してもらいます。子どもが何をして遊びたいか、ファシリテートする役割を担います。また、フィールドに集う、子ども同士をつなげる役割も担っています。必然的に、教育系の仕事を目指している若者が大半を占めます。プレイリーダーは毎月の活動終了後に、活動記録を提出します。活動日に一緒に遊んだ子どもの様子や遊びの内容、また活動を通して発見したことや困ったことなども自由に書いてもらいます。プロジェクト委員会では、この報告書を用いて、実践を振り返ります。

一方、自然のなかでの遊びや自然素材を使った物作りに詳しい方には、職人を意味する「マイスター」として活動に参加してもらいます。歴代のマイスターを紹介すると、家作りの技術をもつ大工さん、森林保全の知識をもつ㈶森林ボランティア協会の方々、野山を駆け回って幼少期を過ごしたおとなの方々などがいます。こういった方々がマイスターになってくださったお陰で、ひと山では、小屋が建ち、ツリーハウスと称する展望台が作られ、下草刈や伐採、竹とんぼや竹馬作り、山菜摘みと山菜料理、炭焼きといった山ならではの活動を展開することができています。

3　実践記録より

(1)　遊びをファシリテートするとは

プレイリーダーといっても、遊び（プレイ）を指導（リード）するわけではありません。むしろ、子どもたちの遊びたいという気持ちを引き出すファシリテーターとしての力が求められます。子どもの主体性を尊重しようとすると き、自分のアイデアをどの段階でどこまで見せてしまってよいのか、プレイリーダーは悩みます。

プレイリーダーは、活動に参加した日から、子どもとの接し方についての実践学習を始めることになります。その様子が、二〇〇四年五月より当協会の職員としてひと山を担うことになった、あっくんの記録に明らかです。

【記録①　新米スタッフの悩み「なにがリードでどこまでがファシリテートか？」】

基本的にひと山ではしたいことを自由にしてプログラムを提供しないというスタンスをとっています。でも、ネタは必要で毎月のアプローチは色々考えます。そのネタをふってみて興味が湧かないなら無理に誘わないという形で子ども達と関わっているのですが、その誘いの度合いをどの程度するのがいいのか…ゆっくりしている子どもには誘わない方がいいのか…皆でやるから一概にいい事とは取れないなど…色々考えてしまいます。つまり、ひと山での感覚がまだよく判らないので、自分自身がどう動いたらいいか判らない場面が多々あるということなんですが…ネタという刺激を与えることで、子どもの発想や自発性を促す側面もあるので…。

（活動年月：二〇〇五年五月、記入者：あっくん）

新米プレイリーダーの指南役となるのが、数年活動を続けているプレイリーダーゆ～すけは、たとえば、次に挙げるプレイリーダーゆ～すけは、活動三年目のベテランリーダーとして、子どもたちの遊びをファシリテートしています。記録②では、ゆ～すけが子どもたちの興味をひきつけながら、実に自然な流れで、新米プレイリーダーと子どもたちを草野球に巻き込んでいく様子が読み取れます。

【記録② 遊べない人たちを巧みに巻き込むベテラン・プレイリーダー】

今日は朝から子どもたちにはあえてこんなんやろうとかこちらからは言わず、ほんま自由に遊べー！って感じで、遊んでもらいました。ここ最近では一番ひと山っぽかったと思います。ま、最初の方はちちとプレイリーダーが余ったりしてたけど、野球やら草丸めたボールでドッチボールしだしたらみんな自然と集まってきておもっきりはしゃいでました！ …略…僕もボールが当たっても全然痛くないのをいいことにかなり本気で投げて、普通に楽しんでました！

（二〇〇五年三月、ゆ～すけ）

もう一つ、ベテラン・プレイリーダーによる遊びの提供が垣間見える報告を紹介します。報告者のあいちゃんは、将来子ども関係の仕事に就きたいと思い始めた高校時代からひと山に参加し、大学生になるとプレイリーダーとして活動に関わり続けました。本報告はそんな彼女が活動四年目に記録したものです。

幼児の参加者が増えた年、野性味あふれる活動が減少した時期がありました。数ヵ月にわたり幼児の相手を中心に行っていたプレイリーダーあいちゃんですが、小学生に対する気配りをも怠りません。季節が秋から冬になり焚き火のある小屋の前の広場で一日中過ごすことが恒常化しつつある小学生を、よりワイルドな冒険へといざないます。

【記録③ 小学生のニーズに応じたファシリテート】

今月はどうしても山探険に出かけたかったので山探検をした。最近山探検がお散歩にしかなっていない事が気になりました。小さい子どもにはお散歩もいいけど、小学生の子どもは山に満足しているのか、心配でした。たけるくんに山探検いこう！ というと「いいわ～」言われて、「今日は道無い探検やで！」というと「普通の道じゃないやつなら行く〜！」といっていた。

山探険のルールは棒が倒れた方に進む。それは私が提案したけど、初めだけ付き添えば、子ども達があぁ〜すればいいんじゃないか。こっちにいってみよう。と子ども同士で話し合いをして、私は付き添うという形になった。…略…子ども達が先に上がると「めっちゃ景色いいよ！」と教えてくれた。道もささがあったりトゲがあったりで、見つけた人が「気をつけて」と教えてくれた。

子どもが自ら自然を感じ、小さい子には、気をつけてねと声をかけてしんどい道でも頑張って歩く事をもっと大切にしたいと思います。たけるのズボンがボロボロになってるのをみて久しぶりにひと山らしい遊びをしたと思いました。

（二〇〇六年一月、あいちゃん）

このやり取りからわかるように、たける君は、散歩程度の山歩きには興味が無く、道なき道を行く山探険には興味がありました。あいちゃんは、そんなたける君の心境をよく見抜いたと思います。毎回一緒に遊ばなくても、同じ空間にいる仲間として、たける君のことも気に掛けていたから、彼の気持ちに寄り添うことができたのでしょう。たける君が最近何をして遊んでいたか思い起こし、彼の性格も考慮に入れ、そろそろ探検に行きたいのではないかと予測したわけです。実際、「道無い探検」という「そそのかし」は大成功でした。強制することなく、たける君を広場から連れ出すことに成功しました。彼女は、たける君のやりたいことをまさに支援していたわけです。

ちなみに、あいちゃんが考案した「棒が倒れた方へ進む」という探検の仕方は、かなり面白かったようで、その後も、子どもたちの遊びに引き継がれています。必ずしもフォーマルな形で導入せずとも、あるいはマニュアル化した遊びプログラムを提供せずとも、楽しい遊びは継承されます。

ところで、記録①で登場したスタッフのあっくんは、子どもたちの自発性を促す支援のあり方に悩んでいたわけですが、子どもたちに刺激を与えるネタの提供以外にも、大切な子どもとの関わり方があることを、子どもから学んだようです。

【記録④　ただ見守ること・同じ場にいることの大切さ】

虫捕りの男の子三人組は、一心不乱にクワガタを取っていました。「あっくんきて!」とコウタにずっと言われて、午後に現場に行ってみると、私が参加する隙間や役割がないほど集中していました。ちょっと見て帰ろうとしたら、「まって!」といわれました。俺が帰るの分かってたんやと内心思い、ただ見ていて欲しかっただけなんだというのが分かりました。

ただ見るとか場にいることが、具体的に何かをするという事よりも根本的（遊びほうけるというテーマに照らしてみると）なのかな?　と、ふと思ったりしました。

（二〇〇五年九月、あっくん）

(2)　子どもの声を拾う

また、言葉にならない子どもの声に耳を傾けることも、子どもたちの自発性を促すことにつながります。たとえば、遊び出さない子どもがいた場合、その子が何をして遊びたいと思っているのか、あるいは、遊びたいことが思いつかなくて提案を待っているのか、はたまた、他の子どもたちの遊びに加わりたいけど勇気が無くて固まっているのか。プレイリーダーは、その時のその子に合った投げかけをするべく、子どもに寄り添い、子どもの表情や態度から、子どもの本音を読み取ろうと努めます。

【記録⑤　子どもの声を拾うプレイリーダーの様子】

■たくみくんが何かをしたそうな顔だったので声をかけると「看板を取りに行きたい」とのこと。話を聞くと、山道にある看板が壊れているからそれを修理したいんだそうだ。さっそく、二人で取りに行く。

（二〇〇五年五月、マッハ）

■優佳ちゃんは、午後、再び小屋に向かうとき、「一緒に来る?」と言ったら、すっとついてきました。

（二〇〇五年九月、ゆかちゃん）

■午前中は、ゆうなちゃんとさなちゃんを誘って探検に行きました。…ゆうなちゃんを見ていて思ったのは、皆がやってる事をやりたいけど積極的に行く事ができないように見えたので、声をかけてあげればできると思いました。

（二〇〇六年七月、ベル）

こういったプレイリーダーの報告を通して実感することは、ためらっている子どもに、「どうしたの?」、「何がしたいの?」、「一緒にやろう」と声を掛けてあげることの必要性です。子どもたちは経験不足からでしょうか、自ら進んで自分の思いを言葉にしたり、行動に移したりすることにためらいがあるようです。しかし、ひと山での体験を積むことで、子どもたちは確実に、自分を出すことは恥ずかしいことではないということを理解していきます。

(3) 達成感を味わえる活動

ひと山では、達成感を味わえる活動もたくさん生まれています。自分が決めたゴールまでやり遂げようと集中する子どもの熱中体験は、達成感と同時に爽快感をもたらしています。加えて、自分が成し遂げたことを、他の参加者が関心を示し、感動してくれる場面も多々あります。子どもたちはこういった体験を通して、自分に自信をつけていくようです。

【記録⑥　達成感を味わえるひと山】

■ヒロキ君も疲れたと愚痴ると思っていましたが…文句も言わずに最後まで頑張ったのはすごいと思います。

（二〇〇六年一月、あっくん）

■必殺桜切りを一緒にしていましたが、その時のたまちゃんとみおちゃんの頑張りには、驚きました。太・中・細の三本の丸太をのこぎりでギコギコするのに、細い部分を一人で最初から最後まで切って、やりきったときはすごく嬉しそうで、満足そうでした。その後は切った丸太を並べて楽器にして遊びました。…音を聞いて並び替えて楽しんだりしました。探検から戻ってきた子どもたちも、この木琴に興味を持って遊びに来てくれてよかったです。

（二〇〇七年十月、ハーレー）

4　実践「ひと山」からのメッセージ

諸先生方によるこれまでの「子育ち学」の研究成果を参照しますと、今、求められている社会教育の課題として、次の点が確認できます。衰えてしまった集団性や社会性を再生する教育機能、一人ひとり異なる発達の道筋を尊重した上での個性と主体性を重んじた支援方法、これらを含めた、子どもの育ちに変化をもたらす環境づくりをいかに生み出すことができるのか、です（小木美代子他編著『子育ち支援の創造』（学文社、二〇〇五年、四〇頁、四一頁）。

本実践を通して言えることとは、一律的な発達観にとらわれない子育てをするためには、記録③と⑤で確認したように、子どもたちの一人ひとり異なるペースに付き合うことが大事だということです。そのためには、たとえ集団で遊ばせる場合でも、子どもをひとかたまりとして見るのではなく、子どもたち一人ひとりに対応することが大切であり、個人に向ける支援者のまなざしが必要です。

これは、過保護を意味するのではありませんし、支援者が子どもたちの「金魚の糞」になる必要もありません。しかしながら、記録③のようにアンテナを張って、子どもの遊びの様子を把握することが求められます。子どもたちは、支援者からの受容的なまなざしを感じることで、自分が認められているという実感をもつことができます。

また、自らの考えで動き、試行錯誤しつつ工夫と苦労を重ねながら成し遂げる行為は、子どもたちに、達成感や爽快感、そして、自信をもたらします。記録⑥はその一例に過ぎません。子どもたちは、遊びのなかで、自信を高め、自分の存在価値を確認しています。

5 今後の課題

ひと山は、まさに子どもたちに「生きている実感」をもたらす社会体験の場になっています。できることならば、このような自由な遊び場を子どもたちの日常生活範囲に保障したいと思っています。

【たていし まいこ】

団体紹介

正式名称	特定非営利活動法人 北摂《ほくせつ》こども文化協会
所在地	〒563-0021 大阪府池田市畑一丁目二番一六号
連絡先	TEL 〇七二-七六一-九二三八 FAX 〇七二-七六一-九二四四 Email hokusetsukodomo@wombat.zaq.ne.jp URL http://www.wombat.zaq.ne.jp/auaiw204/hcca/
主な活動	子どももおとなも一人ひとりの自己実現をめざす共育事業、舞台芸術鑑賞事業、地域文化振興事業、子どもの文化に関する情報誌および書籍の発行事業、公共施設の指定管理等受託事業、NPOを育成するための研究事業、以上。
機関誌・出版物	・季刊『ハックルベリー』・月刊『にゅぅーす』 （入手方法：協会事務局までご連絡ください） ・立石美佐子『法人格を取っちゃった』北摂こども文化協会、一九九九年 ・立石美佐子『指定管理者になっちゃった』北摂こども文化協会、二〇〇五年 ・北摂こども文化協会編『実践報告書　ひと山まるごとプレイパーク』シイーム出版、二〇〇五年
一言PR	すべての事業を通して、子どもたちが、ありのままの自分を受け入れることができる自己肯定感を育んでいます。興味ある現場をのぞきに来てください。

5 子育ち・子育ての今日的課題
――地としての関係／図としての発達――

江阪正己

はじめに

今回の企画に際して、社全協・社会教育研究全国集会の「子ども分科会」をキーステーションにした、三〇有余年にわたる実践的理論的成果である数冊の単行本を通読しました。未開拓な分野を切り拓くフロンティア精神をもって、子どもの育ちの現状分析、学校と家庭・地域および社会教育の機能や関係の認識、それらに関連する政策批判、社会保障・福祉の施策を含めて、その根源にある権力構造が示す諸政策の意図や政策理論・イデオロギーを分析批判しつつ、子育ち・子育ての矛盾・困難を警鐘し、それだけでなくオルタナティヴな提起を行い、諸実践の多角的立体的なアプローチの成果を記銘し緊密なネットワークを保持されていることに、歴史的蓄積の重みを感じました。

私なりに振り返ってみますと、社全協・名古屋集会が開催された一九七四年は、『教育学研究』第四一巻第二号〈特集　教育研究において地域をどう考えるか〉の刊行のことが想起されます。その編集委員会の提言論文の影響もあって、〈地域の教育力〉と〈子どもの発達〉という切り口を感受した人も多かったと思います。前者の点で、上杉孝實氏ならびに酒匂一雄氏が、後者の点では、小木美代子氏が先鞭をつけられました。今日、〈子育ち学〉という統合的視角とそのアプローチの諸原則が獲得され、螺旋の一つ上の段階で、固有に社会教育の分野からの解明と組織と体制の拡充的整備が期待されるところまできています。先の諸文献は、この正当性を証明してきた軌跡であるといえます。

一九七四年『教育学研究』誌は、もう一つ重要な論稿として、藤岡貞彦氏の小川利夫著『社会教育と国民の学習権』への書評を掲載しています。そこでは、マージナルな分野に教育が広がっていくなかで、教育の原理、担い手、公教育の矛盾、民衆の教育要求とその保障についての問題提起が見られると喝破され、例の〈外在的内在的矛盾〉について、クリアに、次のように述べられています。「社会教育政策・行政・活動と国民の自己教育とは対立している。しかしその対立の様相（外的矛盾）が、また社会教育に固有の内的矛盾をも規定する。小川は矛盾論をこう発展させて、『社会教育の自由』の可能性の客観的根拠を明示したのである。」（五五頁）。これに照らせば、子どもの社会教育は、マージナルななかのマージナルな領域、教育が行き詰まるなかで常に期待感をもって浮上しながら公的保障の曖昧化と私的責任論や規範論にすり替えられるリスクを背負ったボランタリーな領域、市民社会と教育社会が微妙に反照して像が結節したり拡散したりする揺れる領域であるといえます。こうした境界性のなかで、子どもと教育の権利と自由をエートスとして実践・研究を展開されてきたことは、継続は力なりという月並みな評価をこえる、未来に活かせる実践的理論的な結晶を含ませた歴史的な成果だと思います。

さて、本稿は、テーマの副題に〈地としての関係／図としての発達〉を付しました。その趣旨は、先の提言論文のいう〈子育ての新しい人間関係〉〈内面からの自主的な連帯関係〉を今日的様相のなかで検討することにあります。〈社会教育・福祉・文化実践の織りなすプリズム〉という多面的立体的な解明に比べ、ごく平面的ですが、実践の舞台構成にかかわる今日的矛盾状況を検討します。方法として、教育基本法改定以降の動向である教育再生会議諸報告と第四期中教審生涯学習分科会答申を検討し、その批判的媒介をとおして、テーマに迫ります。おとなの自主的な連帯のなかで、子どもたちが自己表現し立ち上がりたくなるような、相互反射の地・図を描けないかという発想にたった、一つの問題提起です。

1　教育再生会議諸報告批判——内在的矛盾の今日的様相とキーワードの多義性——

(1)　内在的矛盾の今日的様相

「美しい国、日本」をキャッチフレーズにして立ち上げられた教育再生会議は、第一次報告（二〇〇七・一・二四）、第二次報告（二〇〇七・六・一）の後、突然、「自立と共生」に冠替えをして、第三次報告（二〇〇七・十二・二五）、最終報告（二〇〇八・一・三一）と慌しく公表して閉会になりました。教育改革国民会議の流れの上にあったとはいえ、教育基本法「全部改正」後の教育改革の制度設計として注目され、多くの批判もされました。それらのなかで、次の二つが重要だと思います。

第一は、学校評価による〈競争と管理〉の徹底化にかかわる問題指摘です。すなわち、成果主義にたつ学校組織のマネジメント化と学校目標の遂行状態の評価項目にそった教師相互間・学校間の監査システムが、教育の言説と意味を変型し、内面化された指標に基づく自己管理を主体的になせばそれだけ、身体的な意味を含む活動する人間が客体化され、教育実践の合理化（外的目的の道具的実現という意味の制作化、型式的文書化など）をもたらす危険性の指摘です[1]。いわば、ある外的コンセプトに浸透された枠組に能動的に関与するに応じて自己破壊的になる制度的パラドクスにはまる人間の悲劇の発生です。

第二は、全国一斉学力テストの実施に伴う問題指摘です。すなわち、今回のテストは、旧来の暗記主義の克服を意図する一方で、生活場面の問題解決、記述式回答などの設問内容とその正解例示にみられるような、採点基準の曖昧さ、自由表現の型式化、内心の自由の侵犯の危険性、教育実践のサイクルにおける「評価」から社会的格付けという「評定」への変化などを伴って、一連のシステムをなして、教師の思考中枢に無闇にストレスがかかる状況をもたらす危険性の指摘です[2]。いわば、教育実践の自由なコミュニケーション空間が成果主義の戦略的行為に侵食され、テクノロジーの組織文化に心身ともに吸い取られてしまう事態が、認識の縮減を通して浸透するのです。

個々の子どもの発達とそれをつくる集団的な関係を視野においてアートファクトを編成する工夫に先んじて、アイテム化された価値項目がドミナントになって、自由な思考を停止し歪め鋳型に流し込むある種のカテゴリー化が教育的活動を内側から拘束するというのが、今日的な内在的矛盾についての共通した批判的着眼です。

その際、経済的インセンティヴとともに「わかりやすい」言説がそうした活動システムを起動させることは、より広く、〈競争と管理〉の社会関係にいる大方の人々が体感している事柄でしょう。ポピュリストのワンフレーズが全国的に郵政を民営に鞍替えしてしまった事態もあります。教育基本法「全部改正」さえも、いじめ・青少年犯罪への表面的な言及だけで遂行されました。単語的言説が貨幣のように通用し、箇条書きの章句の順序づけや形式的にキーワードを嵌め込むだけで、ある社会的意識的文脈を構成してしまう今日的問題があります。教育再生会議の大部な議事録と報告を読む際にも、このことを強く感じさせられます。以下では、子どもの社会教育という視点から教育再生会議のキーワードのいくつかを検討していきます。

(2) 「社会総がかり」について

教育再生会議は、発足の当初、「高度な専門的人材や国際的に活躍できるリーダーの養成」といういわゆる〈エクセレンスに関わる問題〉と、「学力低下や未履修問題、いじめや不登校、校内暴力、学級崩壊」「教育格差」の解消といういわゆる〈ベーシックな問題〉の連立方程式を公教育の場で解くという課題を自らに課しました（第一次報告のI、一、「公教育再生のために」）。「社会総がかりで教育再生を」というテーマは、この難問に取り組む響きを感じさせます。その構えを本格的にすれば、たとえば、（イ）制度的な構造問題とそれが規定する各主体の現状と課題、（ロ）新しい教育的問題が発生する複雑な関連性の把握とアプローチ方法の開発、（ハ）改革を志向し統合する理念の概念的把握、等についての専門的な分析・診断・予測等の説明を含む改革案の提示が必要になります。ところが、そのようには進まず、[3]「教育界」の「悪平等」「形式主義」「閉鎖性・隠蔽主義」「説明責任のなさ」「危機管理体制の欠如」

というラベリングが先行して、「美しい国、日本」という国づくりに接着されてアジェンダが立てられます。その筆頭項目に、「全ての子供に基礎学力と規範意識を身に付ける機会の保障」が掲げられます（第一次報告）。この線で、「規範意識・家族・地域教育再生分科会」とネイミングされた第二分科会は、学校での徳育強化と連立して「規範意識」に統括するかたちで家庭・地域教育にかかわる諸問題を検討し方針を項目化していきます。

「社会総がかり」というキーワードは、テーマ以外の関連項目にも使用されます。

第一次報告では、「『社会総がかり』での全国民的な参画」という「柱」に、提言「七、『社会総がかり』で子供の教育にあたる」が位置づけられ、家庭、地域社会、企業、の各対応策と有害情報への「全体社会の対応」が提起されています。その系として、〈教育内容の改革〉の「柱」に、提言「三、すべての子供に規範を教え社会人としての基本を徹底する」があります。前者に「当事者意識」などが、後者で「社会の決まりや規範意識」という言葉が登場します。

第二次報告では、「Ⅱ、心と体――調和の取れた人間形成を目指す」のなかの最後に、「提言五、社会総がかりでの教育再生のためのネットワークをつくる」が見られます。これに先んじる提言として、学校での「規範意識」のための徳育強化（提言二）、「子供たちの社会性、感性を養い、視野を広げる」「体験・奉仕活動」等（提言二）、「親の学びと子育てを応援する社会へ」（提言三）、放課後子どもプラン・学校運営協議会の完全実施・指定促進を介した「地域ぐるみの教育再生に向けた拠点をつくる」（提言四）、があります。

第三次報告では、七本「柱」の一つに、「六、社会総がかりでの子供、若者、家庭への支援」が立てられ、教育、福祉、警察、労働、司法、法務等の連携システムづくりと総合的支援、携帯電話へのフィルタリング利用を義務づける法的規制導入、幼児教育の無償化を含めて親の学び支援とワークライフバランスの推進という、制度面の将来的措置に特化した提起がみられます。経済格差による困難家庭と格差固定批判は、一次報告から取り上げられていることは述べましたが、二次および三次報告の作成にいたる議事過程では、特別支援教育にかかわるインクルーシヴな視点や不正規雇用・ホームレス問題・引きこもりの青少年へのキャリア開発支援や社会参加支援が提起されていますが、三次報告のこの連携システム構想に多くの課題を預けているように見えます。この点は、次々項で検討します。

このように概観しますと、「社会総がかり」というキーワードは、専門性開発や財源確保を含む確固とした制度設計と活性化というよりも、いわゆる人倫問題に圧倒的重点をおいて連携・ネットワークをイメージしていることがわかります。ここで教育基本法の改定過程における批判と絡めて検討しておくのは意味あることでしょう。

人倫を『広辞苑（第六版）』でみますと、①孟子に発し転じた「人と人との秩序関係。君臣・父子・夫婦など、上下・長幼などの秩序。転じて、人として守るべき道。人としての道。」、②「人。人間。人々。人類。」、③ヘーゲルに起源をもつ「客観化された理性的意志。その実体は家族・市民社会・国家で、主観的な道徳性を超える立場とされる。」と書かれています。簡単に腑分けすれば、教育勅語は、①と、③のヘーゲルの保守的側面を固定的にとらえ国家に絶対的理念の展開した姿をみる理解、との折衷と解釈できます。一九四七年教育基本法の第二条（教育の方針）は、③の弁証法的な理解、すなわち国家といえども非理性的な政策には理性の名において批判されるという理解と、②の普遍的な類的存在にまで開かれた諸個人とその尊厳性、を踏まえた規定と解釈できます。旧二条が解除され、旧前文、旧一条、旧二条、旧十条の諸理念がもつ連関性が分解されて、新二条（教育の目標）の五つの項に断片化して並立されます。諸理念が、プロジェクト的性格をもって社会に拓かれたもの（日本国憲法の理想の実現は根本において教育の力にまつ、という旧前文の意義）から、国家によって個人の資質・態度形成に指し込まれる閉じたものになったことは、教育基本法全体の性格転換と関連します。詳論は避けますが、「理念法から行政施策法への転換」[4]、「政府であっても教育に対する党派的な介入を行ってはならないという、禁止法」から「教育の進むべき方向性にかかわる理念法」へ[5]、と指摘されるのは、この人倫の理解の変化を指しているともいえます。教育再生会議の人倫は、明らかに国家秩序中心主義的であり、新第二条は、学習指導要領の社会化です。社会の教育化と教育の社会化という教育計画の二側面が、国家主観的な道徳性によって括りつけられたといってよいでしょう。

したがって、結論的には、「社会総がかり」というキーワードの主要な意味は、〈エクセレンスーベーシック〉問題の本格的な解剖と制度的手当てというのではなく、経済的効率主義を基盤にして、それがもたらす矛盾を国家主義的に同化する資質・態度形成で乗り越えるために、社会的生活的な価値意識の諸モメントをリシャフルし、ある内的秩序に項目化し貼り付ける坩堝のような機能をもたされていることである、といえるでしょう。

(3) 「規範意識」と「当事者意識」について

二〇〇七年六月二〇日にいわゆる教育三法「改正」案が成立しました。そのうち、学校教育法「改正」の第二一条に、義務教育の新たな目標として、新教育基本法第二条の、第三項の前半（「正義と責任、男女平等、自他の敬愛と協力」）を「規範意識」に差し替え（「公正な判断力」を加え）、四項と五項はほぼそのままに、挿入されました。これらが学校教育法の法構成と性格にもたらす問題は措くとして、ここでは、法の文言にまで格上げされた「規範意識」を教育再生会議の議論を素材にして検討します。

教育再生会議の報告では、先の第一次報告の提言三（「すべての子供に規範を教え、社会人としての基本を徹底する」）がその内容を述べています。それを見ますと、学校で教える内容として、「決まりを守ることの意義や大切さ、社会における規範、自由で公正な社会の担い手としての意識、国民の義務やさまざまな立場に伴う責任」が挙げられ、家庭・地域では、「全ての大人が、子供の模範となるように、決まりを守る」「叱るべきは叱り、悪いことは悪いと教えるなど人として身につけるべき基礎・基本をしっかりしつける」とされています。体験活動さえ、「父母を愛し、兄弟姉妹を愛し、友を愛そう」に括られ、「愛、友情、正義感、忍耐力、感謝、尊敬、誠実さ」などの「道徳観」や「豊かな感性」「豊かな情操」「健やかな身体」に枠づけられます。これらが醸し出すある内面的秩序が「規範意識」ということでしょうが、人間の社会的活動の内面的機制にかかわることが乱雑に組立てられています。

ちなみに、『広辞苑（第六版）』には、規範意識という言葉は出てきません。規範は、①「のり。てほん。模範。」、②「のっとるべき規則。判断・評価または行為などの拠るべき手本・基準。」と説明されています。報告は、教育的文書ですから、教える内容を、子どもの個体発生の観点から、「わかりやすく」述べていると受けとめて考えますと、家庭・地域では、大人の善悪判断を基準にしてその「基礎・基本」を、学校では、身近なところでの取り決めの結果（「決まり」）、厳然とした制度的構造をなす社会にある規則・基準（「規範」）、いずれメンバーとなる社会の制度的構成の基準とされる原理へのぼんやりとした意識（「自由で公正な社会の担い手としての意識」）、三大義務をはじめとする義務と責任（「国民の義務～」）という具合に段階的に組み立てられているようです。

「規範意識」のこの段階性らしきことは、報告書のあちこちに散在する「対話・意思疎通能力」「課題解決能力」等を包括して考えれば、発達段階のある局面に限られる課題を恣意的に拡散してとらえていることになります。なぜなら、ユルゲン・ハーバーマスの「相互行為段階」論にしても、彼が批判するローレンス・コールバーグの「道徳段階」論も、「規範」を主要に意識して行為するのは、学童期後期にほぼ該当する「慣習的段階」の第二局面にあたります。[6] さらにいえば、道徳判断は、「何を正しいと判断するか」ということですから、「決まりを守ることが道徳的である」とするのは大へん特殊なことになります。また、善悪判断は、「何を善いとするか」ですから、生活の質や価値の問題です。身近な者たちの関係で同調的で気遣いをすることが善い事で正しいとする判断は学童期によく見受けられ、価値は、この意味で道徳と交差しますが、それ以上に、多様な内容と評価が共存している芸術、身体、認識、人間関係、政治、経済、宗教などに広がるものです。[7] 故に、これらにせっかちに基準を押し付け一義化しかねない「規範意識」というシールを貼り付けることは、大変な無理を生じます。それよりも、たとえば「人間の尊厳意識」にすれば、視界は広がります。これは、すぐ後にみるように道徳判断のより後期の段階を軸足にしますから、より包括性があり、遡って、初期からの発達連関の幅を広く把握できる可能性を拓きます。そして、おとなと子どものそれぞれの段階が示すパースペクティヴの独自性とそれらの交錯による新たな獲得が主体的になされる途を開きます。人間的価値の諸相にも開放的に接点がもてます。

したがって、報告から、「脱慣習的段階」が抜け落ちていることが大きな問題です。道徳的判断の原理的段階といわれるこのレベルは、コールバーグでは、「生命」「自由」という「価値」「権利」を絶対的に優先して、その上で、「社会契約」的社会観による「最大多数の最大幸福」の原理による何が正しいかの判断の段階があり、さらに、「人間の権利の平等」と「個人としての人間の尊厳」という「正義の普遍的原理」によって法律や合意に対し個別的に自ら決定を産み出していく段階が続きます。[8] ハーバーマスは、それらにさらに一つ、「ディスクルス」の段階を含めています。それが意味するところは、究極的原理のアプリオリな設定を排し、何が普遍的原理かについて仮説的態度で臨み協議によって吟味し、かつ社会的通用性をこえて理想的な妥当性を社会的に正当化するための役割取得につなげて徹底して社会化してとらえる段階を措定することにあります。[9] 人間的な価値志向や道徳的判断を「規範意識」に封じ込めることは、自己の実現を認めるのではなく、外からのある基準による主観的な評定の道具に転じることになります。意見表明の自由や協議のルールの練達を必然性なく閉ざすことは、自己発達の原動力を摘みとることになると考えます。

「規範意識」の曖昧性がもたらす弊害は、すべてのおとなに、「模範」として「決まり」を守ることを求めることによって増幅します。いわゆる、大人・社会の「当事者意識」の喚起との連動によるモラル・パニックの現出の危険性です。

おとなは社会人ですから、「決まり」は子どもに見せるものだけでは済まされません。系統発生的観点を無視するわけにはいかないのです。ここで、子供道徳辞典ではなく、再度、『広辞苑（第六版）』を見てみましょう。「きまり」は、こう説明されています。①「きまること。結末。決着。おさまり。」、②「きめられたもの。規則。また、秩序。」、③「いつもと同じで新鮮味がないこと。おさだまり。定例。」、④「他人に対する具合。面目。」、⑤「諸事都合よく出来ていること。」、⑥「遊里で、客と遊女の中で、思い合ったり思う相手と定めたりした間柄。」。教育再生会議の報告は、暗黙知として、②の意味で解釈し期待していると思いますが、他の五つも、実際生活に胚胎する意味として生き残っています。たとえば、「早く『おさまり』をつけたがる」、「自分の都合ばかり考えて気配があやしくなると、おとな社会の『規則や秩序』を持ち出す」、「いつも同じで新鮮味がない」、「近所や知り合いへの『面目』のことばかり言う」、「何かあやしい」、などの子どもからの発言を聞く場面はないでしょうか。実は、そういうふうにして、子どもは、「決まり」という言葉の多義性を生活的に思考しているのです。おとなはどうかといえば、②についても了解済みというのは、そんなに多くはないはずです。三次報告では、おとな・政治家も「規範」をわが事とすべきとして、「社会道徳」という語句を軽やかに挿入し、ダブルスタンダードのことを批判してみせますが、問題はそれだけではありません。「守る」ことに前のめりしてそれに終始するのか、「決まり」という言葉の意味を実際生活の広がりのなかで自覚的に注意し、論理的に考え判断し実践する契機として活かすのか否かという、教育の仕事の在り方にかかわるのです。

おとなも子どもも、暗黙の了解が異質なものを標的化するメカニズムの存在を知っています。あるいは、その了解に違和感をもったとして、孤独に信実を模索したとき、失敗例と比較してみて「あのようではない」自分納得のために、くどくどしい詮索情報に期待するということも見受けられます。タテマエとホンネの乖離、安心と不安の表裏一体性、リスク社会が生活者を追い込む軌範のリアルな把握が必要だと思います。

アンリ・ワロンは、子ども理解における、「おとなの自己中心性」に基づく宿命的、「恒常的」な「錯誤」について述べています。[10] それは、「人間の自然発生的な擬人主義」すなわち「自分になぞらえて子どもをみること」、子どもの関心を自分の「準拠体系」にあてはめることに起因しますが、この「体系」は「大人が、自分ではそれが子どもの関心であることを知っているが、子どもがそれについて多少とも曖昧な意識しかもっていないときめてかかっている関心、大人が子どものなかにそのしるしをつかみたがる宿命、大人が自分をそれと多かれ少なかれ一体化してきた精神的または社会的な習慣や慣例、また大人が自分自身の児童期について持ち続けてきたと思いこんでいる思い出からできている」[11]、と述べています。周知の〈小さなおとな〉としての子ども観です。中学生と親との関係についての発言の記録を読めば、親子の、今までの楽観的な一体性から、分離の始まりと関係の再構築の産みの苦しみが伝わってきます。[12]「錯誤」の修正過程、相互承認の開始です。

一方、おとなは多様な社会的ネットワークをもって社会的アイデンティティも多元的な存在です。ある場面・関係では、エキジット（exit）の自由もありというのが、『失望と参画の現象学』[13]の強調するところです。他面で、モンスター・ペアレント問題のように、参画の未経験かそれとも失望によるのか、公共が未知のゾーンなのか、権利制限と義務強制による「公共の精神」ゾーンでの失望体験なのか、現象としてはエキジットしたままボイス（voice）するということがありますが、多くのおとなが子どもにとって、外から注文をつけてくるモンスターであるかもしれないのです。「当事者意識」とは、一体、誰の何に対するコミットでありボイスなのか自己確認する必要があります。

(4) 解決・支援システムと反省

教育再生会議において、大学・大学院改革は別にして、義務教育段階で〈エクセレンス－ベーシック〉問題にあたることが自覚的に議論されたのは、第三次報告の作成過程での「飛び級」と「留年」の問題です。それぞれ、「制度の弾力化」「対象の子どもの範囲、年齢段階」などを検討すること、「学力定着」のため「本人の希望や保護者の同意がある場合に活用する」こと、で成文化されました。報告では、思春期に到る子どもの発達問題に関係する小中一貫制や受験制度に関係する中高一貫制の論点と並ぶ六‐三‐三‐四制の階梯問題に位置づけられていますが、これは、基礎と発展および補充という二元化的な学力把握やカリキュラム編成の系を成しており、本質的で内在的検討の余地を多く残しています。

議事録を読めば、議論は公立学校の土俵上にあって、「特色ある私学へ」とは逆ベクトルでなされていますが、制度上の袋小路状態に陥っているように見えます。示唆的な諸例やアイディアを見てもわかるように、打開策の一つは明らかに学校外の仕組みをどのような関連性のもとに構想するかにかかっています。せまい学力とその成果だけに呪縛されず、科学の学習のクラブや教室のような形態で公的機関・施設を媒介に、もっと創造的開放的に子どもの認識過程に切り結ぶ展開が期待されます。スポーツ・芸術系でも、成果主義や道徳主義を克服する、普遍的で多元的な文化的価値への発達的支援が期待されます。このような横の制度再編が位置づけられて良いわけですが、報告中、社会教育という語句が一つしか出てきません。案出された仕組みである「学校支援地域本部」にしても、民間事業者の公教育参入を合理化するような「補充学習」の位置づけが強く、問題にもされています。

潜在的な〈エクセレンスーベーシック〉問題のもう一つの論点は、特別支援教育等にかかわる問題です。第二次報告では、「全ての子供一人ひとりに応じた教育」（I、提言二）の節で、「個々の子供の認知と学習スタイルの多様性に応じた指導・支援」、「不登校の子供や家庭に困難を抱える子供にきめ細かな対応」に続いて、小中学校・特別支援学校・幼稚園・高校での「特別支援教育体制の強化」、教員養成課程の充実、該当学生への大学での支援、プロジェクト地区実施、指導方法・支援機器・ソフト活用の研究と成果普及が、明確に位置づけられていました。ところが、第三次報告では、先ほどの六‐三‐三‐四制の弾力化の「飛び級を検討する」という項に、「個々の子供の認知と学習スタイルの多様性に応じた指導」が位置づけられ、困難を抱えた子ども等の問題は、「社会総がかり」のところで述べた地域の「連携システム」に包括されます。学校内においてもシステム構想が分立したかたちで出てきます。一つは、「学校問題解決支援チーム」です。これは、「例えば、指導主事、法務教官、大学教員、弁護士、臨床心理士・精神科医、福祉司、警察官（OB）等の専門家から構成する」とされています。今後五年間で都道府県・市町村教育委員会での設置を目指すわけですが、「学校だけでは対応困難な問題」への限定です。もう一つは、「大学発教育支援コンソーシアム」（総合大学、教育委員会等を中心に学術関係団体、NPO、企業等の連合体）です。「先端知、社会変化を反映した新たな教育内容」開発と「多様性と専門性」をもつ教員集団の「構築」を目指すものですが、「構想を推進し、有効性を実証する」段階です。

看過できない問題は、第三次報告で、学校選択制と生徒数・「保護者の信頼」に応じた予算配分をする「バウチャー的な考え方」を刺激策として、「教育格差が生じないよう、ナショナルミニマムとしての教育水準の確保に留意する」と述べられていることです。モデル地区では、「最低限の教育水準の確保ができていないと評価された学校に対しては、教育委員会の責任で、校長、教員の移動などの改善措置を講じる」とまで書かれています。「全ての子供一人ひとりに応じた教育」の条件整備を飛び越えて、〈競争と管理〉の活力によるテスト等の成果を基準に淘汰するという問題が出ています。解決・支援システムは教育委員会を軸にして展開しますが、公的条件整備充実に結実する反省のシステムとして機能するのかが問われます。〈競争と管理〉のシステムが問題を発現させる様相、それを発見する課題意識とアプローチ方法と問題の性格づけ、再編入する手続きと適所指定が、人間的発達の論理と実態に疎外と排除をもたらすシナリオを描く危険性を看過できません。

他方で、「社会的要請」に応じる教育内容として、シティズンシップ教育にかかわる項目が取り上げられますが（主権者教育、法教育、消費者教育＝第二次報告。権利・義務の教育、環境教育、宗教的教養＝第三次報告）、教科書や副教材の編集・作成の課題に収斂されています。学校全体の徳育強化によるシティズンシップの道徳化の危険性と、体験活動の道徳化を超える、社会教育の実際生活に即する文化的教養の意義の再認識の必要性を喚起しておきます。

2 第四期中教審答申の検討——社会教育は救済者たりうるか——

(1) 二つの答申

教育再生会議の最終報告に前後して、二つの中教審答申が出されました。「幼稚園、小学校、中学校、高等学校及び特別支援学校の学習指導要領等の改善について」（二〇〇八・一・一七）と「新しい時代を切り拓く生涯学習の振興方策について〜知の循環型社会の構築を目指して〜」（二〇〇八・二・一九）がそれです。教育再生会議報告とこれら答申の関係をどのように見るかは、政権内部の政策イニシァティヴの交替、新保守タカ派の後退と新自由主義急進派の抑制、文科省官僚派の「新自由主義漸進派」の登場の反映とらえられています。(14)

この関連で、「学習指導要領」答申の重要なポイントは、一九九六年中教審・現行学習指導要領の「生きる力」を踏襲して、「改正」教育基本法及び学校教育法の一部「改正」で示された教育目標の諸項目が、それから逆放射されたかのようにとらえ、「生きる力」の育成に他ならないとひっくり返して正統化していることです。そして、「生きる力」を「学力の要素」（「基礎的・基本的な知識・技能の習得」「知識・技能を活用して課題を解決するために必要な思考力・判断力・表現力等」「学習意欲」）という部品を取り出し組立て直して再確認しています。これは、学力論の平面で知育重視の相貌を呈しながら、他方、人倫面で、そのイニシァティヴが、「国家」的な諸理念の網の目による総括から、「市民社会」的な個別意思の選択的主体性のメリットクラティックな活力に再統合されたことを示します。しかし、両者は、日本国憲法に拠って諸理念を再解釈し再構成する可能性に対し、[15] 相互補完的に対抗する関係にあります。

もう一つのポイントは、道徳教育においても、「規範意識」の相対化といえる変化が見られることです。家庭・地域・学校を通じた徳育強化は教育再生会議と同じですが、先述の『広辞苑（第六版）』の規定でいえば、「行為などの拠るべき基準」というニュアンスに希釈化されて、「最低限の規範意識」という語句が使用されています。道徳教育の肝腎の基軸が、「決まり」ではなく、「自己の生き方」におかれ、「教育論」的になっています（学習指導要領の線としては当然ですが、学校教育法には「規範意識」という文言が厳然と残ります）が、他方、新たな分立的システム／エージェントとして「道徳教育推進教師」の配置が提言されています。

教育三法による学校の組織運営体制・指導体制の強化、学校評価による学校運営、教育委員会の責任体制の明確化（とくに点検・評価）、国による教育委員会への「是正の要求」、教員免許更新制、「指導が不適切な教員の認定」などが法制化され、学力テストの実施を含め、既述の学校のマネジメント化による内在的矛盾の激化に変わりはありません。また、分立システムの具体化の帰趨と反省的機能の発揮如何という問題は継続します。

(2) 「生涯学習振興」答申

この答申は、第一部「今後の生涯学習の振興方策について」と第二部「施策を推進するに当たっての行政の在り方」からなっており、前者は第三期中教審生涯学習分科会の「国民の学習活動の促進に関する特別委員会」「家庭・地域の教育力の向上に関する特別委員会」及び「生涯学習を推進する人材の育成及び確保の在り方に関する作業部会」「学習成果の評価の在り方に関する作業部会」での審議・報告を総括したものです。後者は、第四期中教審生涯学習分科会の「制度問題小委員会」の審議を総括したものです。以下、各部ごとに特徴を概括します。

第一部。①従来の、子どもの学校教育以外の学習と成人の継続学習という二つの軌道を踏まえ、それら学習を個人の人格と人生に意味あるものとして、あらゆる機会・場所での学習支援と学習成果が活かせる状況を生涯学習社会の実現であると意義づけ、かつ、持続可能な社会に資する「知の循環型社会」であると再規定しています。②知の循環策の三つの視点として、「個人の要望」と「社会の要請」のバランス、知の「継承」と「創造」（「共有・継承」、「活用」、「還元」）、「連携・ネットワークの構築」（専門職員・地域の人材の養成・確保、コーディネーターの役割、自己点検・情報交換、情報技術の活用）、を示しています。③「国民一人一人の生涯を通じた学習の支援（自立した個人の育成）」と「社会全体の教育力の向上（自立したコミュニティの形成）」の両相面において、多様な担い手（前者では、国・地方公共団体、大学、専修学校、社会福祉・職業能力開発施設、民間事業者、NPO等。後者は、学校、家庭、社会教育団体、企業、NPO等）を視野に入れ、そのなかで社会教育行政（職員・施設）の中核的役割への期待を述べています。④学習相談・学習コンテンツ・成果評価というサイクルの確立を目指し、ワンストップサービス、生涯学習プラットフォーム、地域ポータルサイト、履修証明、ジョブカード、検定試験、生涯学習パスポート等の学習システムがイメージされています。⑤地域を小学校区ととらえ、そこでの課題認識・目標の共有化の必要と、教育力向上の支援の具体策として、家庭教育支援、「放課後子どもプラン」、学校支援、を挙げています。

第二部。①新教育基本法の第三条（生涯学習の理念）、第十条（家庭教育）、第十二条（社会教育）、第十三条（学校、家庭及び地域住民などの相互の連携協力）の条文をうけて、生涯学習振興行政と社会教育行政の対象分野と任務の提案がなされています。②生涯学習振興行政は、「生涯学習の理念に則って、その理念を実現するための施策を推進する行政」で、社会教育行政と学校教育行政の施策や首長部局の生涯学習に資する施策等の「全体を総合的に調和・統合させるための行政」とされています。③社会教育行政の任務については、国民一人ひとりの生涯にわたる学習の幅広い支援、個人の学習機会の充実ならびにその成果を生かし得る環境の醸成、学校・家庭・地域住民の連携・協力への積極的役割、家庭教育支援、学校支援等の地域の教育活動等、社会教育に係る情報の収集・整理・提供と情報の活用に関する学習機会の提供、が挙げられています。④各種社会教育施設について、従来の機能に加え、ネットワークなどを媒介に地域に「出向いて」の支援策が例示され（図書館協議会委員や博物館協議会委員に家庭教育支援の活動を行う者を組み込む法的措置も含まれています）、社会教育施設の地域のネットワークの拠点／コーディネーターの役割が強調されています。⑤社会教育の専門的職員の機能充実のさまざまな提言が見られますが、地域の団体、人材、他行政職員、地域の媒介的な専門的人材（子育てサポーターリーダー、インタープリター、サイエンスコミュニケーター、社会教育士、地域教育士など）等を含めた全体のあり方を検討するという含みをもたせ、他方、社会教育主事に関しては、今後、関係者間のコーディネーターとして「触発」的役割が期待され、三者連携・協力にかかわる活動での校長への助言機能も特記されています。⑥NPO、民間事業者と行政の連携では、行政の「側面的支援と連携」を基本とし、国の「基準づくり」「環境づくり」「情報提供」「コーディネーター」の役割、連携の地域格差への配慮した方策、各地域での基金の創設、NPO・民間事業者・行政の「協議会」設置を挙げています。首長部局との関連では、文化（文化財保護を除く）、スポーツ（学校体育を除く）での首長部局の担当を可能とし、社会教育の事務は社会教育施設の管理・整備も含めて教育委員会の担当が望ましいとされ、学校施設の管理・整備は今後の趨勢待ちとしています。

以上、新教育基本法下で、かつてなく社会教育の拡充整備の必要が説かれています。これで本当に、社会教育は子ども・地域を救えるのか、以下、批判的意見を述べておきます。

①生涯学習振興のなかで教養論よりも機会論が優勢になって久しいのですが、そのメリットとして、第一部の概括に見たような、個人学習に対応する〈知の循環〉型学習ネットワークの折り目や媒介のきめ細かい提案が見られます。しかし、多様な学習や施設の機能合理性を支える構造基盤への財政保障を期待してはいますが、行政改革・規制緩和による個人や地域の自立（自己責任）論や「選択と集中」の配分原理の枠内で、その担保が覚束ないのも確かです。財

源確保のために、社会教育行政事業のPDCAサイクルと行政評価にインターフェイスする地域マネジメントになり、地域の多様な主体とニーズに基づく活動の発展や制度的要求から乖離していく悪循環に陥る危険性があります。

②それと関連しますが、機会論では、支援の主体間の接点が見えてこないこと、またネットワークの結び目に無頓着であることが気になります。中教審「スポーツ・青少年分科会」答申（二〇〇七・一・三〇）では、「ガイダンスの発想」にたった青少年の内面的葛藤等に寄り添う支援論が提起されています。いわゆる問題を抱えた子どもに限らず、体験活動等の社会教育活動全体に貫かれるべきものと思います。新たな「協議会」という結び目が提起されていますが、パターン化された集約を情報システムに乗せるだけという、従来の、行政中心型センター的機能との相違が見えてきません。学習スーパーの折込チラシか、HPにお買い得の目玉商品に囲みを入れる程度になりかねません。

③次は「生きる力」と「知」の問題です。この答申では「生きる力」のフル規定が数回引用されます。それは、「子どもたちが、基礎・基本を確実に身に付け、いかに社会が変化しようと、自ら課題を見つけ、自ら学び、自ら考え、主体的に判断し、行動し、よりよく問題を解決する資質や能力とともに、自ら律しつつ、他人とともに協調し、他人を思いやる心や感動する心などの豊かな人間性、たくましく生きるための健康や体力等」という内容です。成人の「総合的な力」の内容としても援用されていますが、子ども界に限って批判点を述べます。（イ）「生きる力」は、超歴史社会的な、人間形成のコンテキストが消失しテキスト化された世界の中で、自己了解する基準となる〈人間モデル〉です。「知の循環」というのは、そのコンテキストを読み解き変革する学び方・知り方、実践を通しての実践知、知の交流と検証・定着、などのサイクルにつながるとは限らないものです。「生きる力」は、また、教育政策と社会政策の共通の根拠にもされており、教育が社会政策を代替するのを正当化しています。（ロ）人は自然的社会的な客観的構造に規定されながらそれを命題的に認知する志向をもつこと、相互行為・作用が社会的行為・規則の分化と構造化を発達させる類的基盤であること、自己表出と他者との交流を介して自己はその志向を吟味・確認すること、という人間発達の基本的地平を空洞化して、自らが課題遂行に向けて目的合理的に行為し、その限りで自他関

係や感性・身体性などを道具的に組み込む、戦略的行為者が期待されていると言えます。社会的文脈に依存しつつ自己・社会・自然を対象化し働きかけ組み替え関連づけるという複雑系の分節化が、目的－手段の関係に置き換えられ線形化されているのです。一種のモノローグする人間タイプです。子どもたちは、それを基準に自己了解させられ、肯定－否定に配列されます。（ハ）興味・関心を表出的なものと理解する歪曲があり人間像における一種のねじれと分裂があります。人間の傾向性としての興味・好奇心、関心・想像力などと他の精神活動（機能）との連関が切断されています。また、道具的－表出的を固定的に対立させ優劣関係に置くように社会的に定義されています。子どもたちは、全体性を屈曲され切断されて、癒されることや活動・関係の手ごたえを求めていながら、共通の暗黙の尺度である序列のなかに自己を見いだすように仕向けられ、呪縛されそれに敏感に反応しているといえないでしょうか。

3　地としての関係／図としての発達 ―― 上杉・小木氏からの継承課題 ――

さて、1、2節では、政策的に企図された地域での「連帯」関係の構造、つまり、「社会総がかり」／「規範意識」、「知の循環型社会」／「生きる力」について検討してきました。前者は、国家主観的な人倫と特殊な道徳性の内面的規制構造を、後者は、テキスト化された世界と線形的な目的合理的人間モデルの序列化的構造をもっていることを見ました。いずれも、おとな／子ども、サービス／クライエント等の二者関係を覆って、双方に、社会的な発意の枠組みを浸透させ、諸個人の交渉やモニターする主体性を介して経路づけタイプづける、地と図の関連構造をもっているのです。「子どもの社会教育」は、もちろん、より透視的に地と図を実践的理論的に描こうとしてきたわけです。上杉氏の近代合理主義・官僚制批判と文化伝達・知の配分の葛藤理論に基づく現実の社会教育の布置状況の検討および国際比較研究、小木氏の支配権力の社会編成批判と子どもの発達特性把握による教育内容・方法の検討、子育て支援の事例研究は、継承し発展させるべき基本線だと思います。

グローバル化した〈評価国家〉という状況を前にして、それを批判し食い破るうえで、たとえば、ディヴィッド・ライアン／河村一郎訳『監視社会』（青土社、二〇〇二年）、バジル・バーンスティン／久冨善之他訳『〈教育〉の社会学理論』（法政大学出版会、二〇〇〇年）等を活用して、現実の社会化した内在的矛盾の批判的分析を発展させるべきでしょう。地の組成までしっかり見極める分析道具が必要です。また、〈発達課題〉という言葉が独り歩きしている現状を克服するために、子どもの発達連関をコミュニケーション（相互）行為や高次精神機能の発生的理解・科学的概念の獲得に焦点づけて把握する、ユルゲン・ハーバーマスやレフ・セミョノヴィチ・ヴィゴツキーの諸研究を取り入れ検討することが一つの課題になるでしょう。図の豊かな彩色と描線・しるしが必要です。さらに、〈ネットワーク／コーディネート〉が乱発されている今、子どもの発達の地となる関係を発展させる課題があります。取組みを行う諸個人や諸事業体が、評価され助成されることを優先し自己利害に固執し他者に干渉的になり、相互尊重の気風と共存のルールが未形成な時、評価システムの妥当性を問わずそれに疎外的に吸収され、事業の型式化・形骸化を起こす危険性があります。この上に、ネットワークとコーディネートが国家行政計画主導ならば、相互監視と遠隔操作のシステムに転化する恐れがあります。子どもの豊かな発達を創出するための各取組みの格別な意味や感動を創造し評価する力量と、それらを尊重しあう他者との関係形成的力量が必要になるでしょう。

上杉氏は、子どもの人権オンブズパーソン制度に、小木氏は、「あいち・子どもＮＰＯセンター」に関与され、子どもの権利条約という国際基準にたって地となる関係を紡いでおられます。徳目主義や知のステレオタイプを超えて、子どもの自由と生存権を保障するシステムや学習・発達権、文化権を保障するプログラムの実践的共同的構築、ならびに人材養成の回路づくりも、継承し、引き続き英知を集め達成すべき課題であると思います。

【えさか　まさき】

注

（１）勝野正章「教師の主体化／客体化——学校経営の言説と実践の考察」、岩川直樹「〈教育＝実践〉の臨界」参照。いず

れも、民主教育研究所編集『季刊人間と教育』旬報社、五五号、二〇〇七年、所収。

（2）八木英二「その歴史とシステムの検討」参照。同前所収。

（3）その手続きや発想への批判は、『世界』岩波書店、二〇〇七年六月号、および岡崎勝・赤田圭亮編『わたしたちの教育再生会議（こころの科学特集号）』日本評論社、二〇〇七年、所収論文に見られる。

（4）社会教育推進全国協議会『学習の自由と教育の権利を発展させるために――二〇〇六年教育基本法をどう読むか――』二〇〇七年、一九頁。

（5）藤田英典編『誰のための「教育再生」か』岩波書店、二〇〇七年、一四七頁〜一九六頁。

（6）J・ハーバマス／三島憲一ほか訳『道徳意識とコミュニケーション行為』岩波書店、二〇〇〇年、二五四–五頁、一

（7）価値・生活の質の諸内容は、モーリス・ドベス／堀尾輝久・斎藤佐和訳『教育の段階』岩波書店、一九八二年、八七–一九六頁、マーサ・ヌスバウム、アマルティア・セン編著／竹友安彦監修・水谷めぐみ訳『クオリティー・オブ・ライフ――豊かさの本質とは――』里文出版、二〇〇六年、一一–一二頁、参照。

（8）（6）前掲書、一九六–一九七頁

（9）同右、二四九–二五三頁。二五四–二五五頁。

（10）アンリ・ワロン／竹内良知訳『子どもの精神発達』人文書院、一五–一六頁。

（11）同右、一三–一四頁。

（12）たとえば、鹿児島市教育委員会編『こころの言の葉』（平成一五年度–一九年度）掲載の作品にうかがうことができる。

（13）A・O・ハーシュマン／佐々木毅・杉田敦訳『失望と参画の現象学　私的利益と公的行為』法政大学出版局、一九八八年。

（14）渡辺治「ポスト安倍政権における教育改革のゆくえ――新自由主義か、新保守主義か――」民主教育研究所『季刊人間と教育』旬報社、五七号、二〇〇八年、所収、参照。その後、小中学校学習指導要領告示で、「総則」に「我が国と郷土を愛し」の文言を書き加え、小学校音楽で、君が代を「歌えるように」に書き換えられた。「土壇場修正政治の影」、中教審委員との確執、道徳教育の書き換えも要求、と報道されている（『南日本新聞』二〇〇八年三月二八日付）。

（15）たとえば、（4）前掲書や竹内久顕「『愛国心教育』とは何か――改定教育基本法下の可能性を探る」『世界』岩波書店、二〇〇七年六月号、が批判と可能性を探っている。

6 子育ち・子育てと公民館

―「なんなん？ おもしろ体験隊」から―

佐野万里子

1 実践の背景

奈良市は、中学校区に一館の地区公民館二一館と、市内全域を対象とした大型館二館・生涯学習センターの計二四施設を設置し、社会教育・生涯学習の振興を図っています。また、二〇〇一年度に財団法人奈良市生涯学習財団を設立して社会教育の専門職員を公募・採用し、公民館の管理運営を委託しました。二〇〇六年度からは指定管理者制度を導入し、現在、当財団が二〇〇八〜二〇一二年度まで五年間の指定を受けています。なお、児童館は四館設置されています。

(1) どんな動機や問題意識で始まった実践か

「なんなん？ おもしろ体験隊」（以下、「なんなん？」と称す）は二〇〇三年度、南部公民館とNPO法人都南地域教育振興会（以下、「はーとネット」と称す）が協力しあって立ち上げた小学生対象の事業です。当時、財団事務局の方針として、完全学校週五日制対応事業を重点的に考慮して実施するように通知されていました。ところが南部公民館の対象校区である都南中学校区では、小学校区単位で既に活発な活動が展開されていました。そうした活動があるなかで、公民館が新たに取り組む必要性はどこにあるのか…。考えていくうちに、都南中学校区の特徴に気がつきました。

その特徴とは、都南中学校区は大変広く、五つの小学校区をもつことです。そこでその中学校区をひとつの地域として考えた事業はできないか、そう考えるところに公民館としての意義があるのではないかと考えたのです。時期を同じくして、立ち上がったばかりのＮＰＯ法人、「はーとネット」と出会いました。「はーとネット」は、「都南中学校区の子どもたちの小中学校九年間の見守り」を目的としており、中学校区をひとつの地域としてとらえる点が一致していました。その理事と意気投合し、協力しあって「なんなん?」を開催することになったのです。「はーとネット」には豊富な人的ネットワークや地域の情報がありましたし、公民館には拠点となる場所と専門職員、そしてわずかな予算がありました。それぞれのもてるものを持ち寄り、いいものを創り上げようとスタートしたのです。

また、「はーとネット」と話し合いを重ねることで、地域の課題も見えてきました。都南中学校の五つの小学校区は、平地部の市街化された地域・古くからの農村集落が中心となった地域・農山村地域など、それぞれが異なった地域特性をもちます。その異なった地域特性をもつ五小学校で異なった育ちをした子どもたちが、中学校で一堂に会すことにより、新しい環境や人間関係に慣れるのにたくさんのエネルギーを要し、つまずいてしまう子どもも少なくないというのです。中学校の「荒れ」や不登校、学力低下が地域の課題として心配されていました。

(2) どんな目的・目標に迫ろうとする実践か

① 小学校区を越えた仲間づくり

こうした学校・地域が抱える課題に、公民館として何ができるのか…そう考え、「小学校区を越えた仲間づくり」を一番大きな目的としました。中学校に進学する前に小学校の垣根を越えて仲間をつくっていたら、中学校に入るときには同じ小学校の友達・先輩 + 「なんなん?」の仲間・先輩がいることになり、心強いのではないかと考えたのです。この目的のため、小学校をバラバラにした班を編成し、一年間を通してこの班を基本に活動を行います。限られた時間のなかで、単なる顔見知りではない「仲間」になるためには、毎回同じ班で共同体験を積み重ねていくのが良いと考えているからです。また、一緒に力を合わせて困難を乗り越えていける「仲間」となるように、班で協力しないと取り組めない場面をつくるなどプログラムにも工夫をしています。

②豊かな人間形成の糧となる体験活動の提供

新しい環境や人間関係のなかでものびのびと自分に自信もって生活していけるように、さまざまな体験・経験を積んでいろいろな力をつけてもらいたい、そう考えています。さらに、本物に触れてほしい、切り取られた一部の体験ではなく初めから終わりまで体験させたい、学校ではできないような体験を……と、プログラムづくりにかけるスタッフの思いは熱くなるばかりです。この六年間で思いやひらめきがぎゅっと詰まったプログラムがたくさんできあがりました。またプログラムの内容だけでなく、スタッフの声かけひとつで子どもは成長するしその反対もあるということも心得て、子どもたちの成長・発達を促す働きかけができるように心がけています。

③モデルプログラムの蓄積・発信

「なんなん?」は、体験活動をただ実施して終わりにするのではなく、実施した後に再度検討してモデルプログラムにし、地域の子ども会やＰＴＡなどで活用してもらうことも目的としています。そのため、ねらいを明確にして、ていねいに企画・記録を行っています。「子ども会やＰＴＡの役員になったが、何をしていいかわからない」、そんな声がよく聞かれます。そうしたときにこのプログラムを活用してもらえたら、広く地域の子どもたちにも豊かな体験活動を提供できるわけです。

2　実践の概要——「なんなん?」って、なんなん?——

「なんなん?」とは関西弁で、「何なの?」を意味します。ここで、「なんなん?」とは一体何なのか、お伝えしたいと思います。

「なんなん?・」は基本的に、六月から二月までの毎月一回活動を行います。内容によって変わることもありますが、一緒に「食べる」時間・体験も大切と考えて、昼食をはさんだ十時から一五時を基本の活動時間としています。対象・定員は小学校二年生から六年生の三〇人で、毎年二〇人程度が参加しています。

(1) 基本は縦割り班で! でも横のつながりも

先述のとおり「なんなん?・」では班活動を行いますが、その班は小学校だけでなく学年の偏りもなく編成します。その結果、ひと班六~八人の異年齢集団ができあがります。そして、各班で六年生のなかからリーダーを決めます。そのリーダーを中心とした班活動のなかで、子どもたちはリーダーシップとフォロワーシップを学ぶのです。また、各班には「ボス」と呼ばれる青年スタッフが一人つき、子どもたちに一番近いところから班活動を支援します。

このように、基本は班で活動します。しかし、一年間の活動を最初から最後まで班活動で行ってしまうと、他の班にどんな子どもがいたのかわからない状態で終わってしまう、班のなかの縦の仲間づくりは進むが、班を越えた横のつながりがうまれにくいと、二年目の終わりに気づきました。そこで、三年目からは一年間の流れに変更を加えました。初回の活動は、「なんなん?・」全体でひとつの仲間になろうというねらいで、全員が自己紹介を行い、それを聴きあって「なんなん?・」の仲間として認めあうというステップです。次に全体として仲良くなるゲームなどを行い、その後で班に分かれるという流れにしました。また、年度の最後となる一二月・一月・二月はひとつのものに連続して取り組むこととし、班をこえて「なんなん?」の仲間全体が力を合わせると同時に、五・六年生の横のつながりをつくるようにしました。二〇〇六年度はオリジナルの創作演劇を、二〇〇七年度は群舞「大和舞ばやし」を、二〇〇八年度は合唱を採用しています。

(2) ただ楽しいだけじゃない！　ねらいと思いが活動をつくる

このように一年間の流れを整理すると、各回のプログラムの「ねらい」もはっきりしました。活動の内容は、そのねらいを達成するための素材です。スタッフミーティングで企画をつめていくのですが、ねらい達成のためにどの内容を採用するのか、どの方法を選択するのかという議論を行うのです。楽しい活動を行うのはあたり前のことで、それが目的ではないのです。

たとえば、九月の活動です。十月の一泊二日の活動が班活動の集大成となるので、それまでに班の団結力をより高めることがねらいとなります。そこで採用したプログラムは、暗闇のなかの「ナイトハイク」や山の上のお寺をめざす「ハイキング」です。班の仲間が力を合わせ、励ましあって苦しい場面を乗り越えるプログラムを採用しました。

また、一年間の活動のなかで何度か食事を手作りすることもあります。そのときには、買って食べるのが当たり前に思われがちなものを手作りしようと、餅つき・ウインナー作り・ピザ作り・手打ちうどんなどに挑戦しました。餅をつくところだけ子どもがして、それ以外はおとながやってしまうような切り取られた体験ではなく、最初から最後までの過程になるべく子どもたちが関わり、すべてが理解できる体験活動をめざしています。

このように、ねらい＋スタッフの思いから、楽しくて意味のある活動がうまれていくのです。

(3) 「なんなん?」と好奇心をもって参加できる工夫

「何なの？」を意味する「なんなん?」には、「何なの？」と興味関心をもって参加してくれる、活動を続けられる工夫をちりばめています。いつも遊んでいる友達と違う仲間のなかで一年間活動を続けるのは、ちょっと大変なことです。気持ちが続くように、折れてしまわないように、さまざまな工夫を行っています。

ひとつは、活動のお知らせを郵便で届けていることです。子どもにとって、自分宛に届く郵便物は少なく寂しいものだというスタッフの提案から、「なんなん?」ではあえて郵便を使っています。子どもたちは案内が届くのを楽しみにし、活動日が近づくと毎日ポストを覗くそうです。また、「なんなん?」では毎回の活動に、「ペイント星矢」「となりにトトロ」「おどりかじり虫」など映画やテレビ番組などをもじってタイトルをつけます。郵送される案内には、そのタイトルと持ち物など最低限の情報しか書いていません。それをヒントに、「次はどんな活動をするんだろう?」と推理し、家庭でのコミュニケーションのきっかけにしてほしいという願いがあるからです。親子一緒に「次はなんなん?」と考えてもらうのです。

ふたつめには、オリジナルの缶バッチなど「がんばった証」がもらえることです。まず、隊員になると名前入りの缶バッチがもらえます。さらに、毎回の活動終了時に、タイトルにちなんだ缶バッチがもらえます。子どもたちはそれを楽しみに活動に参加してきます。また、一年間活動を続けた子どもには最終回に修了証が、そして卒業生には活動の総集編DVDも贈られます。修了証を目標に一年間がんばって活動に参加し、DVDを楽しみに六年生まで活動を続けてくれるのです。DVDはリーダー・最上級生として一年間がんばってくれた六年生へのお礼でもあるので、六年生の活躍をメインに編集してあります。エンドロールには「中学生になっても『なんなん?』に帰ってきてね」というメッセージが流れ、サポーターとして帰ってきてほしいという願いを伝えています。

(4) 「やりっぱなし」にしない工夫

子どもたちは毎月さまざまな体験活動を行います。それを「やりっぱなしの単なる体験」や、ただ「楽しかった!」で終わらせず、積み重ねて「経験」・チカラとしていけるよう、毎回「ふりかえり」の時間を設けています。そこでは、今日の活動で感じたこと・知ったことを班の仲間と話しあいます。自分だけの感想をふりかえるのでなく、お互いの感想を聞きあい、頑張りをたたえあい、存在を認めあう時間にしたいと考えています。共有した体験・感想を、班の代表がみんなの前で発表するということも、毎回取り組んでいます。みんなの前で発表するというのはとても緊張するうえに勇気がいることですが、なんとか発表を終えてみんなから拍手をもらう体験を積み重ねていくと、子どもたちの自信が育っていきます。自尊感情を育てていくことも「なんなん?」の大きな目標です。

また、体験した瞬間に戻る手がかりとなるよう、活動の概要と感想を記入できるワークシートを毎回用意しています。そのシートに気持ちを書く・書き残すということ自体も大切だと考えていますし、シートは活動の記録であるとともに同時に成長の記録ともなります。それをもとに家族で再度歩いてみた・作ってみたという嬉しい声も聞いています。

さらに、年度の最終回では一年間の活動をふりかえります。その際に手がかりとしてもらうのは、記録写真です。撮りためた写真を掲示し、それを見ながら自分の一番記憶に残っている活動を選び出し、ひとりひとりがステージで発表をします。毎回の感想発表や活動を通して子どもたちは成長し、すべての子どもが立派に発表を行います。成長の証だと思っています。

3 「なんなん?」で育つ! 子どもも、若者も、おとなも……

(1) 子どもの育ちは?

最初は嫌々来ていたり時には泣きながら来ていた子どもも、回を重ねるごとに表情が輝いてきます。「なんなん?」は楽しくて安心できる場所なのだと、気づくからではないでしょうか。また、毎回の活動に参加してプログラムをやり遂げた達成感が、子どもの自信につながっていくからだと考えます。

とくに六年生は、最上級生や班のリーダーとしてそれぞれが自覚をもって毎回積極的に活動に参加してくれ、下級生のサポートをしたり班をまとめたりと活躍してくれます。その六年生の姿に憧れたり、六年生を慕ったり、また六年生をサポートしたりして下級生は育ちます。こうして、一人ひとりが自分の居場所を見つけるとともに自信をつけていくのです。

また、毎回のふりかえりと感想発表の時間を積み重ねていくことにより、子どもたちはだんだんと自分の意見を言えるようになります。その成果は学校でも表れ、委員に立候補したとか授業で手を挙げることが増えたとか、保護者から嬉しい報告がありました。一年生で中学校の生徒会役員に入った卒業生もいます。

意見を言えるようになると同時に、人の意見・話を聞けるようにもなっています。話しあい、聴きあうという今の子どもたちに不足しがちといわれるコミュニケーション能力が、培われているのではないでしょうか。

そして、「なんなん?」を続けていくうちに、「なんなん?」を卒業した中学生がサポーターとして活動に参加することも実現しました。中学生サポーターの存在は小学生にとってとても大きく、スタッフよりも身近な先輩であり、憧れでもあります。不安が先行してしまう中学校進学について、「中学校は怖くないから、安心して来てください」「友達もたくさんできたよ」と話してもらったときには、子どもたちの心にどれだけ安心が生まれたことでしょう。

中学生にとっても、小学生に頼りにされ、スタッフとして役割や活躍の場がある「なんなん?」は、学校と違う自信を深められる「居場所」となっているのではないでしょうか。そしてやがて彼らが高校生・大学生になったとき、活動を支えるスタッフとなる……この循環が「子どもが育つ地域・子どもを育てる地域」に求められるのではないかと考えています。

(2) 子どもを育てる営みでスタッフもみるみる育っていく

ここまで「なんなん?」を子どもたちの面から述べてきましたが、「なんなん?」にはもうひとつの重要な要素があります。それは、活動を支える青少年スタッフとおとなたちの育ちと学びです。子どもを育てる営みがそのままスタッフの学びとなっているのです。

初年度の「なんなん?」の毎回の企画は、公民館職員と「はーとネット」理事と会員、青年ボランティアのわずか五名で行っていました。当日は企画スタッフだけでは到底運営できないので、「はーとネット」の理事や地域の方など、幅広いメンバーが集まって活動していました。その企画スタッフと当日参加スタッフの間でねらいの共有がうまくできず、侃々諤々の議論になったことも何度かありました。その議論を通して、「なんなん？」は何を目的にするのか、何を一番大切にするのかが、整理されていったのだと思います。同時に、「子どもとは」「子ども対象の事業とは」「地域の教育とは」といったことについて、世代をこえて真剣に議論する貴重な学習の機会となりました。

また、初年度はがむしゃらにスタッフ自身のしたいこと・できることをプログラム化していったので、失敗も戸惑いも多々ありましたが、その失敗や戸惑いから多くのことを学びました。障がいをもった子どもたちへの接し方や子どもとスタッフの間の言葉遣いなど、自分たちだけで答えの出せないことには、「はーとネット」の臨床心理士から専門的なアドバイスをもらいながら学習を深めていくことができました。この初年度の一年間に、現在の「なんなん？」の土台が形成されたのです。またその過程に関わったスタッフも、大きく成長することができました。

二年目には、その土台や成果を新しいスタッフにどう引き継いでいくかが課題となりました。そのため、「なんなん？」の目的・子どもが育つためのポイント・全体の流れ・大人の役割・ボスの役割・サポートのポイントなどをわかりやすくまとめたA7サイズの「スタッフ手帳」を作成し、それをもとに確認しあうことにしました。現在も、年度当初に必ず確認のミーティングを行っています。

現在の企画スタッフは、公民館職員・はーとネット会員・高校生と大学生のボランティアスタッフなどの、一〇代後半～二〇代の若いスタッフです。月二回のスタッフミーティングでは、何のためにどんなプログラムを選択するのか、そこでどのように働きかけるのか、どんな配慮や注意が必要かなど、職員もスタッフも対等な立場で議論を深めていきます。また、内容によっては試作や下見を何度も繰り返します。ゲームなども、実際にやってみて考えます。子どもたちに何を伝えたいか、どういう力をつけてもらいたいかというねらいがあり、それに向かってスタッフが議論や学習を深めていくのです。そのことにより、子どもたちだけでなく若いスタッフが育っていくのです。

⑶ 親も育ちあう、そして地域が育っていく……

「なんなん?」を始めた当初から、親たちの語り合いの場を意識的につくっていました。いずれは同じ中学校PTAで顔を合わせるのだから、その前に顔見知りになってもらおう、同じくらいの年の子どもをもつ親として悩みや感動を共有しよう、というねらいからです。また、「○○ちゃんの親」ではなく「なんなん?」の親チームとして積極的にサポートに関わってもらいたいという思いもありました。この親にかかわる部分は若いスタッフではなく、親として先輩となる「はーとネット」の理事やピア・サポーターが担当していました。

親たちの語り合いの場では、活動の感想や活動のない間の子どもたちの様子を聞くことができ、自分たちのプログラムが子どもにどのような影響を与えているか・効果を生んでいるかを検証することもできましたし、企画のねらいを説明することもできました。また親にとっても、自分の子どもの行動・成長を客観的に見る・語ることや、他の親とも共有してともに悩みともに喜ぶことができたようです。その過程が、親の仲間づくりの機会ともなり、学習の機会ともなっていました。

このように、子どもだけでなく青少年スタッフも学びあい育ちあい、それを見守り支援する保護者やおとなたちも語り合い育ちあっていく…「なんなん?」はそうした重層的な学びの場を創り出していく可能性をもつ、ひとつのシステムになっていると考えています。

4 到達点と今後の課題または展望

こうした積み重ねを実践してきたことにより、少しずつ成果を上げていると考えています。ひとつは、中学校に進学した子どもたちが中学生サポーターとして活動に帰ってきてくれるステップが実現したことに加え、その子たちが「なんなん?」の仲間と同じクラスになった!同じ部活になった!などと嬉しそうに報告してくれることです。目標としている「小学校区を越えた仲間づくり」や中学校での健やかな育ちに、少しは貢献できているのではないでしょうか。

もうひとつ、青少年スタッフも少数ではありますが着実に育っていると評価しています。高校生から活動に関わっている大学生スタッフは、新しく担当になった職員を育ててくれているくらいです。しかし、「なんなん？」の目的達成のため、また「なんなん？」がもつ役割や可能性を十分に発揮するためにはその担い手の数と質が肝心で、この取り組みをいかに広げられるかかが課題だと考えています。先述した親や地域が学び育っていく取組みに広げていくためには、若いスタッフだけの力ではどうにもなりません。「はーとネット」との協働から生まれる成果を確認し、もう一度より良い形でスタートさせたいと考えています。

毎年たかだか二〇人の子どもを育てるのに公民館は何を必死になっているのか、そんなことに時間と労力をかけているのか、そう思われるかもしれません。でも、実際はそうではありません。隊員である子どもたちを育てようと努力していることは確かですが、それだけではないのです。この事業に関わる青少年スタッフ・保護者・地域、そのすべてに学び育つ機会を生み出そうとしているのです。少なくとも、青少年スタッフは着実に力をつけています。地域の子どもたちの成長を願い活動する若者が育つ、それは大きな成果ではないでしょうか。

究極のところ、公民館はいつまで今のカタチで続くかわかりません。残された時間のなかで公民館がなくても子どもが育つ、「子どもを育てる地域をつくる」のが公民館の役割だと考えています。

【さの　まりこ】

団体紹介
正式名称　財団法人奈良市生涯学習財団　南部公民館
所在地　〒630-8434　奈良県奈良市山町二七一
連絡先　TEL&FAX　〇七四二－六二－五九三一
Email　nanbu@manabunara.jp

主な活動

■学習情報の提供、学習相談
■施設提供（貸館事業）…自主活動グループ（サークル）への施設提供
■主催事業…乳幼児と保護者対象の「絵本のひろば」「おやこのひろば」「親も子ものびのび体操」、小学生対象の「なんなん？」「剣道教室」「クラフト横丁」、女性対象の「フォーラム」、一般対象の健康講座・落語などさまざまな主催事業を開催しています。
■生涯学習支援サイト〝学ぶ奈良〟 http://manabunara.jp

一言PR

「9月といえばお月見！ お寺でお月見しよ」「お月見と言えば月見団子やね。団子作ろう！」「山の上のお寺まで頑張って歩ききるにはどうしたらいいやろ？」「団子の材料を盗られちゃって、取り返しに行くのは？」「いいやん！ お月見だから月光仮面にしよか」「じゃぁ悪役はドクロ仮面！」「月光仮面の衣装どないしよ」「ドクロ仮面はビニール袋でイイやんなぁ？」……ってなことをスタッフと職員で真剣に議論してプログラムをつくります。みなさんの地域でも始めてみませんか？ パートナーはぜひ公民館を☆公民館がダメなら、地域の若者たちと一緒に！ 南部公民館が蓄積してきたプログラムを提供させていただきます♪

「月より団子」企画！団子をとりかえす月光仮面と子どもたち

7 子ども博物館（チルドレンズミュージアム）の可能性
——キッズプラザ大阪の事例——

山田隆造

1 キッズプラザ大阪の誕生まで

キッズプラザ大阪は、平成九（一九九七）年七月に大阪市の北東部に位置する扇町公園の一角にある赤と青のコントラストが鮮やかな「キッズパーク」（複合ビル）のなかに開館しました。扇町公園の再整備計画と一体的に並行して開発された「キッズパーク」は公園ともマッチして天満・扇町地域のランドマークになっています。すぐ近くには日本一長い、活気のある天神橋商店街（2.6㎞）が南北に連なっています。大阪市の表玄関である大阪駅・梅田の盛り場にも近く、交通の利便にも優れています。このように、キッズプラザ大阪は西日本でも有数の立地条件の良い場所に位置しています。

まず、キッズプラザ大阪の誕生の背景と経緯、コンセプトそして独自性について紹介することにします。

(1) 「大阪市総合計画21」の実現に向けて

平成二（一九九〇）年に策定された「大阪市総合計画21」では「子ども達の感性や創造力を豊かに育むため、最先端の機器や設備を備え、子ども達のさまざまな創作活動や芸術活動の場、世界の児童文化との出会いの場となり、児童文化の情報発信拠点となる都市型施設の整備」という目標が掲げられていました。

キッズプラザ大阪

その計画の具体化を進めるにあたっては、大阪市北区の扇町公園北東部の市有地（市立工業研究所跡地）の有効利用と扇町公園の再整備計画との一体的な整備のなかでめざすことになりました。地元でも北区地域開発協議会を中心に地域の活性化をめざして、地域の声や要望の結集が図られてきました。

⑵ 土地信託方式の採用

事業の開発手法は「土地信託方式」を採用することに決まりました。これは、土地所有権は大阪市が保持し、民間の事業主体の提案者（信託銀行）を採用して開発事業を行わせ、三十年程度の長期の将来において最終的には土地と建物を返還させる手法です。

平成四（一九九二）年、北区扇町開発土地信託事業計画提案競技（コンペ）が実施され、審査の結果、住友信託銀行の提案が優秀案に決定されました。大阪市では弁天町の「オーク200」をはじめ六事業の土地信託事業が実施されました。現在では土地信託方式は経営難で清算段階にあります。

その概要は、施設全体を「扇町キッズパーク（仮称）」とし、七、四〇〇㎡の敷地に延床面積約五二、〇〇〇㎡の建物建設を行い、遊体験学習施設（キッズプラザ（仮称）九、三〇〇㎡）を中核施設に、キッズモール（物販、飲食の店舗）、業務施設（放送メディア施設）の複合一体施設として、相乗効果を発揮させるというものでした。キッズプラザ大阪は単体の施設整備を行うのでなく、複合ビルの中核施設として賃料を払って入居するという形になりました。また、このときの事業目的のひとつとして地域の振興、活性化が謳われていました。（「扇町キッズパーク」の建物は平成二〇（二〇〇八）年九月に関西テレビ放送㈱に売却されました。）

(3) キッズプラザ開設準備室の設置——㈶大阪市教育振興公社が「事業主体」

平成五（一九九三）年五月より、コンペ提案の「遊体験学習施設（キッズプラザ）」の具体化を図るため、大阪市の関係部局（当時の市長室、計画局、市民局、民生局、教育委員会）が協議調整した結果、所管は教育委員会（社会教育部）とし、その外郭団体である㈶大阪市教育振興公社が「事業主体」となって開設業務を進めることになり、一年後の平成六（一九九四）年五月に開設準備室（大阪市よりの派遣職員三名配置）が設置されました。「遊体験学習施設（キッズプラザ）」は教育委員会所管の施設であるが、事業主体は外郭団体である財団法人に委ねられたということです。

(4) キッズプラザ基本計画検討委員会の設置

平成六（一九九四）年八月、キッズプラザの基本的性格、施設構成、運営の考え方等の基本計画を策定するために、学識経験者と関係局の局長クラスで構成された基本計画検討委員会が設置されました。五回の検討委員会と三回のワーキング部会が開催され審議された結果、平成六（一九九四）年一二月に「検討委員会報告書」が提出されました。

報告書の主な内容は次の通りです。

まず《子どもを取りまく環境と課題》として

①子どもを取りまく環境：子どもの生活——忙しい子ども達、あふれる物と情報／子どもの生活環境—遊び場所の減少、身近な自然環境の減少、変わる生活体験／子どもの人間関係

②子どもに関する課題：創造性・感性の育成／自主性・活動力の育成／ふれあい・交流の促進／家族のコミュニケーションの促進／自然とのふれあいと理解／子ども自身の文化の尊重／情報化社会への対応、

などをあげました。

そして施設の《基本的な性格》として、「人間の持つ根源的な心の感受性〝驚きの心——Sense of Wonder——〟をバックボーンとする」とし、（四つの理念）、①知的好奇心及び創造性の刺激、②他者及び異文化との交流と相互

理解、③自然及び宇宙の理解と共生、④日本文化及び子ども自身の文化の伝承と創造を中心にすえたのです。

《運営の考え方》としては、①子どもの視点に立ち、子供たちの多様な体験を促し、幅広い人とのふれあいのなかで、可能性や個性を伸ばすとともに快適かつ安全に活動できる場を確保すること、②先進的な子ども施設となるための「研究・開発」の推進と国内外の子ども施設との連携、③放送メディアや扇町公園などとの相乗効果を発揮する運営、学校教育との連携、ボランティアの参加の促進、民間活力の導入、④時代の流れに即応できる柔軟で機動的な運営、などをあげました。

(5) 実施計画策定プロジェクトの設置

① プロジェクトの立ち上げ

基本計画検討委員会のからの報告を受けて実施計画策定に向けてのプロジェクトが設置され、展示方針や運営方針などが検討されました。プロジェクトのメンバーには基本計画検討委員会の委員でもあった外部の専門家がプロデューサー、ディレクターとして就任しました。両人を中心に開設準備室のスタッフによって実施計画策定作業が進められ、プロジェクトはオープンまで多面的な役割を果たすことになりました。

② 実施計画の概要

《展示方針》としては、①〝実際にやってみることによって本当に学べる（In Learning By Doing）〟をコンセプトとし、②対象年齢は主として小学校高学年（幼児からおとなまで楽しめる内容）を想定し、③障害者が安心して楽しめる展示（バリアフリー）を心がけ、④インタープリター（ボランティア）を活用する、などをかかげました。これは当時としては先進的なものでした。実施計画で示された展示方針〝In Learning By Doing〟は「ハンズ・オン」と同義です。先進事例であるアメリカやイギリス、フランスのチルドレンズミュージアムを研究調査、参考にして生まれたコンセプトなのです。このコンセプトは、展示の手法にとどまらず、展示空間の演出や展示物の構成・配列、ワークショップなどに大きな影響を与える方針となっていきました。子どもたちが自由に主体的に楽しく遊び体験できる展示環境（形状、デザイン、色彩、材料など）を統一的に構成することが求められ、子どもたちの動きや好奇心を妨げない展示物の配列とさりげないストーリー性が重要となったのです。《運営方針》としては、計画的な展示更新と新しいプログラムの開発やリソースセンターなどの活用がありますが、これについては以下で詳述します。

2　キッズプラザ大阪の経営

(1)　キッズプラザ大阪の経営戦略 ── 経営目標：「集客性の高い教育施設」をめざして

キッズプラザ大阪は「子どものための博物館（チルドレンズミュージアム）」なので、施設の類型からいえば博物館です。博物館は、社会教育法第九条では「図書館及び博物館は社会教育のための機関とする」と定義されている「社会教育機関」です。一方、博物館法では、博物館は登録博物館、博物館相当施設そして類似博物館に分類されますが、キッズプラザ大阪はその分類でいえば類似博物館です。キッズプラザ大阪の基本的な性格は、「遊戯施設」でもなく「児童福祉施設」でもなく「教育施設」であり、子どもたちが科学や文化、芸術などを学ぶ場なのです。

しかし、キッズプラザ大阪は教育施設でありながら、経営性を求められ、またそのことを重視したところに成功があったと思います。つまり基本原則である「教育性」を踏まえて「集客性」を求めたところに、ある意味での先駆性があったと思います。ここでの先駆性とは、本格的なチルドレンズミュージアムの内実の追求と同時に、集客や経営といった今まで教育施設に馴染まない戦略をめざしたことです。換言すれば、《「遊び」や「体験」を通して「学ぶ」》というコンセプトを、いかに経営戦略の根幹に根付かせていくかということでした。つまり、集客性と教育性という二項対立的な概念を統合して新しい施設を創造していくことにあったのです。

キッズプラザ大阪にとって「集客性」には三つの意味があると考えてきました。

①当たり前のことですが、集客数を増やすことによって収入を上げることができます。後述の財政構造の説明で明らかなように、一定の入館料収入を確保しなければ施設の存立に関わります。このことの是非は議論のあるところですが、その施設の人気や魅力度は一般的には集客数で表現されます。今日的には、公的施設関係者は、このことの割り切りと決断がいるのではないかと思われます。子どもにとって楽しく面白い施設「遊戯性」であることが施設価値のひとつでもあります。

②集客性が大事だといっても、一過性のイベントやキャラクターものに依存した事業を展開すれば、結果としてチルドレンズミュージアムとしての社会的文化的な価値を創出・蓄積できなくなり、施設の使命や存在意義を喪失することになります。しかしそれだけでは遊戯施設になってしまう。そこが難しいところです。

あくまでも、「提供する展示物やプログラムに内在する教育的な価値が効果を発揮しつつ（教育性）」「人気や魅力のあるものにすることによって集客につなげる（集客性）」ことが重要です。スタッフには子どもたちの学びを促しつつ、集客力のある展示物やプログラムの開発や創意工夫が求められます。そのことで不断に新鮮なメニューを提供できるのです。

③集客性は施設の活性化と革新性を促進します。基本は子どもの立場や目線に立つということなのです。「教育性」と「集客性」は、決して二項対立の概念ではなく、両者の「統合」は、集客力のある施設内容（展示やプログラム、サービス）を創出していく挑戦であると考えます。そのためにはスタッフ一人ひとりが施設に愛着と誇りをもち、問題意識とその共有化、やる気、志を持続することが必要です。

(2) 財務構造

① キッズプラザ大阪の収入

キッズプラザ大阪の収入は、主として大阪市の補助金と入館料収入で成り立っています。補助金で執行する項目の内訳は「施設の賃借料」「職員の人件費（ほぼ半分）」それに「展示研究開発費」です。キッズプラザ大阪は事業主体である㈶大阪市教育振興公社が賃借料を払って「扇町キッズパーク」に入居していて、その費用は大阪市の補助金を充当しています。補助金はほとんどが経常的な固定費なので、施設の管理運営費や事業費などは大半を入館料収入で賄っており、企業や団体からの寄付や協賛金はありません。

② キッズプラザ大阪の支出

支出は補助金充当分を除く人件費や清掃、インフォメーションに係る業務委託費、ボランティアへの実費弁償費などの「人的部門の諸経費」、展示物などの維持補修に係る経費、施設管理営繕費などの「物的部門の諸経費」、企画展やホール事業、プログラム系事業などの「事業部門の諸経費」、そして「広報宣伝営業費」に分類できますが、これら諸経費を入館料収入で支えています。

ガラスケースに入った博物館資料を鑑賞する一般的な博物館と違って、ハンズ・オン系の博物館では支出に占める人件費や展示物に係る経費の割合が高いといわれます。つまり人手が多く要り、物がよく壊れるということです。いずれにしてもキッズプラザ大阪の存立基盤は安定した入館料収入に尽きます。

(3) 市民参画型の施設運営

① インタープリター（ボランティア）制度

キッズプラザ大阪ではオープン当初から毎日二〇名以上のボランティア（登録人数約三〇〇名）が展示のフロアはもとよりスタジオやキッチンなど館内随所で活動しています。この制度はキッズプラザ大阪にとって貴重な財産です。一般に、施設の運営方針のなかにボランティアとの協働で館の運営を進めると謳っている施設は少ないでしょう。実態としては両者の協働・対等の関係性が着実に培われてきたとまでは言い難いですが、職員の側にボランティアを受け入れる意識・意義は根付いてきています。市民参画型の施設づくりといっても、理念やタテマエで理解できても日々の施設運営を協働で進めるとなると、職員の気持ちや意識の改革が求められます。キッズプラザ大阪でのボランティアとの協働の意味は、①チルドレンズミュージアムのコンセプト（ハンズ・オン展示）そのものがボランティアの存在を必要とする、②館と顧客（市民）との架け橋になる。時には市民の目で厳しい提案や指摘をする、③施設の自己満足や閉塞性を防ぐ、④ボランティアを通して情報やネットワークを広げる、⑤協働で新しい展示物やプログラムを研究開発する、などをあげることができます。

インタープリターは日々のフロア活動以外に「曜日リーダー会」（曜日単位でリーダーを選出、約二〇名）を自主的に組織し、活動に関わる諸問題や提案をキッズプラザ大阪と協議します。

また、五年で活動を卒業したインタープリターのなかで、引き続き活動を希望する人は「協力スタッフ」として登録し、キッズプラザ大阪のイベントやワークショップなどの事業に参画します。時には自主企画の事業を実施したりします。今ではキッズプラザ大阪で活動したインタープリターが、大阪の社会教育施設のボランティアとして活躍しています。

②学校園プログラム研究開発プロジェクト

学習指導要領の改訂に伴う「総合的な学習の時間」が平成一四（二〇〇二）年度に本格実施されるのに先立ち、これに対応して三年計画（一九九八年〜二〇〇〇年）で学校園プログラム研究開発プロジェクト（学識経験者、小学校・幼稚園の教諭、インタープリター、職員など）を立ち上げました。当時、このような学校の教育資源と施設の教育資源が出会い協働することによって新しい教育資源（教育プログラム、人的交流など）を創造する取り組みは画期的なことでした。一年毎に報告書にまとめ、研究発表会を開催しました。プロジェクトで開発した教育プログラムは、学校教育の教育課程の一環としてスタジオ（情報学習）やキッチン（食育）などで活用されています。

学校（幼稚園）との連携は、一般的な遠足や社会見学の域を超えて人と人（子どもたちも含めて）との組織的体系的なつながりを構築し、新しい資源（リソース）を創り出す営みに発展させることができます。そのことによって両者の教育の内容や方法論に影響を与え、変革のきっかけになるのではないかと思います。

⑷　来館者の推移と傾向

①集客数の推移

以下に過去一〇年間の集客数の推移を見てみます。

平成九（一九九七）年度から平成一八（二〇〇六）年度までの一〇年間の入館者累計は四三七万五、五六〇人、年間平均入館者数は四三万七、五五六人です（ただし、三歳未満は無料なのでカウントされていません）。初年度は四七万八、〇五六人（九ヵ月）で予想を上回る実績を上げることができました。次年度は数字の上では前年度より増えましたが、推計では二〇％ぐらい落ち込みました。集客施設の一般的な傾向はオープン次年度に大幅に減少するといわれています。三年目は四二万八、五〇六人とさらに減少しましたが、現実的な集客数の指標（目標数値）は三年目あたりが目安ではないかと思われます。平成一四年度に対前年度より増加していますが、これは六年目の展示更新の効果の表れです。

一般論として、集客施設はテーマパークや遊園地に見られるごとく、定期的な追加投資（新規のアトラクションや遊戯装置）を続けなければ集客数は漸減もしくは急減します。

一方、キッズプラザ大阪のような参加体験型の教育施設は、館内において常に満足できる「体験」と「参加」が保障される必要があり、この点か

表１　キッズプラザ大阪年度別入館者数（平成９年度～平成18年度）

年　度	総　数	大　人	小　人	幼　児
平成９（1997）	47万8056人	23万0857人	14万6974人	10万0225人
平成10（1998）	48万2028人	21万4873人	16万7878人	9万9279人
平成11（1999）	42万8506人	18万7515人	14万7065人	9万9279人
平成12（2000）	41万8253人	18万1491人	14万3364人	9万3398人
平成13（2001）	41万2449人	17万5315人	14万3112人	9万4022人
平成14（2002）	43万9005人	18万4701人	15万3706人	9万0598人
平成15（2003）	46万0697人	19万0841人	16万1114人	10万8742人
平成16（2004）	42万2065人	16万6626人	14万8986人	10万9166人
平成17（2005）	41万7493人	17万3053人	14万4680人	9万9760人
平成18（2006）	41万7008人	17万0444人	14万7975人	9万8589人

ら「適正入館者数」が求められます。しかしながら、入館者数（入館料収入）に依拠する財務構造である限り、損益分岐点（集客性と教育性のバランス）としての入館者数の設定が問われます。

② 高いリピーター率と滞在時間

アンケート調査では、リピーター率（再来度）が七〇％を超え、現状では安定した入館者の確保ができているといえます。リピーター率はその施設の魅力、人気度を示す指標です。対象年齢（〇～一三歳）の幅が狭く限定されていますので、営業戦略上、繰り返し来館してくれる顧客を増やすことこそが重要です。単純な計算では同じ人が毎年一回訪れると四〇万人の入館者の確保が可能なのです。そのためには、来館者に刷新感のある展示物とプログラム、居心地の良い環境とサービスを提供する工夫と努力が求められます。また館内での滞在時間（平均四～五時間）が長くなってきている傾向にあるのは、親や子どもにとって安心、安全、快適な場所として評価されている証左と思われます。

(5) 展示物とプログラム

① 展示系（ハンズ・オン）

以下のようなものが展示物の代表的なものです（二〇〇六年現在）。展示ゾーンは五階が主で

・五階〔ワンダーザウルスゾーン〕（「科学」に関する驚きの世界）
「かさねていろいろ」「風の要請」「電磁石さん」「動きだす絵」「だれの顔」「一発勝負」

・五階〔自然ゾーン〕（「自然」に対する驚きの世界）
「汽水域の生き物」「ワンドの世界」「淀川自然探検図鑑」「ミクロの世界」「アリコロカナギス」

・五階〔科学ゾーン〕
「じゃぶじゃぶポンプ」「人が入れるしゃぼん玉」「レインボースクリーン」「レースウエイ」「地球探検隊」

・五階〔体ゾーン〕（「体」に対する驚きの世界）

「ガイコツ自転車」「おおきなめだま」「ホネガシャ」「体の中をのぞいたら」「からだのおと」

・五階（コミュニケーションゾーン）（「コミュニケーション」に対する驚きの世界）「もしもしチューブ」「パラポラアンテナ」「エアーシュート」「わいわいスタジオ」「音響スタジオ」

・五階（文化ゾーン）（「文化」に対する驚きの世界）「世界のこんにちは」「かお・ＫＡＯ・カオ」「ワールドボックス」「多文化ひろば」「世界のことば」

・五階（社会ゾーン）（「社会」に対する驚きの世界）「こんなところラック」「こんなところボックス」「バリアタウン」

・四階（キッズストリート）「キッズハウス」「キッズマート」「キッズゆうびんセンター」「キッズせいびこうじょう」

などがあります。

チルドレンズミュージアムの展示手法は「ハンズ・オン」ですので、展示物との関係性は「体験」が介在することによって成り立ちます。遊園地の遊具（体験の画一性）とは性格の異なる展示物に対して、子どもたちがどんな関係を結んでいくことが望ましい体験（体験の多様性）なのか、その質が問われます。子どもと展示物との良好で有効な関係性を育むためには、展示環境（キッズプラザ大阪は区切られた室ではなく広いオープンスペース）が極めて重要です。同時にゾーン

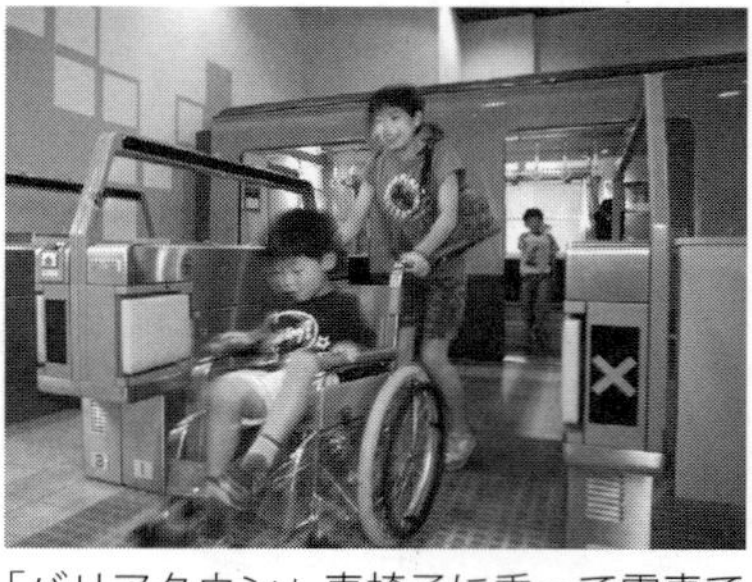

「バリアタウン」車椅子に乗って電車ででかける体験

「じゃぶじゃぶポンプ」ポンプを使って真ん中のタルに水をためよう

の全体構成のなかにおける展示物の配置、配列が重要です。

ハンズ・オン展示が成功しない要因は、一つは展示物や展示装置そのものの構造やしかけの完成度が低く、子どもたちから期待する反応を得られない場合と、二つめにはインタープリターのサポートによって質の高い体験が期待できるが、インタープリターが不在かその能力に弱さがある場合です。

さらに時代の変化に対応したテーマや学習課題を展示物として制作・提供していくために、計画的な展示更新が必要です。キッズプラザ大阪は五年後の平成一四（二〇〇二）年と一〇年後の平成一九（二〇〇七）年に展示更新と施設整備を行っています。

本物のレジもある「キッズマート」

②プログラム系（ワークショップ、工房）

たとえば、平成一八（二〇〇六）年度には以下のようなものを行いました（平成一八年度事業報告書調べ）

一　コーナー事業（展示物とのかかわりで実施する事業）

・自然・科学・体・コミュニケーションゾーン「自然観察会」「里山の小動物」「わくわく実験室」

・文化・社会ゾーン「ビックリリアン王国」「あそび小屋」「ガムラン」「多文化ひろば」など

・ピーカーブー「魔法の板〝カプラ〟であそぼう」「ポポジなじかん♪」など

・キッズストリート「ストリートオルガン」「お買い物スタンプ」「メニューの提案ボックス」など

・ライブラリー「愛の絵本展」「テーマ絵本特集」「手をつなげばみんな友だち」など

二　プログラム事業（ワークショップ、工房）

・わいわいスタジオ「テレビ番組をつくろう」「スタジオまつり」「クイズ番組」「あなたも音効さん」

・パソコン広場「ピッケのおうち　ペーパークラフト」「デザイン☆アートなちょうちんかざり」

・コンピューター工房「ロボカップジュニアへの道」「明日のダ・ヴィンチを探せ！」など
・パーティーキッチン「冷やしうどん」「赤米と黒米のおにぎり」「根菜汁」「おぼろ豆腐」など
・創作工房「みがこう！　つるすべの石」「いのちふきこめ！　Bu-Bu部品」「ぬりまっせ！　親方！」など

チルドレンズミュージアムにとって「ワークショップ」は「展示物」と共に車の両輪です。ワークショップ（プログラム系）は以下の三つの意味で重要であると考えます。

・ワークショップはチルドレンズミュージアムの使命である子どもの創造性を伸張させる取り組みであり、さまざまな体験を通して気づき、発見し、感動する喜びが、豊かな感性や、創造性を培います。現場の専門職員であるプランナー（契約職員）の資質や個性・力量に依拠するところが大きいです。
・施設の刷新感を醸成し、集客へ貢献する効果があります。一般的にチルドレンズミュージアムの展示更新の周期は三～五年といわれ、いくら魅力的で人気のある展示物でも陳腐化し劣化します。そのため、展示環境のレイアウトを工夫し、多彩なプログラムを提供するなど刷新感を醸し出して、いつ来ても新鮮で楽しい雰囲気を演出する必要があります。
・ワークショップは展示物と緊密に組み合わされ構成されることによって、展示物の価値やメッセージの理解を助け、学びを発展させる効果があります。

「コンピューター工房」ロボ

「パーティーキッチン」身近な食べ物を見て触れて作っていろんな発見ができるよ

3 キッズプラザ大阪の使命と存在意義

(1) チルドレンズミュージアムとしてのキッズプラザ大阪

キッズプラザ大阪の十年の歩みは、日本に誕生した本格的なチルドレンズミュージアムを、いかに育て社会的な認知を得ていくかという暗中模索の軌跡であったといえます。その過程は「博物館」の名称を冠しながら、従来の博物館のカテゴリーやイメージには当てはまらない施設を「博物館」と呼ぶのは詐称ではないか？「遊びや体験を通して学ぶ」をコンセプトとするチルドレンズミュージアムが、日本の教育土壌のなかで教育思想、教育理論からみて根付くのだろうか？ そのこと以上に親や子どもたちのニーズに応えられる施設なのだろうか？ といった不安や危惧、懸念を抱きながらの歩みでした。

アメリカでは一〇〇年も前に誕生したチルドレンズミュージアムは、今日では四〇〇館以上設置されていると聞きます。しかし、アメリカと日本では教育制度や教育事情、教育風土など子どもを取りまく社会的教育的背景も異なりますので、アメリカでの存在理由や必要性、機能がそのまま日本に通用するとは限りません。

日本でチルドレンズミュージアムに相当する施設は、青少年科学館、子ども科学館など科学系の博物館であると思われますが、チルドレンズミュージアムは科学系に限らず、文化、社会、芸術系なども包摂する幅広いジャンルの展示物とプログラムで構成されています。事業や活動に類似したところもある大型児童館とも違います。まして屋内遊園地ではありません。

チルドレンズミュージアムの原則を列記しますと、①対象年齢が概ね〇～一二、三歳である、②展示系では、「ハンズ・オン」という展示手法が採用されている、③プログラム系では、ワークショップや「工房」などが参加型で構成されている、④子どもの日常生活を取りまく多様な事象がテーマである、⑤地域の諸課題と連携した取り組みがある、⑥子どもと親が遊びや体験を通して学ぶ子どもと親のための博物館である、などをあげることができます。

キッズプラザ大阪は上記の原則をすべてクリアしていますので、チルドレンズミュージアムと称しても異論はないと思っています。

ところで、全国的に見て日本ではチルドレンズミュージアムが多く存在していません。なぜ日本に次々と誕生しないのかという理由を経験的にあげますと、①すでに児童館や科学館をはじめ類似の施設が存在している、②チルドレンズミュージアムは経費や人手が掛かり財政的に困難である、③チルドレンズミュージアムの存在意義が理解されておらず、また研究者も少なく「子ども施設論」などの研究テーマになることも稀有である、④チルドレンズミュージアムが「博物館」という既成のカテゴリーに馴染まない、⑤「ハンズ・オン」という思想が、博物館関係者以外のところで教育論的に検証されていない、⑥チルドレンズミュージアムの意義が国や自治体の教育文化政策レベルで論議されていない、などが考えられます。

(2) 今日的な状況とキッズプラザ大阪の使命と存在意義

今日、少子化時代のなかで子ども一人に消費される経費は増え続け、子どもをめぐるマーケットでは多彩な事業が展開され、競争は激化し顧客の奪い合いの感があります。テーマパークや遊園地はもとより科学館や大型児童館もさまざまなしかけを駆使して集客の確保が求められています。また、夏休みなど長期休業期間には、子ども向けの多額の経費を掛けた楽しいイベントが至るところで開催されています。家族連れで出かける場所や機会の選択肢は多様化し増加しています。過密化した市場で生き延びていくためには時代の風潮や流行を鋭敏に捉えた経営戦略が求められますが、このような時こそ施設の使命や存在意義が重要になってきます。

① 子どものための総合博物館としての使命

キッズプラザ大阪の使命は、「子どものための総合博物館」をめざして新しい「学び」と「文化（遊び）」を創造することです。すなわち、「遊びや体験を通して学びを創造する」新しいタイプの教育施設をめざすことなのです。少しオーバーな表現ですが、キッズプラザ大阪の挑戦は、十数年前には日本では不可能であると思われたチルドレンズミュージアムを日本で最初の本格的なチルドレンズミュージアムとして成功させ、可能性を実証することではないかと考えています。大型児童館でも青少年科学館でもなく、日本に類例のないチルドレンズミュージアムを実現させることが社会的使命であり存在意義なのです。つまり社会教育的な役割を明確にし、実践していくことを通して「新しいタイプの教育施設」としての存在性と価値を具現し発信することなのです。

② 子どもの文化を創造する子ども文化の拠点

キッズプラザ大阪が子どもの文化（芸術）に果たす役割は「伝承（継承）」と「創造」にあります。子どもの文化は、子どもたちが日々営む固有の生活様式であり、子どもの生きる力、生活を豊かにし発展させる力、コミュニケーションをする力、表現する力、感じる力などを培い伸長させる基盤となるものです。遊びは子ども自身が習得したり創り出したりして伝承的な遊びとして引き継がれてきましたが、近年、子どもたちの生活から時間、空間、仲間の「三間」が減少するとともに集団遊びも減少し衰弱してきました。

現代の子ども文化を支えているのは、テレビや携帯電話、IT（インターネット）、キャラクタービジネスなどメディアを媒介にして提供されるものです。そのため多様なメディアが氾濫するなかで、メディアリテラシーを習得する教育の重要性がいわれています。キッズプラザ大阪ではこうした子どもを取りまく文化環境や生活実態を認識しつつ、子どもの豊かな個性や創造性を育む文化を創造していくことが社会的な使命と考えます。

4 チルドレンズミュージアムの可能性——子どもと親のための博物館

以上、キッズプラザ大阪の十年の歩みを縷々述べてきましたが、その経験から確認したことを述べておきます。

チルドレンズミュージアムは、子どもの遊び場であること　近年、子どもたちの遊び場であった空き地や路地がなくなり、公園も安心、安全に楽しく遊べる場所でなくなったために、来館者は遊び場を求めて来られます。チルドレンズミュージアムは子どもたちにとってワクワクドキドキする遊び場であることが大事なのです。親たちが休憩していても、子どもたちは一人でまた友だち同士で額に汗して遊びに夢中になっています。伝承遊びもあればごっこ遊びもあります。体全体を使って遊ぶアスレチック系の展示物もあります。チルドレンズミュージアムはいつ訪れても自由に思い切り遊べる楽しい空間でなければならないのです。そのためには管理や規制を厳しくしないことです。キッズプラザ大阪の館内では禁止事項の表示はありません。また子どもたちが体験を主体的に選べるように順路を示す導線をつくっていません。

チルドレンズミュージアムは、親子（ファミリー）で楽しめる場所であること　キッズプラザ大阪の入館者数が多く人気のある秘密は、親子で、とくに低年齢の子どもと一緒に行ける場所だからです。「ピーカーブー」「キッズストリート」など乳幼児向けのコーナーが設置され、楽しい玩具や絵本が常備されているとともに、仕事体験やごっこ遊びが自由にできます。親子が一緒に遊んだり、時には親が子どもの遊ぶ様子を観察したりします。チルドレンズミュージアムは「ファミリー・ミュージアム」とも呼ばれているように、親と子が一緒に学ぶところであり、親と子のコミュニケーションを大切にするところです。

チルドレンズミュージアムは、遊びや体験を通して学ぶことの喜びを知る場所であること　キッズプラザ大阪は子どもたちに専門的な知識や技能を教えることに主眼を置いていません。遊びや体験を通して子どもたちの好奇心や感動、不思議の心が誘発され、学ぶことの楽しさ、面白さを経験するのです。何（WHAT）を学ぶかではなく、いかに（HOW TO）学ぶかということこそが「ハンズ・オン」なのです。チルドレンズミュージアムは子どもたちの日常生活に生起する多様な事象を学ぶ入り口であり、動機づけの場なのです。

チルドレンズミュージアムは確かに日本では新しいタイプの子どものための施設ですので、今までの「博物館」という概念やイメージでとらえきれないところがあり、施設や教育に関する発想の転換が求められるのかもしれません。チルドレンズミュージアムでは、従来の博物館などに期待する正確な知識や情報をしっかりと習得する「結果」よりも、学ぶ「プロセス」を重視し結果に対する基準的な評価を求めませんので、ただ子どもたちの様子を見ているとただ遊んでいるだけであって教育の場ではないと見えるかもしれません。それは、チルドレンズミュージアムが子どもたちの体験の「画一性」よりも「多様性」を大事にしているところからきているのです。

キッズプラザ大阪の十年の歩みと経験から見て、日本におけるチルドレンズミュージアムの可能性は、設立や運営にはハードソフト両面にわたってさまざまな困難な課題を克服していかなければなりませんが、その前提として上記の三つの事項について関係者が受容できるかどうかにかかっているのではないでしょうか。　【やまだ　りゅうぞう】

施設紹介

正式名称　こどものための博物館　キッズプラザ大阪

所在地　〒530-0025　大阪市北区扇町二-一-七

連絡先　TEL　〇六-六三一一-六六〇一　FAX　〇六-六三一一-六六〇五

URL　http://www.kidsplaza.or.jp

運営主体　財団法人大阪市教育振興公社

主な活動と機関誌・出版物　■参加体験型の子ども博物館（チルドレンズミュージアム）

・「キッズプラザ通信」（隔月刊）・事業報告書（毎年刊）

一言PR　日本で最大規模の本格的なチルドレンズミュージアム

8 子ども・若者と社会教育：今求められるユースサービス

水野篤夫

1 ユースサービスとは何か

最初にユースサービスとは何か、その発展過程から述べていきます。一方でユースワークという言い方がありますが、双方取り混ぜて用いられる場合が多く、厳密に区別して使うことはできないのですが、行政施策や民間団体の活動を総体的に述べる場合はユースサービスを、そのなかでの具体的な取り組みについていう場合にはユースワークを使っていきます。

(1) ユースサービスの展開

イギリスにおいてユースサービスは、一九三九年の教育省（Board of Education）通達によって公的なものとして位置づけられ、行政が青少年への教育の全体的充実を図ることが地方教育当局（LEA）の役割として明確にされたことで、その基礎を確立したといわれます。その後、第二次大戦後の混乱期を経て、一九六〇年代にユースサービスは大きく発展します。文部大臣の諮問機関であるアルブマール委員会が提出したレポート(1)で、ユースサービスの理念と目標を明確にし、一〇年計画でリーダー・指導者養成、ユースセンターの計画的設置、政策遂行を管理する中央機関の設置、それらに伴う資金の投入といった内容が盛り込まれるとともに、それが実施に移されていったのです。

続いて、六〇年代の一〇年を点検し次の課題を提示する新たなレポートが一九六九年に出されます。「七〇年代におけるユース・アンド・コミュニティワーク」というタイトルにも現れているように、従来のセンター中心のワークからの転換で、非参加の青少年へのアプローチを試みること、学校との連携の強調、年齢制限の緩和（従来は一四歳から二〇歳をその範囲としてきた）、ユース・アンド・コミュニティワーカーの養成などが提案されます。このレポートは、青少年の積極的参加（active participation）による社会作りという考え方や、コミュニティワークに支えられたユースワークの提起など、現在のユースサービスの流れにもつながる重要な内容を含んでいるといえます。ただ、その先進性の故もあるのでしょうか、必ずしも政府内部では、それが施策に位置づけられることなく、むしろいくつかの地方行政（LEA）において積極的に取り組まれるのにとどまってるといわれています。

さらにその後も、イギリスのユースサービスは決して万全な体制のなかで進んだとはいえず、慢性的な財源不足、根拠法の不明確さ、地域格差などの課題を抱えながら進められてきたというのが実態とされます。とくに、一九七九年からのサッチャー政権とそれに続く保守党政権の時期に、ユースサービスは強い逆風のなかにあったといわれています。しかも、一九九七年ブレア首相による労働党政権が登場しますが、必ずしもユースサービスに急に陽が当たるようになった訳ではありません。ブレア政権は「教育」を最大課題としていましたが、それは主に学校教育の水準引き上げを最重点課題とすることを意味していたのです。

一九九九年にイギリス政府は、白書「Learning to Succeed ~ a new frame work for post-16 learning ~」および「Bridging the Gap ~ new opportunities for 16-18 year olds not in education, employment or training ~」を発表しますが、その後のユースサービスのあり方にも大きく影響を与える内容が盛り込まれていました。教育や職業訓練を受けていず仕事にも就いていない一六~一八歳の青年が、同一年齢層の九％に達するという事実の指摘と、それに対する集中的な施策としてのコネクションズ（Connexions）サービスの提案です。言うまでもなくこれらの若者がＮＥＥＴであり、その後、日本に移入されて「ニート」という表現で取り上げられることになるのですが、ユースサービスもコネクションズに影響を受けたり連携しながら進められていくことになるのです。

⑵ イギリスでの実践～ユースセンターとインフォメーション・ショップ～

次に、イギリスにおけるユースサービスの現実の実践はどうなっているのか、筆者が管見したなかから二つの施設を例として取り上げてみたいと思います。

一九八九年の暮れに、日英青少年指導者セミナーの一員として、ウェールズ各地を一週間程まわる機会に恵まれました。その折に、ウェールズ南部の町カーディフの北イーリーユースセンターを訪問し、そこのマネージャー（当時はワーデンと称していた。施設の責任者である常勤ユースワーカー）のビリーから話を伺うことができました。イーリーという地域は公営住宅群からなる地区で、「スーパーマーケットも医者もパブもない」街だとビリーは言います。住民のほぼ三分の一が失業中で住環境もまだまだ整備途上。「〝ぼろぼろの環境〟と住民は言っている」という地域です。ユースセンターは古い建物で、いくつかの小部屋と、卓球台やビリヤード台のあるプレイルーム、ロビーなどを備えていましたが、たくさんの子どもたち（多くは一〇代半ばまでの子ども）がコンピュータに向かったり、卓球等で遊んだりしていました。

「ここでの青少年の抱える問題は、学校からのドロップアウトや非行ということであると同時に、家庭生活の存在しない子どもも多く、児童の性虐待や未婚の母になるティーンエイジャーも多いことなどだ。」

「ビールを飲むために男は生きている！　とここの男達の多くは言うんだ！」

そうビリーは私たちに語りました。多くの無職でやることもない男たちは生きる目的を見出せず、家庭を顧みず昼間から酒におぼれている現実があると。

「〝家庭の存在しない子ども〟に社会に関わる経験を与えることや、増加している児童虐待に対応することがワーカーの大きな仕事になっている。そのため、五歳以上の子どものプレイグループも開いている。」

「若者が集まる場としてのセンターを、伝統的な男女観と違う考え方を経験させるソーシャルセンターとしていきたい。」

「青少年交流でケニアやモロッコ、ドイツなどに行くツアーを企画している。野外の行事も年間三〇〇人くらいが参加している。新しいテクノロジーに触れるためにコンピュータ・ルームも作っている。」

ビリーは館内を案内してくれながら、そんな自分の取り組みの話をしてくれましたが、突然緊急の電話があり、「地域で児童虐待の事件が起こったのですぐに行かなければならない…」と言って私たちを残して出掛けていきました。こうしたユースセンターは、ある意味伝統的なイギリスのユースサービスの施設といえるのですが、単に子どもや若者を集めて仲間を作ったり遊んだりする場というものではなく、家庭や学校とは別の第三の安心できる場でありつつ、多様な価値観を伝える社会的学習をする場を志向していることが、ビリーの話から伺えます。同時に、ミルソンレポートに提示されている、コミュニティのなかでの若者に働きかけるユースワークが、こうした地方のユースワーク施設で行われていることの実例としても見ることができると思われるとともに、恵まれない条件の下で苦闘するユースワーカーの現実も垣間見る機会だったともいえます。

もう一つの施設は、イングランド中部のダービィ州（カウンティ）、チェスターフィールドという小都市にあるUNIT-10（ユニットテン）という小規模の施設です。この施設は、市内中心部の繁華街にあり、一見普通のお店屋さん風の構えになっています。「店」に入ると、壁にはさまざまなポスターやリーフレットが並び、気さくな感じの女性スタッフが向かえてくれる…。といった空間ですが、ここの機能は「support, advice, information for young people」という看板の通り、さまざまな困難に出会った若者に必要な情報を提供し、支援の機会を作り、アドバイスやカウンセリングを行うことに特化していて、若者が立ち寄りやすい立地でできるだけ気軽にサービスを受けやすいようにする施設といえます。(2) イギリスにおける若者を巡る問題は、学校からのドロップアウト、暴力、薬物乱用、子どもの頃からの喫煙や飲酒、エイズや性感染症、早くからの妊娠、失業、家を無くしホームレスになること、メンタルヘルスなど、多岐にわたっているといわれますが、若者にとって、一般的に行政からの支援サービスについての情報は得られにくいために、本当に必要とする若者が支援を得られないという状況があると、UNIT-10のユースワーカーは語っています。その上、家庭に居場所がなく家から出て暮らす若者や、学校でうまくやっていけず離れてしまったような若者（そうした若者こそ多様な問題を抱えがち）であれば、なおさら官民のサービスからは遠くなってしまうことは想像に難くありません。そうした若者にサービスを届けるための一つの方法として、各地にUNIT-10のような施設＝インフォメーション・ショップといわれる施設が設置されているのです。

(3) NYAの提示する目標観と方法論

次に、ユースサービスはどのような考え方と方法論をもっているのでしょうか。イギリスのユースサービスの方向性について、政府への政策提言やユースワーク現場への情報発信・提供、指針の提示を行っている公益機関である、NATIONAL YOUTH AGENCY（以下NYA）[3]が整理している、ユースサービスの目標観を取り上げてみます。

ユースワークとは何か？（What is Youth Work）

○ユースワークは、若い人たちが自分自身や他者、社会について、楽しさと挑戦や学びが結びつけられた非形式的な教育活動を通して学んでいくよう手助けをする。

○ユースワーカーは原則的には一三歳から一九歳の若者に関わるが、必要に応じてもう少し小さな年齢の子どもたちや二四歳までの若者にも関わる。

○その目的は、若者の個人的、社会的な能力開発を行って、コミュニティや社会全体のなかで発言し影響を与えることのできる場所をもつことを可能にしていくことである。

○ユースワークは以下のようないくつかの明確な価値観によって支えられている。

若者が役割を自ら選び参加できるものであること

若者の社会観から発するものであること

若者を尊重される存在として接すること

〝問題行動〟を矯正することを求めるより、若者の社会と関わる技能（skill）や姿勢（attitude）を開発することを求める

若者がより強い人間関係と共同体におけるアイデンティティを開発するための支援を行う

差違を尊重し価値あるものととらえる

若者が発言することを促す

The NYA Guide to Youth Work in England（2007）より（水野訳）

ここで掲げられているユースワークの目標観はどのようにとらえることができるでしょうか。まず、一点目にユースワークが「非形式的な教育」としてとらえられていることが押さえられる必要があります。前にも紹介したように、七〇年代以降ユースサービスはコミュニティワークとの関わりが強調され、ソーシャルワークとの関係性が強くなったと思われますが、しかしながらあくまでそこにおける基本は教育的な営みとされているということなのです。また、非形式的（informal）な教育という点で、学校教育とは明確に違いが提示されています。その上で二点目として、イギリスのユースワークの目的意識として、若者がコミュニティや社会のなかで発言権をもって決定プロセスに影響を与える存在として位置づけられるようにしようとしている点は、日本の「青少年健全育成」の考え方などと大きな違いがあると考えられます。この考え方もやはり七〇年代以降の、若者をコミュニティの成員として積極的に位置づけていこうとする考え方に発しているといえますが、学校・家庭・コミュニティからの離脱と排除などの結果として、問題行動を起こしたり、支援の対象となる若者が増えたことに対して、対症療法的に対応するだけでは効果が得られないことから、こうしたユースワークの考え方が出てきているといえます。

このことは、次のユースワークのよって立つ価値観についての表明にも現れています。若者が参加しやすい形での

ワークをめざすために、若者の見方に即した関わりから始めること、若者を下に見るのでなく、若者の発言や存在を尊重することが提示されているといえますし、共同体のなかでのアイデンティティ開発が重要だという考え方は、ある意味必然的な考え方ともいえるでしょう。ともすれば社会から排除されがちな若者を、そのままにせずに市民社会の成員として「包摂」していくために、ユースワークは彼／彼女らの積極的な参加を促しながら、その過程で職業人や市民としての学びの機会を提供していこうとしていると読むことができるでしょう。

(4) コネクションズとユースサービスの関わり

一方、前述したコネクションズ（Connexions）サービスは二〇〇〇年代に入って、多くの予算を投じて急速に展開されていきました。早くから、これらの動きを日本に紹介した沖田敏恵は、以下のようにこのことの背景を記述しています。(4)

一六歳以降の学習参加と成功は、それ以前の学校生活での成功と強く関連しており、怠業・退学の経験は、一六歳以降の学習継続に大きく結びついている。社会的に不利な条件下にある家庭の状況、困難な学校生活経験（いじめ、怠業、退学などの経験）は、一六歳以後の教育・訓練への低い参加率と達成度、さらに犯罪、薬物乱用、健康問題その他のさまざまな問題と強く結びついている。若者が複数の不利な条件下にある場合、問題はさらに深刻になる。そしてこのような困難な状況にある若者を放置することは、その若者の次の世代へと問題を継承させ、さらに解決困難な長期にわたる問題として、社会経済的コストとともに社会全体にも継承される。

コネクションズは、就労支援や職業訓練施策、他の支援施策とユースサービスを結びつけて、支援を一つに統合することをねらったものとされます。その結果、ユースサービスの上記の目標設定にも大きな影響を与えています。「若者の社会と関わる技能（skill）や姿勢（attitude）を開発することを求める」という点に、それは大きく表れています。以前にはこうした若者にとっての社会適応を目標として明示する考え方は、ユースサービスにおいて強調されなかったのですが、若者が経験を通して学んでいくというだけでなく、より具体的な「社会的スキル」「態度・姿勢」を獲得するという目標が掲げられる必要が出てきた訳です。コネクションズにおける中心的な考え方は、個別の若者に応じた支援のできるよう、パーソナルアドバイザーという専門職を配置することと、関連機関のネットワークによる対応（マルチ・エージェンシー・チームの編成など）総合的な窓口作りという点にありますが、この新しいサービスは日本にも徐々に紹介され、近年の若者の支援策にも反映されつつあります。[5] 先に例としてあげたインフォメーションショップは、そうしたサービスの発想の元となるものだった可能性がありますが、いずれにしろコネクションズサービスへの評価と、ユースサービスとの関連性については、これからの展開を待つことになるでしょう。

2 日本への紹介と導入

こうしたイギリスのユースサービスは、七〇年代以降日本に紹介され、各地でさまざまな影響を与えていきます。ユースサービスについて触れた主な論文は注の一覧のようになりますが[6] 一九九〇年代以降、あまり目立った取り上げがされていないといえます。また、多くの論考がイギリスのユースサービスにとっての大きな節目を形作ったアルブマールレポート、ミルソンレポートの紹介と、指導者養成についての紹介を中心としているという二点が特徴です。こうした研究や紹介に基づいて、どのように日本でユースサービスが取り入れられてきたのか、以下に施策レベルでユースサービスの考え方や方法が取り入れられた主な事例をいくつか取り上げたいと思います。

(1) ユースサービスの紹介～神戸市、大阪府などでの紹介と導入～

まず、自治体レベルにおけるユースサービスの紹介や導入の例として、最初に神戸市を取り上げます。神戸市においては、市の青少年行政の基本計画である「こうべユース・プラン」（一九八二年）において、以下のようにユースサービスの考え方が取り上げられます。

これまでの青少年対策にみられがちの非行防止的な観点から脱却して、青少年の自発的活動を喚起し、積極的な社会参加をうながす〝ユース・サービス〟の観点への発想の転換が必要である。

個々の青少年がみずからを大切にし、同時に、仲間との協力や社会への貢献の重要性を理解しうる人間に成長することをめざした〝ユース・サービス〟こそ、これからの青少年施策の主軸であらねばならない。

「はじめに」での梶真澄策定委員長のことば

その後、一九八六年の「青少年育成中期計画〜ユースサービスの指針」においても、「一人ひとりの青少年が未来に希望をもち、自立と自己実現ができるよう、青少年の主体性を尊重しながら、その成長発達を援助することを目的とした青少年育成施策――ユースサービス――を総合的に推進する。」とされ、その後の計画（現在第五次中期計画まで策定されている）[7]においても「ユースサービスの理念の継承」は掲げられています。

次に大阪府におけるユースサービスの展開を紹介します。大阪府では、外郭団体である「大阪青少年活動振興協会」（一九六〇年発足：一九九三年「大阪府青少年活動財団」に改組）が、ユースサービス大阪という通称の下で主な青少年施策を委託されて実施していました。大阪の青少年活動の特徴は、野外活動を通した育成活動が非常に活発であったことで、充実した野外教育施設が建設されていきました。そこにおいては、小集団活動を基盤としてアメリカ流のグループワークの方法を用いた事業が展開されてきたのですが、都市型の青少年施設はそうした流れと別な考え方で運営されていました。[8]そうしたなかで、ユースサービス大阪が用いた「ユースサービス」は実は、これまで述べてきたイギリス流の考え方に基づくものではなく、青少年への支援（＝SERVICE）一般を指した言葉であり、アメリカ的な概念をベースとしたものであったようです。ユースサービスの受けとめを巡って、財団幹部は以下のように語っています。

「グループワークの方法をベースとして青少年の主体的な活動を支援しようとする〝イギリスのユースサービ

ス〟の考え方は、われわれがやってきたことと違わない。」

「格別に（イギリスの）ユースサービスのやり方や考え方を意識して事業をやっている訳ではない。[9]」

しかしながら、名前が実を変えていくように、とくに指導者養成のなかではイギリスのユースサービスが紹介され、それを通して、イギリスのユースサービスの考え方や方法が、大阪の青少年施策に影響を与えていきました。そのことは後に述べます。

(2) 京都市でのユースサービスの導入

京都市では、一九六〇年代後半から、行政と民間青少年団体との共同での指導者養成の講習会が開催され、施設的にはサークル活動の場としての「青少年ルーム」、野外活動施設等が設置されました。そこでの青年の「サークル」活動や野外のボランティア活動をベースとして、七四年「京都市ユース・サービス委員会」が発足。その後八八年になって本来のユースセンターとしての「青少年活動センター」が設置され、同時に委員会は㈶京都市ユースサービス協会として法人化されました。一方、京都市は青少年行政と別のセクション[10]が、七カ所の勤労青少年ホーム（青年の家）を設置しており、勤労する青少年を対象とするという限定のなかで、一〇〇あまりの青年サークルが活動し、館内外のさまざまなレクリエーション行事、講習会、セミナーの他、相談業務（カウンセリング）が行われていました。七四年のユース・サービス委員会発足において、理念的なベースとなったのが、京都市青少年問題協議会が提出した意見具申「京都市における青少年育成の基本的方向」（七三年一一月）ですが、そこには、従来の非行対策、健全育成策からユースサービス（ユース・サービス）への転換が明確に唱われていました。

「従来の青少年対策をふり返ってみると、戦後の青少年対策は、非行対策から出発した、まさに対策的発想に基づいており…（中略）…なるべく有害環境に接触させせないための消極的方策がとられてきた。」

「この時点（高度経済成長後：筆者）において、青少年対策の基調は、従来の非行対策から「健全育成」へと変化した。ところが何をもって健全と見なすか、育成とは何かについては、はなはだ漠然としており、その内容や方向は非常にあいまいである。」

「一九七〇年代の青少年対策は、新しい理念に基づいて行われなければならない。それは、もはや非行対策、健全育成ではなく、ユース・サービス（青少年援助）と呼ぶのがよいだろう。」

「京都市における青少年行政の基本的方向」（二〜三頁）

以後、市の青少年行政にとってユースサービスの考え方は基盤とされてきたのですが、九三年六月に発表された「京都市青少年育成計画」によって全市的な位置づけとして確認されるとともに、九五年になってばらばらの考えで進められてきた施策がユースサービスという一つの考え方で展開される体制が整っていきます。

3　ユースサービス取り入れの意味するもの

ところで、こうしたイギリス流の青少年施策の取り入れはどのような意味をもっていたのでしょう。上杉孝實は、国の青年教育施策において、宿泊型施設での「規律遵守」価値の提供によって社会秩序への青少年の繰り入れがめざされたが、その後の青少年の脱社会的傾向の強化に対して社会参加の唱導の必要性が生まれ、青少年の意思や感情に焦点を当てて集団への包絡をめざすものとなっていったと分析します。官僚制社会に適応した青少年の育成、社会への包み込みが施策として追求される一方で、日常圏の青少年施設展開は不十分な状態となっていて、イギリスのユースサービスが、コミュニティワークとの関連づけを深めていったことと対照されます。また、ユースサービスの紹介や導入が、青少年の社会参加が促されることの背景にある政策意図に対しての分析や批判を欠いていることも示唆しています。[11]

こうした上杉の青少年教育施策の変遷研究につながるものは、必ずしも多くないように思われますが、田中治彦らによる、『子ども・若者の居場所の構想』の仕事があります[12]。そこで田中は、一九七〇年代を通じて、順調に会員数や団体数を伸ばした全国的な青少年団体の活動が、八〇年代初め頃にピークを迎えながら、その後急速にその数を減らしていくデータも見据えて、子ども・若者の集団離れを指摘します。そのこととも関連して、青年の家など宿泊研修施設や、勤労青少年ホームなど個人の集団参加を促す都市型施設など集団指導施設の青年による利用が減少し、施設のあり方についての模索が各地で行われることになるとし、その例として、プレーパークや東京都の青少年センター、京都市の青少年活動センターなどをあげます。東京都の青少年センターでは、ロビーワークと名付けられる働きかけの方法で、センターにやってきた子どもたちがゆっくり〝たむろして〟いることができる空間としてロビーを運営し、そこで気軽に相談をもちかけたり雑談したりできる形で、専門スタッフが配置されるという点が注目されています。そうした、必ずしも子どもや若者を「集団化」することをめざさない「場」の意味が、「居場所」という言葉で表され、徐々に若者にとっての居場所作りの支援という形での、施設づくりや団体の活動が拡がっていくのです。そして、そのような従来の青少年健全育成の指導者像の限界を超えることを期待して、ユースワーカー養成が何度も試みられることになるといえます[13]。

こうした流れのなかで、単に目新しい青少年施策としてユースサービスの考えが導入された所では、上杉が指摘するような、若者の分離と日常生活世界への再統合という課題に向き合うことがなされず、だんだん施策として縮小されていきます。問題のない子ばかりを相手にし、その無批判な「社会参加」を促そうとする活動にとって、問題を抱えた若者に積極的に関わり批判的参加を構築しようとするユースサービスの考えは、必ずしも好ましいものととらえられなくなったからともいえるでしょう。

4　ユースワーカー養成制度の模索

ユースサービスの日本への紹介において、全体的な青少年育成についての考え方としての紹介・導入という面とともに、指導者養成のあり方としてのユースワーカー養成制度の導入という側面も取り上げる必要があります。ユースワークが「非形式的」な方法である以上、どんな状況認識をし、どんな課題設定をするか、どんな手法を用いるか、というすべての段階において、ワーカーの適切な判断と行動の能力が求められ、それが伴ってこそユースサービスの理念は生かされもし、〝計画倒れ〟にもなり得るからです。日本において、青少年活動指導者といわれる存在は幅広く存在していますが、専門職であったり高い技能を身につけたと認められる指導者は必ずしも多くないし、それに伴う資格も未だに整備されてはいません。(14) そのことにも関わって、これまで何度かユースワーカーの養成やその考え方を参考にした専門職・専門スタッフ養成の試みがなされてきました。

(1)　専門職養成の試み～先駆的な専門指導者養成コース＝勤労青少年指導者大学講座～

一九七六年、労働省（現厚生労働省）がイギリスのユースワーカー養成制度をモデルとして開設したのがこのプログラムです。この事業は九八年まで継続され三〇〇人余りの修了生を送り出しています。特徴としては、①一年制の指導者養成の専門コース、②大学新規卒業を入学資格とする、③入学者に一定の手当支給がされる、④企業での実習なども含め、実習が重視されている、⑤グループワークやレクリエーション指導など具体的な活動スキルの習得を重視している、⑥勤労青少年ホームや企業の勤労者福祉担当者、行政職員といった関連職に就いていくことを想定する、といった点で、本格的な専門指導者の養成を目指したプログラムとして先駆的なものだったといえます。しかしながら、定員が充足しにくくなったこと、本来的な養成の目的である勤労青少年福祉の現場（行政機関、施設や企業の福利厚生部門）への就業の比率が減ったことなどの理由から閉鎖を余儀なくされました。(15)

(2) 大阪府における専門指導者養成の試み

大阪府は、一九七九年に大阪府青少年活動財団（前出）に委託して、青少年活動の専門指導者養成のためのコースを設置します。受講対象は青少年関係機関の職員、青少年団体の職員、または将来専門指導者をめざす人で、合計一二〇時間、数回の宿泊研修を含む半年間のコースでした[16]。このコースは形を変えながらその後二〇〇〇年まで継続して実施されました。感受性訓練やグループワークトレーニング等、今でこそ当たり前になったワークショップ形式のプログラムを含み、指導者としての自己理解と、若者と関わる場面におけるスキルの理解を重視していた点で、従来の指導者養成の内容と一線を画す充実した内容をもっていました。しかしながら、このコースも各青少年団体の指導者の力量形成に役立ってきたことは確かですが、専門職養成としては不十分さをもったまま終了しました。

(3) ボランティアベースのユースワーカー養成の取り組み

愛知県では、二〇〇一年から県内のさまざまな青少年活動の現場で活動しているリーダー層を対象とした、「ユースワーカー養成講座」を開設し、以後三年にわたってボランティアとしてのユースワーカーを養成しました。三年間で八七人がコースを修了し、それぞれの活動場所での活動につなげるとともに、登録を経て地域などからの要請に応じて指導者として派遣する制度によって、各地の活動に「ユースワーカー」として協力しています。また、東京都でも、都青少年問題協議会の答申を契機に、一九八八年「東京都ユースワーカーシステム検討委員会」が設置され、二〇〇〇年にはユースワーカーの導入と養成について報告書を取りまとめるとともに[17]、「青少年指導者（ユースワーカー）養成講座」が始められましたが、東京都の青少年施策の転換に伴い終了しています。その他、大阪では、先にあげた大阪府青少年活動財団が、二〇〇一年から財団専属リーダーとしての経験をもつ者を対象として「ユースワーカー養成講座」を始めます。「大学四年間のフィールドワークと野外活動やレクリエーションのスキルとユースワーカー養成講座の受講実績を基にユースワーカー認定[18]（準専門職）」をしていくものです。

⑷ これまでのユースワーカー養成の評価

日本各地における、これまでのユースワーカーやその考えを基にした専門的人材養成について例をあげて説明してきましたが、そうした取り組みがありながら必ずしも「ユースワーカー」という名称とその役割についての社会的な認知は拡がっていません。その理由としては次のような点が考えられます。①養成されたユースワーカーが、社会的な課題の解決に必要欠くべからざる役割を果たしていると見なされていない。②格別の知識と技術的な専門性を有していると見なされていない。③養成プログラムが適切かつ高度なものか評価が未形成である。④採用や活動の選択、行動についての必要な自律性をもっていないし、そのための制度的基盤が弱い。⑤「ユースワーカー集団」が十分成立していないことと、資格取得後の研修の機会の保証がない。

愛知県のコースを見ても、受講者が派遣される場というのは、一過性のイベントのように、継続的に長期で関わる場は無く、レクリエーションワーカーとしての意味合いで期待されていることが多いようです[19]（①②）、講座の内容も回数・時間数はそれなりにあるのですが、やや「一回読み切り」の細切れの内容になっていて、ワーカーとしての自己理解や価値観の枠組みをとらえ直すレベルのものとはなっていないきらいがあります（③）。大阪府の専門指導者コースにおいても、コースの企画に中心的な役割を果たした一人である長尾文雄は以下のように述懐しています。

「研究コースは募集対象を青少年団体の専任職員とボランティア指導者で、数年以上の経験を持っている人を想定していた。しかし蓋を開けてみると想定した参加者は三分の一。…（中略）…中には、一応ボランティア活動はしているが、その団体で指導的な役割を担っていなかったり、まったく青少年活動のフィールドを持たない人も含まれていた。[20]」

こうしたコース企画者の述懐は、指導者養成の理念と実際の展開における乖離の問題を端的に述べたもので、①や②の問題を生み出す原因を指摘するものとなっています。「勤労青少年指導者大学講座」についてはユースワーカー養成ととらえるならば、一番の弱点だったといえるのが④の点だと思われます。大学卒業後、一年間にわたり充実したカリキュラムを履修しながら、必ずしもそれを生かせる職に就いている修了生の割合は高くありません。[21] とくに一番の供給先であったはずの、各地の勤労青少年ホームで働くためには、たいていの場合、当該施設を所管する市町村の公務員とならねばならず、異動せずにホームだけに勤務することも、ましてや他都市のホームでユースワーカーとして働く可能性はほとんどなかったのです。[22] 各地の養成は、「一回完結型」になっていて資格取得後の活動の場においては、ワーカー集団として活動するのではなく、ほぼ一人ずつでそれぞれの場において活動することとなっていることも、ワーカーの自律性を制約する要因となっているとともに、スーパーバイズや実践の省察の機会が制度化されていないために、ワーカーとしての固有の役割と力量を省察的に経験として積み上げていくことをできにくくさせているといえるでしょう（⑤）。

上杉は、社会教育職員の養成と関連させながら、社会教育職員の幅広い領域にまたがるとされる専門性とは明らかに異なる、ユースワーカーとしての専門性が確立されず、そのことにより（青少年活動専門指導者の）独自の養成が進みにくかったのではないかと指摘しています。[23]

それでは上記のような、これまでのユースワーカー養成の制約を乗り越えて、日本におけるユースサービスを構築していくためには、どのような取り組みが必要でしょうか。以下に述べていきたいと思います。

5　日本における可能性

これまで日本に紹介されてきたユースサービスの方法や指導者養成の考え方が、どのように実際の青少年（育成）活動のなかに生かされてきたのか、水野が関わってきた京都での事例は次章で大場が紹介していると思います。具体例としてはそちらを読んでいただければと思いますが、ここではユースサービスの核となる方法、つまりその独自性はどこにあるのかを考えてみたいと思います。

(1) ユースワーカーの専門性〜五つのユースワーカーらしい考え方〜

ユースサービスにとって、ユースワーカー（ボランティア・有志のワーカーから、プロフェッショナルなワーカーまで含んで）がどのように考え、活動するかということはその根幹をなす部分です。どれだけすばらしい計画が作られていても、どれだけ良いプログラムが組まれていても、それが実現されるためにはワーカーの関与が適切に行われる必要があります。もちろん若者自身の主体的な行動が重要な要素であることは当然ですが、それすら単に待っていて生み出されるものではありませんから。

それでは、以下にユースワーカーが、従来いわれてきた「青少年活動指導者」と異なるのはどのような面なのか、他の学習支援や対人援助者と異なるのか、考え方を示したいと思います。教師の専門性についてさまざまに考察し、省察的実践者としての教師像を提起している教育学者の佐藤学は、ある専門職が専門家たり得る上で、その「専門家らしく考えることができる」ことが重要だと指摘しています。[24] たとえば弁護士が専門家として働くことができるためには、「弁護士らしく考える」ことができることが必要だという訳です。その論を借りるならば、ユースワーカーは「ユースワーカーらしい考え方ができる」ことが必要であり、その専門性の基盤となるということができます。ユースワーカーらしい考え方について、水野は以下のような五点にまとめています。[25]

① 常に若者の側に立って考えようとすること。問題をもった若者にこそ手助けが必要だと考えること。社会的な文脈のなかで若者を見ること。

② 関わる人々の属性や外見（職業や年齢、性別や文化的背景、信じる宗教、信条、容姿、障害の有無など）を無前提的に受け止めないで偏見なく見ようとすること。

③ 個人と集団、社会システムの間の葛藤や矛盾、対立の中にこそワーカーとして関わるべき焦点があると考えること。

④ 常に実践の中で、自らの持っている枠組み・価値観・感情をふり返って見直していこうとすること。

⑤公共の利益のために自らの力を誠実に用いようとすること。

ユースワーカーにとって、他の専門家（専門職）と異なる点の第一が①の部分です。たとえばソーシャルワーカーは、支援を必要とする対象の「最善の利益」「ウェルビーイング」のために働きますが、ユースワーカーはあくまで若者が〝若い〟からこそ関わります。つまり若者がおとなへと成長・移行していく過程を支える、後押しすることが目的なので、「まず」若者の立場から支援について考え始めるのです。と同時に、若者が何か〝問題〟や課題に直面したときにこそ、積極的な支援がユースワーカーに求められます。そのためには、単に目の前の個々の若者の状況を見ているだけではなく、社会システムのなかでの若者の位置や状況を視野に入れた上で関わりを構想していく必要があるのです。第二に、ユースワーカーは決して「聖人」ではありません。むしろ〝矛盾や弱さ〟をもった存在です。しかし、ユースワーカーには、そうした弱さや自分のなかの矛盾したものを、ちゃんと自覚して、若者との関わりのなかで使っていくことができる必要があります。②にあるように自分のもちがちな〝偏見〟に気づいていること、自分の価値観の枠組みを突き放して観ることができることです。第三に、若者の問題に直面したとき、ワーカーはさまざまな葛藤に晒されます。地域のおとなから「若者ばかりなぜ優遇するのか」「やんちゃな若者をもっと〝指導〟してくれ」などと言われたとき、若者の違法な行為（たとえば未成年者の喫煙や無免許のバイク運転等）に直面したときなど。そんな時にこそ、若者とそれを取り巻く（おとな）社会との矛盾の間に立って、その矛盾や対立に応えていこうとすることが、ワーカーの「ワーカーらしい」考え方だということになります。矛盾する当事者の間に立ったとき、一方の側に明確に立ってしまえば、両者を媒介する役割は果たしにくくなります。しかしながら、多くの場合、社会的には〝弱い〟立場に立たされる若者の言葉や思いに敏感に波長を合わせて、その表現や言語化を手助けしていく存在が必要になると考えられるのです。

第四に、ユースワーカーには④で述べるように自分の考え方の枠組みや価値観を折に触れて見直すことが求められます。周囲のおとなからの指摘ばかりでなく、「なぜおとなはタバコを吸ってよくて若いとだめなのか」、「なぜ中学生だと恋愛は不純と言われるのか」といった問いかけ、「あなたは私よりあの人の言うことを聞いている！ ひいきでは？」といった若者からの指摘にどのように応えていくのか、自らに問い直すことを迫られるのです。そういった、問いかけ、投げかけられる疑問に誠実に応える姿勢、若者に求めるのと同じように自らの価値観・判断の枠組みを問い返す姿勢そのものが、若者の変化を促す力となるのです[26]。そして①から④すべてに関わって、自らの人格全体を通して、社会の利益のために働こうとするのがユースワーカーなのだといえます。

(2) ユースワークの方法

上記で述べたユースワーカーの専門的な力は、これから述べるようにユースワークの方法のなかで表現されていきます。先に紹介したイギリスのユースサービスのとらえ方において明らかであったように、ユースサービスにおけるワークは個々の若者に関わる活動、若者のグループに働きかける活動、若者と社会システムやコミュニティとの関係を改善する活動という三つの層を含んでいると考えられます。日本における多くの青少年施策や活動において、集団としての青少年に働きかける方法が主流であった訳ですが、個々の若者への理解に基づいた支援や変化の促しの過程を欠いた場合、上杉が指摘するように、社会の側が求める価値への適応を集団の圧力を用いて進める活動になる可能性をもっています。グループワークや感受性訓練、ワークショップなどの方法も実際の活動の場面においてはその危険性を逃れ得ないといえるでしょう。そこで、若者を社会的な背景のなかでとらえる、もしくはコミュニティの成員としてとらえて、そこにおいて個々の若者の成長を図る、若者のグループと社会システムの関係を調整する関わり方が必要になります。若者の「居場所」づくりを支援するような、近年の青少年施策・活動の流れへの変化のなかでも、単に若者個々の「一時的避難」と「復帰」だけを見ていたのでは、若者の課題や抱える問題を個人化してしまうことになりかねません。しかしながら、逆に若者個々の問題を捨象して社会への適応ばかりをめざしたり、問題を社会の責任に帰すばかりでは現実の若者の生きづらさは解決されることになりません。

そこで必要なのは、三つの層を別々の働きかけとするのでなく、連関させながら若者をとらえ、関わりを構築することだといえるでしょう。上杉は、『生涯学習時代の指導者像』において、[27]生涯学習関連指導者の種類として、学習活動促進者、学習内容提示者、学習集団運営者という三つの機能による分類を提示しています。ここでの生涯学習というものをユースワークまで含んだものとしてとらえるならば、ユースワーカーの果たすべき機能とも重ね合わせることが可能だと思います。そうすると、ユースワーカーは若者を対象としながら（若者を支援する人も含めて）、プログラム活動という「学習」の契機を含んだ内容を提示する役割と、グループ活動の組織と運営という「学習集団」運営者としての役割、若者が学んでいくための条件を整え、ワークの効果的な発展を促す役割という三つの側面に関わる可能性が考えられるのですが、上で述べた個々の若者への関わり、若者のグループへの関わり、若者を含む社会システムへの関わりという三つの働きかけの「層」と重ね合わせて考えるならば、有給専従のユースワーカー、関連した職の人たち、ボランティアワーカーが連携・機能分担しながら、上杉の三つの「機能」を、三つの「層」において展開していくという、ユースワークのイメージが提示できるのではないかと思います。近年ようやく、そうした包括的な支援の専門職としてのユースワーカー養成も始められています。[28]

(3) 今なぜユースサービスか～新たに迫られている取り組み～

それではユースサービスの考え方や実践方法を日本において取り入れることの意味はどのように考えられるでしょうか。従来の日本の青少年施策において、宿泊研修型の青少年教育が限界を示すと共に社会教育の青少年事業の場に中高生を始めとする若者が集まらなくなったことは先に述べました。また一方、青少年に対して、「健全」育成策と非行対策が首長部局や警察行政によって担われてきたのですが、ともすれば健全な若者に対してはより「健全」となる施策が提供され、問題行動を起こした若者には対症療法的な対策が提供されるものとなっていたといえます。それらは、いずれも理念的な裏付けや効果の検証に基づいた展開の面で弱さをもつとともに、若者を取り巻く社会的な状況への働きかけの面でも不十分さをもっていると思われます。

現在の若者を巡る問題に対して、「いじめ」問題は学校が、虐待については児童福祉行政が、ひきこもりについては保健行政が関わる、非行を犯した若者は警察が関わるというように、若者を巡ってさまざまな行政セクションが担当し、さまざまな活動が取り組まれるのですが、そこに施策や活動の重複と「隙間」があります。学校を卒業や中退した子ども、一八歳を過ぎた若者、保護観察や更生施設から戻った少年・少女は、それまでの支援機関から離れるのですが、そのまま社会に放り出されることも多いのです。こうした個別の取り組みの限界を超えるためには、子どもがおとなになるまでのプロセスを包括的に支援する考え方が必要となるでしょう。また、学校や家庭でうまく適応してきた若者だけが、より上手に青少年育成活動などの機会に参加していくのに対して、不適応を経験した若者ほどそうした社会資源の使い方を知らなかったり、存在すら知らないままに置かれるという偏りがあると考えられます。さらに、若年失業の増加、「フリーター」、派遣労働者のように不安定な雇用下に置かれる若者が急速に拡大したこと、「ニート」問題の提起[29]のように無業状態の若者が「増えている」との指摘から、従来の青少年問題では中心テーマにならなかった、「就業支援」「職業的自立支援」が、二〇〇〇年代の大きな課題として取り上げられつつあります。学校を卒業して、就職していずれ結婚して子どもをもち…という移行へのコースが〝消えてしまった〟のです。

(4) 移行期を支える営みとしてのユースサービス

そんな状況を考えたときに、これまで述べてきたユースサービスの考え方と方法が今なお有効性をもっていると思われるのです。ユースワーカーの専門的能力に媒介され、三つの層での関わりを構築しながら、ユースワークが目的としているのは、子どもからおとなへの若者の移行を支えることです。このことについて、教育学者の宮崎隆志は「(ユースワークは)企業を頂点とする世界を若者が主体的に構成(批判的再構成も含む)できるように、学校・家庭・地域からなる世界において若者が獲得し形成した知識・技術・能力・人格を、転移する援助を行う」ことであり、ユースワーカーはそこにおける専門家であるとしています[30]。子どもや「学生」としての世界から職業的世界への〝境界横断〟のための支援ということです。イギリスのユースサービス（ユースワーク）の目的のなかで、「若者の個人的、社会的な能力開発を行」って、コミュニティへの（再）統合をめざそうとしていることと重なり合うでしょう。ユースサービスという考え方の独自性をもう一度まとめ直すと以下のようになります。

①子どもからおとなへの移行という過程において、若者に必要な支援を行う包括的な取り組みであること。
②若者の文化や価値観・世界観を価値あるものとして、そこから関わりを組み立てること。
③若者の「問題」を社会的な文脈のなかでとらえて、個別的な支援、グループ活動を通した支援とともにコミュニティや社会の一員として若者が参画していくことをめざしていること。
④いずれの面においても若者を中心に位置づけた取り組みであること。

子どもや若者を育てる力と意欲をもった家庭に育ち、元気のある、自発的に経験の機会を求めてくる若者ばかりでなく、育ってくる過程でさまざま課題を負ったり、つまずいてきた若者や、自らは社会的な活動の場に参加してこない若者を視野に入れていくこと。そして、コミュニティのなかで生きていくための力を得られるような支援を行っていくことが求められるのであり、ユースサービスの考え方や方法は、今後の日本における青少年育成施策、活動において極めて重要な観点を提示するものと思われるのです。その場限りの「対策」や、行政・おとな社会の都合だけで構築されたような「施策」ではなく、若者の生活する場における地道な関わりを土台にした、青少年施策や青少年を支援する活動が積み重ねられていけるよう、青少年「健全育成」や非行「対策」を超える、ユースサービスの考え方と実践が日本において展開していくことを願って、この章を閉じたいと思います。

【みずの　あつお】

注

（1）一九六〇年二月に議会に提出された。アルブマール（Albemarle）は、引用によってアルバマール、アルベマールなどと訳されているが、以下では便宜上アルブマールとしておく。

（2）筆者が訪れたのは二〇〇〇年一一月。

（3）The National Youth Agency（ＮＹＡ）は一九九一年設立された公的機関。本部はレスター市にある。ユースワークに関する調査研究、情報収集・提供を行い、政府機関などに政策提言を行うと共に、各地のユースワーク現場への支援を行うことを目的としている。Local Government Association および政府からの基金等を基にしている。

（4）沖田敏恵「社会的排除への認識と新しい取り組み――コネクシオンズ・サービス」『ＪＩＬ資料シリーズ　諸外国の若年就業支援政策の展開』日本労働研究機構（現労働政策研究・研修機構）二〇〇三年、八八頁

（5）内閣府がまとめた「若者の包括的な自立支援方策にかんする検討会報告」（座長：宮本みち子）二〇〇五年六月では、「ユースアドバイザー」の配置を提言し、二〇〇七年にはその養成・研修カリキュラムについての検討が進められている。

（6）一九七一年　諸岡和房『社会教育東と西』／一九七四年　柴野昌山「イギリスにおける青少年育成事業（ユース・サービスの展開とその構造」（京都大学教育学部紀要No.二〇）／一九七五年　坂口順治「イギリスにおけるユース・サービスの展開とその構造」（京都大学教育学部紀要No.二〇）／一九七五年　坂口順治「イギリスにおけるユース・サービス）に関する研究（労働省婦人少年局年少労働課編）／一九七五年　金谷敏郎「イギリスのユースサービスの課題」（『青少年問題』二二巻六号）／一九七六年　金谷敏郎「イギリスのユースサービスの方向」（『青少年問題』二三巻一号）／一九七七年　青少年育成国民会議編「七〇年代におけるユース・アンド・コミュニティ・ワーク」（ミルソンレポート翻訳版）／一九七九年　田中治彦「英国におけるユースリーダー養成制度の成立」（社会教育学・図書館学研究第三号）一九八〇年　田中治彦「英国における『青少年の社会参加』論の動向」（社会教育学・図書学研究第四号）、柴野昌山「青少年教育施設の教育的意義」（社会教育第三五巻一一月号）／一九八三（～八四）金谷敏郎「トンプソンレポートにみる一九八〇年代のイギリスのユースサービス」『青少年』No.一五五～一六四号／一九八三年　前田耕司・佐藤晴雄「イギリスにおけるユース・サービスの新しい動向――トンプソン報告書を中心として――」／一九八八年　田中治彦『学校外教育論』／一九九〇年　柴野昌山『現代の青少年――自立とネットワークの技法――』／一九九二年　ユースワーク研究会編「地域における青少年の健全育成――ユースワーカーの活動とその養成に関する国際比較研究――」（平成四年度伊藤忠記念財団委託研究報告書）／二〇〇二年　河合美穂「英国の青少年育成施策ユース・サービスを中心として」レファレンス二〇〇二年一月号

（7）計画期間は二〇〇六から二〇一〇年度まで。ユース・サービスについては、次のように規定されている。

一人ひとりの青少年が未来に希望を持ち、自立と自己実現が出来るよう、青少年の主体性を尊重しながら、その成

長発達を援助することを目的とした青少年育成施策。理念は次の四項目である。①自我観の育成：青少年一人ひとりが、自己に対する信頼と自信を深めるよう援助する。②社会的実在感の育成：青少年一人ひとりが、社会にとって必要な存在であることを認識するよう援助する。③目的意識の育成：青少年一人ひとりが、生きていく目標を見つけ、それの達成のために努力するよう援助する。④社会的参加意識の育成：青少年一人ひとりが、大人や年代の異なる人たちと協力し、共通の目標に向かって努力するよう援助する。

(8) 大阪市においては、各区に勤労者福祉を目的として勤労青少年ホームが設置され、民生部門が所管していた。また、同和行政の一環として青少年会館が教育委員会の所管で運営されていた。

(9) ユースサービス大阪が大阪府内の主な青少年活動団体に声を掛けて設立した「ユースワーク研究会」における発言。

(10) 文化観光局、所管課は文化課。

(11) 上杉孝實『地域社会教育の展開』松籟社、一九九三年

(12) 田中治彦編著『子ども・若者の居場所の構想』学陽書房、二〇〇一年

(13) 水野篤夫「居場所づくりの指導者論」田中治彦編『子ども・若者の居場所の構想』第一一章

(14) たとえば「青少年白書」において、青少年関係指導者一覧としてあげられるなかで、青少年指導の専門職として位置づけられるのは、国公立青少年施設職員として二〇〇〇人程に過ぎない。他に児童館の「児童の遊びを指導する者」（児童厚生員）が一一、〇〇〇人余りいるが、多くは関連した職の人か、有志の指導者である。

(15) 勤労青少年ホームは、一九五七年名古屋に愛知県立の施設が建設されたのを最初として、七〇年の勤労青少年ホーム設置法に基づき全国で五五〇ヶ所余りが建設されていった。集団就職などで都市部に大量に流入した若者を始め、十代、二十代の勤労青年の余暇の「善用」と福利厚生を補うことを主目的としていた。そこに置かれたのが勤労青少年ホーム指導員であり、大学講座は指導員やその他の勤労青少年福祉行政の担い手を供給する機関としての意味をもっていたわけである。

(16) 「大阪府青少年活動専門指導者研修（基礎コース）」としてスタート。八五年から研究コースへとシフトして二〇〇〇年まで実施された。

(17) 東京都生活文化局編「ユースワーカーシステムの導入とユースワーカーの養成について」二〇〇六年

(18) 大阪府青少年活動財団編『Youth worker Handbook ユースワーカーになる前に読む本』「はじめに」二〇〇六年

(19) 筆者による県の講座担当者と修了生への聞き取り調査（二〇〇四年一二月）で、担当者は「県がかなり広報して呼び

かけないとユースワーカー派遣へのニーズは出てこない。」と語っている。派遣された登録者も「継続した関わりが持てないことがもの足らない」との感想を述べていた。

(20) 長尾文雄「ユースワーカーの養成を」大阪府青少年活動財団編『次代へのステップ（大阪の青少年活動五〇年から）』一二六頁

(21)「勤労青少年指導者大学講座運営状況」による。たとえば、第一期から一五期（一九七六年～九〇年）の二一四人の修了生の内、勤労青少年や勤労者福祉、青少年活動に関わる職に就いているのは、幅広めに見ても半数余りである。

(22) 本来、実践的な資格制度が作られる時に、実践者からなる団体、業界団体などが声をあげて制度化が始められることが一般的といわれるが、ユースワーカーにおいては、既存の指導者や青少年団体から養成への期待が寄せられるより、行政からの提案によって養成が試みられてきたことも、こうした養成と活動の場の分離やミスマッチが生じる原因だといえる。

(23) 上杉孝實「地域社会教育序説」『地域社会教育の展開』第一章、二二頁

(24) 佐藤学『教育方法学』岩波書店、一九九六年

(25) 水野篤夫「実践をふりかえる方法としての事例研究と職員の力量形成」日本社会教育学会編『成人の学習』東洋館出版、二〇〇四年

(26) 水野篤夫「民間青少年団体における職員の専門性形成」『月刊社会教育』二〇〇七年一一月（No.６２５号）

(27) 上杉孝實「生涯学習を支える指導者たち」『生涯学習時代の指導者像』亜紀書房、一九八八年

(28) 立命館大学と㈶京都市ユースサービス協会の共同運営によるユースワーカー養成プログラムが大学院で二〇〇六年から開設された。詳しくは、遠藤保子・水野篤夫「青少年を支援する専門職（ユースワーカー）養成と力量形成」『立命館人間科学研究』第一二号、二〇〇六年。および、「ユースサービスの方法とユースワーカー養成のプログラム開発」同第一四号、二〇〇七年。

(29) 玄田有史・曲沼美恵『ニート――フリーターでもなく失業者でもなく』幻冬舎、二〇〇四年。玄田らの「ニート問題」の提起について批判を加えたものとして、本田由紀・内藤朝雄・後藤和智『「ニート」って言うな！』光文社新書、二〇〇六年

(30) 宮崎隆志「大学院におけるユースワーカーの力量形成の試み」社会教育実践研究東京ラウンドテーブル二〇〇八（早稲田大学）での発表要旨から。

9 子どもを支える青少年施設

大場孝弘

以前、『子どもと若者の居場所』（萌文社、二〇〇〇年）で私たちの活動を紹介してからほぼ十年経ちました。当時中学生年代の若者は二〇代の社会人になっています。その頃対応に困っていた若者のひとりが最近時々来館して不眠や体調不良を訴えてきます。家族や友人について、中学生の頃には話さなかった自分のことを近況報告と思い出話を交えて語ってくれます。厳しい環境のなかで絶対に弱みを見せない姿勢を貫いてきた無理が今現れているとお互いでふりかえるようになったという感慨にふけりながら、この十年の流れの一部を整理してみようと思います。

1　私の現場

私が若者とかかわっている場所は、京都市にある公設民営の青少年活動センター（以下「センター」と略します）という青少年施設です。対象は、一三歳（中学生年代）から三〇歳までの青少年で、市内に七カ所の施設があります。若者を指導・教育する立場でなく、一人ひとりのペースとニーズに合わせて本人たちが成長するのを応援する立場のユースワーカー（以下「ワーカー」と略します）として、いくつかのセンターをまわりました。

それぞれのセンターでは活動の中心となるテーマがあり、表現活動、国際理解、環境問題、スポーツ・レクリエーションなどのテーマに沿った事業を行っています。この他に今、それぞれのセンターで共通して取り組んでいるのが

「居場所」事業と就業支援事業です。

いろいろな活動で出会った若者とのかかわりについて紹介します。ただ、個人のプライバシーにかかわる内容が含まれているので、属性や言動は複数のケースを混ぜた形で紹介することをお許しください。

(1) ユースサービスを行う場所

ワーカーがどのセンターでもしているのは若者との日常的な接触です。ロビーや受付で挨拶して、声をかけて話をすることを毎日繰り返しています。時に、いつもと違う様子を感じれば少し丁寧に話しかけてみることもあります。逆に相手から話しかけたいと思うまでそっとしておくこともあります。若者から寄せられた悩みや希望を聞いて、できるだけ本人が自分で悩みや問題を改善できるように必要な情報を探したり、改善方法を一緒に考えたりします。

センターは一部の設備を除いて基本的に無料で使えるので、利用する若者の幅が広いことが特徴です。ダンスやバンド、スポーツなど目的をはっきりもった若者の利用はもちろんですが、人とかかわるのに不安をもつ人や心身の障害のために日常生活に困難を抱えている人も来られます。他にも、規範意識が低く「問題行動」をよく起こしている若者もやってきます。

センター運営の基本的な考え方は、ユースサービスという考え方です。青少年に対するこの考え方は、主にヨーロッパで広まっているものです。これまで若者は、おとなたちによって正しく導かれることで成長するという考え方が主流でした。おとなの社会が共通した価値観をもっていて、経験を重ねるごとにその価値に近づくことが一人前のおとなになるという考えに基づいた青少年施策は「健全育成」と呼ばれていました。社会の価値観が多様化して、一律のおとなモデル、成長モデルを示しにくい時代になり、若者がもっている力を発揮できるよう、若者の一人ひとりの状況に合わせて多様な機会を提供するという考え方をユースサービスとして採用しています。そのための支援者としてユースワーカーを各センターに配置しています。

(2) ロビーワーク…関係が生まれる場

私たちワーカーが若者とかかわりを深める場として大切にしているのがロビーです。幸い京都市のセンターは広めのロビーをもっているところが多いので、このかかわりをロビーワークと呼んでいろいろな取り組みをしています。

普段ロビーは、施設利用の若者が活動の休憩や食事に利用したり、学校の帰りに一休み、待ち合わせなどに利用されてたりしています。それ以外に、暇な若者や人と関わりたい若者も利用します。ワーカーは、そんな若者に声をかけたり、一緒にゲームをしたり、簡単なクラフトや食べ物を作ったり、センターの作業を手伝ってもらったりしています。ワーカーはロビーでのいろいろな機会を作って自分の顔を覚えてもらい、困りごとがあったときの相談相手として認めてもらえるようにつとめています。

最近は、ロビーにある掲示板の書き込みも増えてきました。七夕の短冊づくりや正月の書き初めなどが発展して、二ヵ月に一回程度、何かのテーマについて意見や感想をカードに書いてもいます。最初はワーカーが書いてもらうよう勧めてもなかなか書いてもらえないですが、他の人のカードを読んで書き始めてくれる若者が増えています。書いたカードについてワーカーが質問して話題が広がることもありますし、その若者の別の一面を知る機会にもなります。

若者との関係が作りやすいのは一緒に何かを食べることです。ロビーの一角に喫茶コーナーがあります。ワーカーとの関係だけでなく、若者同士の関係が生まれる場を作りたいと考え、この場所をボランティアをしてくれる若者スタッフと一緒に運営しています。困っている若者を支援したいと考えている若者や人とかかわりる練習をしたいと考えている若者がスタッフになって喫茶を毎週開いています。

喫茶は安全に食事を提供できないと成り立たないので、衛生面での注意はスタッフと丁寧に確認します。スタッフはタオルの使い方や食材の扱い方、調理経験など、それぞれ自分の生活習慣をこの場では変えてもらうこともあります。

喫茶のスタッフは人と話すのが苦手な人もいて、調理しかしない人もいます。逆にお客さんとの話に夢中になって、喫茶の衛生面がおろそかになる人もいます。そのため、喫茶が終了してから毎回ふりかえりの機会をもっています。その日のお客さんの様子、対応に困ったこと、うれしかったこと、メニューや喫茶の工夫などを出し合い、次のスタッフに伝えるための日誌を書きます。この繰り返しのなかで、調理だけでなくお客さんに声をかけられるようになったり、相手の話をしっかりと聞く力がついたり、喫茶に来ないロビーの他の若者にも働きかけるようになったり、スタッフ自身が少しずつ変化していきます。

ロビーの若者とかかわる機会を増やすために始めたこのプログラムは、運営する若者の経験を増やし、成長にもつながると確認できたので、心身の障害や社会経験の不足で困難を抱えている若者向けの活動も実施しました。若者の就労支援を目的とした団体と共同で、喫茶を使った職業体験プログラムを実施しています。

2　初めて同年代の人とかかわりを持った若者…支援者のまなざしでなく

初めてこの若者と出会ったとき、おとなびた様子と子どもっぽい行動のバランスの悪さを私は感じました。病気や経済的な問題、家庭関係など複雑な問題を抱えていたこの若者は、学校へ通うこともなく、福祉や医療関係のおとなの専門家と常にかかわって生きてきました。自分のためにおとなが動いてくれるにはどうすればよいかを小さいときから学んでいて、リストカットや大量服薬などで相手の関心を自分に向かせる危険な行動をとることもありました。人に紹介されてセンターを訪れたこの若者は、センターで同年代の若者のサークルに入ります。自分の意向を通すためにおとなたちに対するのと同じようなやり方をしましたが、同年代の若者にはまったく相手にされません。自分の希望が叶わないときや、不安や不快になると、その場から逃げることで自分の身を守ってきた若者が、そのときは逃げませんでした。時々メンバーと大げんかをしながらもそのサークルを続けました。

私たちは本人とサークル員から相手に対する不満や苛立ちを何度も聞きながら、どうすれば気持ちよく活動できるかを考えてもらいました。時々起こる衝突の時も、危険でないと判断できれば、できるだけ本人たちにその場を任せて見ていました。

このサークルでの活動を続けながら徐々に他のプログラムにも参加して同年代の若者とのかかわりを重ねるなかで、本人が「高校へ行きたい」という希望をもち、私たちに相談に来ました。学校教育課程をほとんど受けていないため、基礎学力がない状態で入学できるのか、授業について行けるのかがわからず、高校関係者に問い合せ、受入れてくれる学校を一緒に探しました。また、中学の卒業証明が必要なため嫌がっていた中学校にも本人が卒業証明をもらいに行きました。入学試験は作文と面接だったので、ワーカーだけでなくサークル員やボランティアスタッフなどに協力してもらい、作文指導と模擬面接を試験までの半年間続け、高校進学の望みを果たしました。

この若者とのかかわりを通じて私たちが了解したことは、同年代の若者がもつ互いに健康的な影響を与え合う関係の大きさでした。専門機関の支援は必要ですが、それだけでは不十分で、その人にとっての意味のある人間関係や社会関係を築くことが必要だと感じたケースでした。

これまでおとなを動かして生きてきたこの若者にとって、サークル員との出会いは、初めての同年代の人とずっとつきあう経験でした。その環境は、決して自分にとって心地よいことばかりでないことが起こる場所でしたが、初めて「友だち」とか「仲間」という言葉がぴったりくる人たちがいる場所だったので、そこから逃げずに、自分とも向き合えたのです。本人とけんかしたサークル員もそれぞれが別の課題を抱えていました。それぞれの若者は、お互いを支え合うつもりはなかったのですが、いろいろな影響を与え合いながら結果的に相手を支え合ったと思います。

安全にかかわりをもてる機会が継続して保証されることで、若者たちがもっている力が出し合える。その間のできごとは私たちワーカーも「どうなることか」とはらはらドキドキしながらつきあうことも多いのですが、見守る覚悟をもつ大切さを気づかせてくれました。

3　にほんご教室…ボランティア活動

センターにはさまざまなボランティア活動があります。私は、ある時期「にほんご教室」のボランティア活動を担当しました。在日韓国・朝鮮の人たちや中国からの帰国者家族、国際結婚や研修、働くために日本に来た人など、日本以外の文化背景をもつさまざまな人たちが地域に住んでいます。生活に必要な日本語が話せない、読めない、書けないために不便を感じている人たちの助けになるよう、いろいろなボランティア団体が日本語教室を開いています。

センターの教室のボランティア・スタッフ（以下「スタッフ」と呼びます）は若者に限定していますが、教室に参加される方には制限を設けていません。若者がボランティア活動を通じて自分自身で学び成長する機会を提供したいと考えているからです。

センターの「にほんご教室」は、媒介語（相手の国の言葉）を使わず、日本語で学習します。また、日本語学校のように一斉に決まったカリキュラムを順にこなしていくという方法をとらず、一対一で、日本語を学びに来る人（学習者と呼んでいます）の必要に応じた内容を学習する方法をとっています。

スタッフに応募してくる若者は大きく二つに分けられます。ひとつは、大学などで日本語教師養成課程を学んでいる人たちで、もうひとつは、国際交流や外国への興味を持つ人たちです。参加資格は年齢が利用対象者に限られている他は、継続的に活動に参加する意欲を持っていることで、日本語を教える能力は問いません。

この活動でスタッフの人たちは日本語を教えることよりも、学習者の要望の多様さに驚き、戸惑うことが多いようです。たとえば、日本に来る前に自分の国で勉強したテキストで続きを勉強したい人がいます。子どもが幼稚園でもらって帰ってくるお知らせや案内の意味がわからない人もいます。運転免許証を取るための勉強をしたい人もいます。学習者の自国での教育環境や日本での日本語学習の経歴、家族関係や家族構成、日本にいる目的、滞在予定の年数によっても違うので、学びたい内容が多様になるのは当然といえます。

スタッフは、日本語の教え方よりも、幼稚園の仕組みや進学制度、免許証を取るための知識、その他の制度や法律などを勉強する必要に迫られる時に、戸惑い、この活動や自分自身のことを考えるといいます。「私は日本語の先生になるための力を身につけたいと思ってこの教室に来たのに、全然違う。」と自分の期待と違うため活動をやめる若者もいます。逆に「人に自分の意見や気持ちを伝えるのが苦手だったのに、いろいろな人と勉強して、少し自信が出てきた。」という若者もいます。

私が担当した時期に、ある学習者とペアでかかわるスタッフが次々とやめていったことがありました。ほとんど学習意欲のない学習者とペアになった若者たちでした。その人は中国からの帰国者で、日本に来てから家族とも別れひとりで暮らすようになってからこの教室に来た人でした。ただその人からは、学習者本人の「日本語を勉強しよう」という気持ちが伝わってこないのです。毎回スタッフが工夫して用意した教材を使って勉強を始めても、話がすぐにそれて自分の生い立ちや日本での生活のことについて同じ内容を毎回繰り返し話していました。声が大きいこともあり、自分が怒られているように感じることもあり、スタッフは「自分は何の役にも立てない」と無力感を感じていました。初めの何人かのスタッフは、そのことを言わずに「都合が悪くなったから」と教室を去っていましたが、一番長くこの学習者とかかわっていたスタッフから相談をもちかけられて、私は初めてこの問題を知りました。教室を去った若者には、私は相談してよい相手ではなかったのかという残念な気持ちと、なぜこのような事態に早く気づけなかったのかという力不足を感じました。

その日から、学習者とスタッフそれぞれから話を聞き、三人で話す機会をもちました。帰国者として家族と日本に帰って、基礎的な日本語研修を受けて、仕事を始めたが他の人たちとうまくコミュニケーションがとれず、相当に辛い思いをされたようです。仕事を変わっても同じような繰り返しで、仕事に行くのをやめたことで、家族もその人の周りから去り、一人で暮らしている。区役所で相談しても話がうまく伝わらないため、馬鹿にされたように感じてほとんど家に籠っているとのことでした。一人で部屋にいて、知り合いも訪ねてこない。よくわからない日本語で話すテレビだけを眺めて毎日が過ぎていく。この教室には話し相手を求めてきているのかとスタッフと確認し合いました。他の所には行かなくてもこの場所には文句を言いながらも毎週必ず来てくれていたのは、スタッフが一生懸命相手に向き合ったからで、相手にとっては意味のある存在になっていたことを私はスタッフに伝えました。ただ、この教室で相手の希望をかなえ続けることは難しいと判断し、外国人支援をしている団体をいくつか紹介することにしました。

他にもスタッフが迷っていることがあるのではないかと考え、この事件の後、各自の思いを話し合う場を定期的に設けることにしました。話し合いを重ねることで、一緒に活動するスタッフ同士がよく知らなかったことや、自分の担当しない学習者のこともよく知らなかったことをお互いに気づく機会になりました。そこで、スタッフ同士の協力関係をどう作るか、学習者をより理解するにはどうすればよいかを検討することになりました。

一方、ワーカーがこれまでの活動をふりかえると、今の問題はセンター中心で活動が進めていることに一因があると考えました。活動の場所や日程、学習者、スタッフの募集もセンターが準備して、スタッフは教室に来て日本語を教えるだけなので、ワーカーとスタッフの一対一の関係では、チームとしての力を発揮できないのです。

そこでこの話し合いの場で、センターがこの活動をしている目的をもう一度説明し直し、スタッフが運営に参画することを提案しました。当初、スタッフからは体制が変わる不安や日本語を教えること以外の仕事が増えることへの負担感を訴える意見が多く出されました。この話し合いは約一年間続きましたが、このなかで私がずっと注意していたのは、スタッフそれぞれがどんな思いでこの活動に参加しているのか、どんな喜びがあるのか、どんな苦労があるのかを他のスタッフに正直に表明し合うことでした。最初は、あまり親しくないスタッフの前で自分の気持ちを伝えるのは抵抗感や不安が強かったようですが、自分の意見を否定されない雰囲気が広がるにしたがって互いの理解も進み、いろいろなアイディアが出されるようになりました。徐々に日本語の教え方や日本についての知識、外部の研修情報などをお互いで教え合う機会が増え、同時にセンターに任せていた役割のなかで自分たちで担える仕事が整理され、分担して、チームで活動していく機運が高まりました。

運営体制が整理され始めた頃から、教室以外の行事が増え、花見や、七夕、ハイキング、クリスマスパーティーなどを学習者と一緒に企画から話し合って開くようになりました。行事の料理を一緒に作ると学習者の意外な才能に出会うこともあります。それ以上に、教室のなかとは別にそれぞれの学習者の様子がわかり、担当以外の人同士も親しくなって教室の雰囲気が変わりました。一番変わったのは、スタッフと学習者が先生と生徒という関係から友人に近い関係になったことです。教室のなかで文集を作ったことも学習者の理解が深まるきっかけになりました。

年度の終わりにワーカーが行った聞き取りでスタッフは次のように自分の変化を話してくれました。スタッフが学習者にひとりの個人として関心や興味を深めたことで、「教え方をもっと勉強しようという気になった。」「将来日本語教師を仕事にしたいと強く思うようになった。」「日本のことをいろいろ調べたり関心をもつようになった。」

この教室での経験を生かして、毎年、海外で日本語教師のボランティアをしたり、仕事をする人が生まれています。帰国したときに聞いた話で私が印象に残っているのは、「この教室（にほんご教室）で活動したことで、大勢の外国人を前にして教えても動じなくなった。」ということです。「センターでいろいろな国の人たちと接したことが一番役に立った。」と言ってもらえたことが、センターでワーカーとしてこの活動に関わった一番の収穫だと感じました。

若者が社会的な経験を積んだり、自分自身と向き合うのにボランティア活動が適した部分があると、私は思います。活動への関与の度合いが強いほどその効果が高いのですが、活動に参加する人の経験や意欲などを理解しながら、ひとりひとりに合った活動機会を提供しないと逆効果になりやすい活動でもあると思います。そのため、活動をしたいという人と最初にできるだけ時間を取って話し合い、センターと若者がお互いに納得してから活動に参加してもらうようにしています。時には申し込みをお断りして、他の活動を紹介することもあります。そのためにも、日頃から多くの活動情報を蓄えておくよう努力しています。

センターを利用していた若者から近郊の都市部でも同じような施設はないかと聞かれて調べてみたら、無料で使える青少年施設はほとんどありませんでした。この数年間の間ですべて廃止されていました。

最近青少年施設の見直しが全国で進められています。従来あった比較的大型で単独館が減少しています。これは自治体の財政改善策と連動するものです。世代別にいえば高齢者や乳幼児の施設の増加、改善と比べると目立つものです。一方で新たに子どもの居場所を目的とした青少年施設も小規模ながら生まれています。青少年施策をどうしていくのかの自治体ごとの施策に大きな差が生まれています。

4　子どもを支える青少年施設とは

これまでの若者とのかかわりを通じて考えた「子どもを支える青少年施設」について「居場所」機能をあげて、まとめにかえます。

第一は、いつでも開いていることです。いつでも行けるという安心感を感じてもらうことが重要です。

第二は、利用は無料または安価であることです。センターに来る中学生は一〇〇円のプログラム参加費にも逡巡します。飲み物や食べ物の値段には無頓着なことと比べると目立ったことです。運営費用を税金だけでまかなうことは難しいため、助成金や寄付金など新たな資金確保も重要な仕事だと思います。

第三に、利用目的別の部屋だけでなく、共同空間があることです。最近できる小規模の青少年施設は、音楽スタジオなどの目的がはっきりとした施設を設けていますが、その分気軽に使える共有スペースが十分でないところが目立ちます。多様な若者同士が出会う空間を作る工夫が必要です。

第四に、継続的にかかわる人がいることです。若者同士が緩やかに関係を育むことはそれほど簡単ではありません。若者同士や若者と他世代を橋渡しする役割をもった人材が継続的にいることが必要です。

第五に、活動内容（成果）を市民に知らせることです。とかく青少年施設は施設や限られた若者との関係のなかで自己完結的に運営される傾向があります。税金などの社会的な資源を使っているわけですから、説明責任を負っています。活動の成果は利用の数などの数字的なデータを示すことは最低限必要ですが、長期間かけて若者との間に生まれたかかわりを物語として伝える方法を磨かねばならないと思います。

【おおば　たかひろ】

団体紹介

正式名称　㈶京都市ユースサービス協会

所在地　〒604-8147　京都市中京区東洞院通六角下ル御射山町二六二

連絡先　京都市中京青少年活動センター内
TEL　〇七五－二二三－三六八一
FAX　〇七五－二三一－一二三一
Email　k.y.serv@kyoto.email.ne.jp
URL　http://www.ys-kyoto.org/

主な活動
■青少年活動センターの指定管理
■青少年指導者（ユースリーダー）の養成
■青少年グループ・育成団体・ボランティア団体・NPOのサポート
■青少年の活動に関する調査・研究

一言PR　青少年の活動に関する情報の収集・提供をするネットワーク活動も展開しています！

10 大学生ボランティアによるコミュニティスペースの運営

宮村裕子

はじめに

本稿では、「地域の大人と子どもとのナナメの関係」の創出によって地域教育の活性化を図ることをめざして、商店街の空き店舗を活用して大学生が主体的に運営しているコミュニティスペースの活動を取り上げます。

「コミュニティスペース」は多義的ですが、市民文化活動や交流、芸術の促進、教育・福祉のための拠点形成、あるいは、まちづくりや観光・産業の活性化などをねらって、各地でさまざまな実践がみられるようになりました。行政、大学、NPO、商業施設、自主サークル有志など、さまざまな運営主体によって、設置規模や開設期間なども多様に展開されていますが、ここでは、ひとまずコミュニティスペースを「特定の目的の達成をめざして不特定多数の人々が地域において活動するための空間・拠点」ととらえておきます。社会教育に関していえば、「子どもの居場所」や「子育て支援」のための〝場作り〟が官民を問わず近年増えてきており、さまざまな名称でそれぞれが当事者意識をもって運営されています。

本事例で取り上げるコミュニティスペースは、商店街の空き店舗を活かしたロケーションにあり、これを主体的に運営しているのは大学生のボランティアです。商店街の活性化を目的に学校と連携して一部の空き店舗を若者に提供する試みは、高校生による「チャレンジショップ(1)」に例をみることができます。また、大学教育の一貫として研究室が空き店舗活用の企画・立案や調査・研究・分析を通じた関与を行うこともあります。いずれにせよ、空き店舗の活用においては、直接的な利益拡大をねらうというよりも、交流や地域のつながりの再構築をめざすという意味で、若者のもつマンパワーも含めてさまざまな可能性に期待が寄せられているものと考えられます。

ところで、大学生が授業以外でボランティア活動として地域教育や子どもの活動に関与するとき、大別すると、行政や教育機関などが期間を決めて学生の参加を呼びかける、つまり、「お膳立てされた機会に学生が参加させてもらう」場合と、他方では、すでに地域で日常的に展開されている団体や施設の活動に学生が積極的に参画する場合とがあります。前者の例には、文部科学省と厚生労働省とが連携して二〇〇七(平成一九)年度からスタートした「放課後子どもプラン」による活動や、学童保育所、学校現場でのボランティアなどがあげられます。後者の例には、学生による社会教育関係団体への加入や施設活動への支援などが考えられます。とりわけ前者が比較的参加しやすいですが、単発の活動や期間限定型のものも多く、現場にとっては入れ替わり立ち代り別の学生がやって来るという状況を生むことになりがちです。また、後者の場合、比較的長いスパンで活動に向き合うことができますが、主催者の方針やスケジュールに合わせて動くことが求められるため、活動を継続できるかどうかは学生自身の考え方や熱意に左右されることになります。

そこで、これらに対する第三の方法が、学生自らがボランティアで活動する団体を設立・運営することです。この場合、活動の目的や内容を学生自身で設定するため、自主性を動機付けとして活動に取り組むことができます。しかし、それが大学の支援を得られる課外活動やサークルとしての位置付けの場合は、物理的・予算的な条件面で恵まれていることもあって、活動が地域社会に及ぼす影響やその意味を考えることよりも、自分たちの楽しさを追求することに傾きがちです。翻って、地域社会において見知らぬ大人や子どもたちと時間をかけて関係性を構築するなかで、活動の意義や社会的責任を深めていくためには、学生という立場に甘んじることなく一定の条件下で活動に取り組むことが求められます。つまり、対外的な交渉や資金管理なども含めた年間計画のなかで運営に関わるさまざまな仕事をすべて行わなければならない、という状況は、学生にとっても学ぶところが非常に大きいであろうことは想像に難くありません。

次に紹介する事例でも、当初は大学そのものに対して空き店舗活用のアイデアの創出が求められたということですが、現在では学生たちの手によって主体的かつ継続的に運営されており、この点が大きな特徴であるといえます。

1 大学生ボランティアがつくる第三のおうち「コミュニティスペースPECO」

「コミュニティスペースＰＥＣＯ」（以下、ＰＥＣＯ）は、大阪府柏原市にあるオガタ通り商店街の空き店舗を活用して展開されています。(2) これを運営しているのは、柏原市内にキャンパスを構える大阪教育大学や、同じ近鉄大阪線沿線にある畿央大学などに通う大学生で組織された「コミュニティスペースＰＥＣＯ運営委員会(3)」です。「ＰＥＣＯ」とは、People Enjoy Community Ogataの頭文字を取っています。

この活動のきっかけは、オガタ通り商店会から事務所として使っている空き店舗の活用について打診を受けたことであり、二〇〇六（平成一八）年六月、学生有志によって「地域の居場所」としてのＰＥＣＯが開設されました。立ち上げの段階では大阪教育大学の教員も関わっていたということですが、現在はイベントの企画・実施から経理までのすべてを学生スタッフが行い、彼らの手で自主的に運営されている点が一番の特徴です。

ＰＥＣＯの目標は、「ＰＥＣＯに地域の人が集い、繋がりを確かめられるような、事業を展開していくこと」です。そのため、「ＰＥＣＯが地域の第三の家として、団らんのあるスペースとすること」を使命として掲げています。ここでＰＥＣＯの特徴を表す象徴的な言葉が、「第三のおうち」です。つまり、「第一」が家庭、「第二」が学校や職場であるとするならば、地域を「第三のおうち」としてあらゆる人々の拠り所にしよう、という思いが込められています。

たとえば、PECOのリーフレット（二〇〇七年八月一日発行）には次のように書かれています。

〈PECOがめざすもの〉

「地縁でつながった団らんがある〝場〟にする」

コミュニティスペースPECOは、子どもを中心として、祖父母世代、父母世代、兄弟姉妹世代が集い、家ではなく、職場や学校でもない、「第三のおうち」の役割をもつスペースにします。

「つながり作りを支援し、きっかけづくりの場をつくる」

地縁でつながった〝場〟づくりのために、今ある地域のつながりをさらに強めます。そのためにコミュニティスペースPECOを地域の人々が気軽に集まることのできる〝場所〟として、またさまざまな世代の人々がつながるための〝機会〟としての〝場〟づくりを目指します。

つまり、小学生・中学生・高校生・大学生・乳幼児や保護者などのあらゆる世代の地域住民が、集い、つながる場をつくることをめざして、商店街の空き店舗をフィールドにさまざまな活動を行うのがPECOの姿であるといえます。そして、世代ごとのPECOとのかかわり、すなわち、PECOという〝場〟の活用方法については、次のように設定されています。

〈小学生〉遊び場として　勉強する場として　いろんな人と交流する場として
〈中高生〉勉強する場として　たまり場として　いろんな人と交流する場として
〈大学生〉たまり場として　ボランティアスタッフとして　いろんな人と交流する場として
〈乳幼児＋保護者〉おしゃべり場として　遊び場として　いろんな人と交流

PECOの外観

〈地域住民〉憩いの場として　ボランティアとして　いろんな人と交流する場として

ここでキーパーソン（中心的存在）となるのが大学生です。あらゆる世代の真ん中に位置しながら、いわば地域の「ヨソモノ」である大学生が地域に入ることで、「地域の大人と子どもとのナナメの関係」を生み出し、つながりを促進し、ひいてはまちの活性化に結びつけようとしています。大学生という存在を、ボランティアスタッフでありながらも自らをPECOとのかかわりのなかで客観的にとらえています。つまり、完全なサービス提供者（もしくは企画者・実施者）に徹することなく、自らも交流を生み出す存在（参加者）としても位置付けていることが特徴であるといえます。そんな彼らには、ボランティア活動をしているという気負いのようなものは全く感じられません。また、サークル活動とも違い、まるで市民団体の一端を担っているような空気感が漂っています。

PECOの具体的な活動は、日常的な〝たまり場〟の運営のほか、さまざまなプロジェクトを企画し、それらを実施することです。オープン当初は土曜日のみの開室でしたが、段階的に機会を増やし、二〇〇九（平成二一）年一月現在では、月曜日（午後五時半～八時半）、水曜日（午後一時半～八時半）、土曜日（午前一〇時～午後五時）に開室しています。そのうち月曜日と水曜日の夜（午後五時半以降）の時間帯は、中学生や高校生を対象とした「自習室」として開放しているほか、水曜日や土曜日には季節に応じたイベントや講座を開催することもあります。今後は他の曜日や午前の時間帯についても順次開室をめざしています。

開設されてまだ年数が経っていないということもあり、PECOに訪れる子どもたちは常時一〇人ほどで、常駐するスタッフも数名程度と、規模自体は決して大きくありません。空間的にも大勢の人々が集まれるほどの広さはなく、元来、ふすま店として使われていた和風家屋の一階部分をリフォームして使用しています。土間部分には柔らかいマットを敷きつめて、訪れた人は玄関で靴を脱いで上がるようになっており、壁際にはホワイトボードの掲示板や

PECOの室内の様子

PECOの事務所の様子

来室者用のノート置き場、事務所用品などが並び、電子ピアノやおもちゃなども置かれています。室内に上がると畳の部屋で寛ぐことができ、本棚には絵本やマンガ、図鑑、小説、参考書などのさまざまな本が並び、壁には子どもたちの作品が飾られています。もちろん台所や洗面台、トイレなども備えています。冬場はこたつも登場して本物の居間のようになります。土間や土壁、古い柱や障子などにふすま店当時の面影を残しつつ、〝たまり場〟機能とＰＥＣＯの事務所機能の双方がうまく共存しながら一体的な雰囲気をつくりだしています。

このような環境にあるＰＥＣＯの室内では、学年や学校の垣根を越えて子ども同士が交流したり、自習室で宿題をする中学生がスタッフに気軽に質問をしたり、子どもを送迎する保護者とスタッフが談笑したり、という姿が見られます。スタッフのほとんどは教員志望の学生であるため、子どもたちとの積極的なかかわりを好み、さまざまなイベントや行事を企画・運営することを楽しんで行っています。玄関のガラス戸には商店街を行き交う地元の人々の姿が映り、時には室内の様子を覗き込む人もいるなど、商店街の空き店舗という地の利を活かした〝たまり場〟は地域に根付きつつあります。

さらに、毎月行われるイベントや講座では、スタッフが中心になって、時には一芸に秀でた地域住民の力も借りながら実施・運営を行っています。開設以来これまでに実施してきた自主企画には、「なつやすみ宿題☆大作戦」、「カルメ焼きづくり」、「クリスマス会」、「節分行事」、「ひなまつり行事」、「母の日行事」、「父の日行事」、「七夕行事」、「工作教室」、「ハロウィンパーティ」、「たこ作り」、

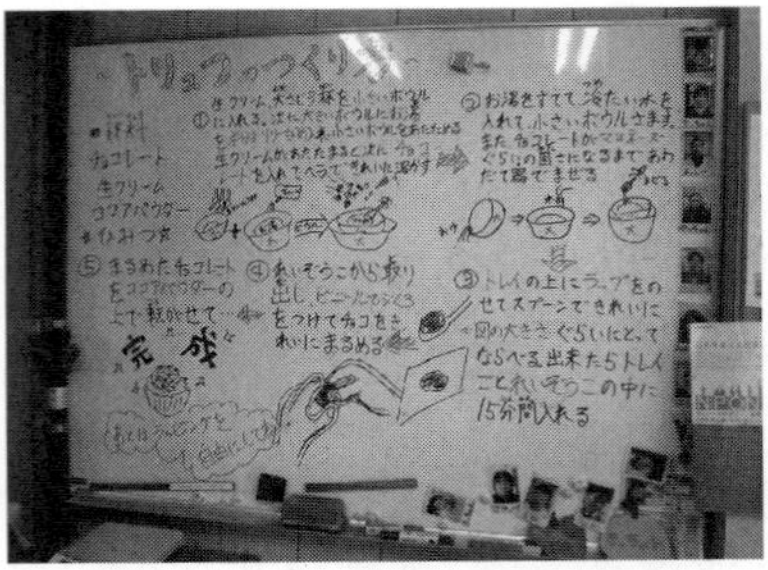

バレンタイン企画「トリュフのつくり方」

「バレンタイン企画」などがあります。その他にも、オガタ商店街の「サマーフェスタ」や「もちつき大会」などに参加し、「商店街ＭＡＰづくりプロジェクト」や「地域再発見プロジェクト」などの地域とのかかわりを意識したイベントも行ってきました。これらの事業にかかる経費や備品の購入代は、トヨタ財団などから助成金を受けて賄っています。

ここで、二〇〇八年二月の行事として子ども向けに行われた「バレンタイン企画」（二月一三日㈬一五時半から開催）の様子を例にあげ、参加していた子どもたちの様子も交えて紹介します。

当日一四時頃、ＰＥＣＯではスタッフの男子学生たちが忙しく室内を片付けながら、準備を始めていました。ボウルやスプーン、材料などの数や手順を念入りに確認しています。ホワイトボードには「トリュフのつくり方」。この「バレンタイン企画」は、「生チョコレート、チョコムースを作って食べよう！もちろん持ち帰ってもいいよ♪」という内容で、子どもたちは材料代実費として二〇〇円を支払えば誰でも参加することができます。事前に申し込みをしていなくても参加できるので、実際に何人の子どもたちが来てくれるのか、スタッフはどきどきしながら待つことになります。

一五時頃になると、最初の子どもたちがＰＥＣＯにやって来ました。常連の子どもらしく慣れた様子でノートに日付、学校名、学年、名前を書き、参加費を支払うと、さっそくスタッフと遊び始めます。こたつに入ってミカンを食べながら待つ子、おもちゃで遊びながらスタッフに話しかける子など、過ごし方はさまざまです。大学生のスタッフは、小学生の子どもたちにとってちょうど良いお兄さん・お姉さんなのでしょう。その後も、授業を終えて遅れて駆けつけたスタッフや、きょうだいや友達同士の小学生の子どもたちが続々とやって来て、にわかにＰＥＣＯの中が活気づきました。この日の参加者は男女合わせて小学生八人。とくに元気よく駆け回っている三年生の男の子たちに尋ねてみると、二人は別々の学校に通っており、PECOに来て初めて友達になったのだといいます。学校や学年の枠を超えて子どもたちが出会い、活動できるというPECOの特徴がよくわかります。

一五時半頃、いよいよチョコレート作りが始まりました。スタッフは子どもたちに手洗いを促し、三角巾を身に付けさせます。この日集まった五人のスタッフのうち、PECO副代表の男子学生が先生役です。他のスタッフが見守るなか、子どもたちを前に「みんな、チョコはどうやって作ればいいのかな?」と呼びかけ、湯煎で溶かしてから形を作って冷やす、という一連の流れを説明します。他のスタッフの支援も受けながら、子どもたちはまずボウルに入れた生クリームのなかに板チョコレートを割り入れ、湯煎にしながら溶かし始めました。チョコレートの香りがあたりに漂い、子どもたちは「おいしそうやなー!」と歓声をあげます。その後、リキュールでさらに香り付けしてからスプーンですくって平らなバットに並べ終わると、冷蔵庫で一五分間冷やす間にラッピングの準備をすることになりました。

ひと仕事終えた子どもたちは、室内で早速はしゃぎ騒ぎ始めます。しかし、そんな時もスタッフたちは、「ほらほら、ケンカはしないよ!」、「六年生のお姉ちゃん、さすがやなー!」、「おもちゃを触ったらもう一回手を洗おうね」などと子どもたちへの声掛けを忘れません。この時、スタッフがPECOを覗き込む

チョコレートが溶けるのを待つ三年生の男の子たち

スタッフと一緒に材料と手順を確認

通行人の視線に気付き、すかさず玄関の外に「バレンタインチョコレート作りやってます！　中学生もＯＫだよ!!　ちょこっとよっていってね」と書いた看板をかけました。

冷蔵庫からチョコレートを載せたバットを取り出すと、子どもたちは両手に取ってひとくち大に丸めていきます。外側にココアパウダーをまぶし、待ち時間中に用意したラッピング用のケースに入れ、カラフルなリボンで袋の口を留めると、いよいよプレゼント用のトリュフが出来上がりました。テーブルの上はココアパウダーで粉だらけになりましたが、子どもたちはきれいに包装した手作りチョコレートが嬉しいのか、味見もせずに完成させました。

チョコレートが出来上がると、まるでそれを見計らったように迎えに来た保護者と一緒に帰り支度を始める子、後片付けをするスタッフと一緒に動いて積極的に話しかける子など、三々五々解散となりました。その頃、制服姿の女子中学生が連れ立ってやって来ました。こたつに陣取って宿題をしてから、一八時からの中学生の部でチョコレート作りをするのだといいます。

この日、メインで先生役を務めたスタッフが手順に少々戸惑いながらも進行する様子を、先輩組のスタッフが応援している姿も印象的でした。ＰＥＣＯでは、スタッフそれぞれにあだ名があり、スタッフ同士だけでなく子どもたちにも親しみをもってあだ名で呼んでもらうようにしています。

こうした毎月のイベントスケジュールや活動の案内は、スタッフが毎月作成する「ＰＥＣＯだより」で発信されています。「ＰＥＣＯだより」は、商店会の協力を得て、近隣のスーパーマーケットの新聞折り込みチラシの裏面に印刷してもらっています。そのため欄外には「お買い物は、近くて、便利で、何でも揃うオガタ通り商店街で!!」のキャッチコピーが勢いよく並んでいますが、チラシを手にする多くの近隣住民に効率的にアピールできます。紙面には、子ども向けの欄（「みんなへ」）と大人向けの欄（「地域の皆様」）を設け、あらゆる世代に発信しています。今回の「バレンタイン企画」のような目玉行事でＰＥＣＯの認知度を拡げ、日常的な来室者をだんだん増やしていこうという考えです。

ＰＥＣＯの運営について、商店会からはチラシの他にも家賃や光熱費について補助を受けています。また、事務室用に電話やインターネットをひいてもらう代わりに、商店街のウェブサイト作成をＰＥＣＯが引き受けています。そして、地元自治体などとの関係についても、イベント案内を市の広報誌に掲載してもらったり、商工まつりや朝市「とくとく市」(4)に参加したりといったつながりを保持しています。もちろん、こうした商店会や外部の団体、行政などとの交渉や、助成金の申請、経理、ブログ(5)での情報発信など、イベント企画以外のさまざまな仕事についても学生たちが役割を分担してすべて行っています。

「コミュニティスペースＰＥＣＯは、つながり創るきっかけの場として、大阪教育大学と畿央大学の学生が中心になって企画運営しています。みんなの第三のおうちとして、地域の方々が安らげる場作りをしていきますので、是非一度お立ち寄りください。また、子どもたちに何か教えられる一芸（絵描き等）を持った方を募集していますのでご協力お願いします。」

（ＰＥＣＯだより二〇〇八年二月号）

このようにＰＥＣＯでは、商店街の空き店舗という特性を活かして手作りで〝地域の居場所〟を立ち上げ、大学生のボランティアを中心に地域住民への協力を呼びかけながら、地域教育の活性化を図ろうと試みています。彼らがめざす「地域の大人と子どもとのナナメの関係」は、子どもたちが学校外の時間を過ごす地域社会においても欠かせないものであり、こうした活動は子どもが育つ空間においても重要な意味をもってくるものと考えられます。

2　大学生によるコミュニティスペース運営の課題と可能性

今回取り上げたＰＥＣＯの活動から見えてきた、大学生ボランティアによるコミュニティスペース運営上の課題および今後の可能性について、簡単にまとめておきます。

まず、商店街にコミュニティスペースを設置することのメリットとしては、「大学生による主体的な学び」と「地域に対するサービス提供や交流のための拠点づくり」とを両立できる点があげられます。商店街や関係団体との連絡調整・交渉や地域住民との協力関係の構築は、学生にとってまさに生きた体験となります。また、家賃補助などの助成は受けていますが、イベントや講座の実施においては参加者から実費を徴収し、助成金申請や資金管理も含めた組織運営を通じてさまざまな手順を学んでいます。学生はこうした運営ノウハウを体感的に学びながら、企画したイベントや講座を地域において実践し、自らも集いつながる主体として地域で活動することの意味を追求することができます。また、学生自身が教員志望であるため、子どもの活動に関するプログラムを企画することには非常に意欲的である点も有効にはたらいています。自らを地域の「ヨソモノ」であると自覚しながらも、あらゆる世代の真ん中にいるということを活かして、地縁的つながりから成る地域に飛び込んでいくという柔軟な発想は、学生という自由な立場ゆえのものかもしれません。

他方で、こうした活動による子どもや地域教育にとってのメリットとしては、異世代間交流の促進に向けたさまざまな活動の拠点としての選択肢が増えることがあげられます。PECOにやって来る子どものなかには学童保育所にも通う子がいることから、双方の活動が互いに競合しないことは見てとれます。イベントや講座のあるときだけでなく、〝居場所〟や〝たまり場〟として、かつ、対象者を限定せずに誰でもふらりと立ち寄ることができるという点が、イベント提供型のみの他の企画には見られない特徴でもあります。また、「そこへ行けば大学生がいる」という状況は、交流や地域のつながりの再構築をめざすという意味でも刺激的な可能性をもちうるものであると考えられます。

ただ、〝居場所〟機能を維持する場合にネックとなるのが、「いつでも誰でも」の来室を実現する条件を整備するための施設管理の問題です。毎月のスケジュールをチラシで地域に広報する以上は急に予定を変更するというわけにもいかず、スタッフが常駐するためには鍵の管理を行う人員をうまくやりくりする必要があります。しかし、学生の本分はあくまで大学での学業であるため、一週間に数日間という限定的な開室であっても、時にはそれさえ難しい場合も生じてくることは否めません。現に、「バレンタイン企画」の当日も大学の試験期間と重なり、スタッフは翌日の試験を気にかけながら従事していました。学生の自主性や起動力を尊重しつつ、日常的な運営面で彼らをうまくサポートする大人としての地域住民との協力体制づくりが求められます。

また、集客や広報の目玉としてのイベントや講座を行う場合、企画内容や地域の一芸に秀でた人材を講師に選定するといった部分での工夫も見られますが、予算的な部分も含めて多くをボランティアに頼るため、一定の限界も生じてくることも予想されます。講座を企画し運営していくための力量やその実践力の育成も含めて、運営スタッフの養成は大きな課題といえます。しかし、あくまで大学生の有志ボランティアによる組織であるため自主性に支えられた活動となり、何らかの要因によっては長く続けられない場合も生じてきます。それ以前に、年々代替わりすることを考えると、次の担い手づくりは急務となっています。小中学生の参画が定着しつつある今、次は地元の高校生や高齢者へと活動を拡げることができないかどうか、彼らは頭を悩ませています。

そこで、こうした活動の効果的な長所を伸ばし、かつ、継続性の問題を解消するために、既存の地域団体とのさらなる協働が進むことを期待したいと考えます。学生の強みは自由な発想や起動力にありますが、実は地域課題の探索という面でも豊かな可能性をもっています。異世代間交流による地域教育の活性化というコミュニティスペースの使命を全うするためには、子どもの育ちを支えるあらゆる世代の参画を拡げ、その中心となる大学生の活動を地域で支えることで、よりよい循環的環境を創りだすことができるのではないでしょうか。

【みやむら　ゆうこ】

注

（1）高見啓一「地域に学び、地域を活かす高校生たち――『チャレンジショップ』がつなぐ教育とまちづくり」井口貢編著『まちづくりと共感、協育としての観光　地域に学ぶ文化政策』水曜社、二〇〇七年、一一五－一四五頁

（2）この活動は、トヨタ財団地域社会プログラム「大学生が創る地域のナナメの関係――コミュニティースペースＰＥＣＯ」

（助成番号 D06-L-226）として助成金を受けている。トヨタ財団ウェブサイトを参照 http://www.toyotafound.or.jp

（3）大阪商工会議所と大阪ＮＰＯセンターが二〇〇八年度に創設した「ＣＢ・ＣＳＯアワードおおさか」において、「奨励賞」を受賞した。詳細は、大阪ＮＰＯセンターウェブサイトを参照　http://www.osakanpo-center.com/cso/cso2008.html

（4）柏原市連合商店会などが主催し、毎月第四日曜日、ＪＲ柏原駅前「アゼリア」にて行われている朝市のこと。オガタ通り商店街以外の市内の商店会や地元農家が出店している。ＰＥＣＯはバルーンアートなどのコーナーを担当し、売上は運営資金として活用される。

（5）コミュニティスペースＰＥＣＯ公式ブログ http://blog.canpan.info/pecogata/

団体紹介

正式名称　コミュニティスペースＰＥＣＯ（ペコ）

所在地　〒582-0006　大阪府柏原市清洲一丁目四-一五

連絡先　ＴＥＬ＆ＦＡＸ　〇七二-九一五-三二一〇
Email　peco@kyonari.com
URL　http://blog.canpan.info/pecogata（ブログ）

主な活動
■居場所としての場の開放
■地域の人を対象とした事業の実施
■コミュニティスペースＰＥＣＯの運営にかかわる総務
二〇〇九年一月現在の開室時間：
毎週月曜日→（一七時半～二〇時半）自習室として開放
水曜日→（一三時半～二〇時半）一七時半以降は自習室として開放
土曜日→（一〇時～一七時）

一言ＰＲ　私たちコミュニティスペースＰＥＣＯは地域のニーズに応え、よりよい居場所作りをめざしています。見学、お問い合わせお待ちしております。今までの活動記録が掲載されているブログも是非ご覧下さい。

第Ⅱ部

子どもの豊かな育ちと文化・家族・社会教育

1 子どもの時系列的発達保障と家族、文化、社会教育
――「自立した人間」を育てるから、「自立した個人」を育てる時代へ――

小木美代子

1 子どもの育ちの現状と子育ち指標転換の必要性

(1) 現代の子どもの育ち――概観

現代の子どもの育ちについては、諸調査や子ども関係者が語るように、総じていえば、身長が伸び、すらっとした体格で、コンピューターも器用に使いこなし、音感や色感覚もよく、素直で明るい子どもに育っています。他方、世界的なコンクールやスポーツなど、華々しい活躍ぶりも報じられており、多彩な育ち方が混在しているといえます。反面において、挨拶ができない、喜怒哀楽、とくに悩んだり憤ったりする行為に乏しく、時には情緒不安定で衝動的な行動にはしることも指摘されています。また、「誰でもよかった、殺してみたかった」というような青年によるショッキングな事件や少年たちによる親や祖父母などの親族殺し、薬物汚染なども後を絶たず、PISA[1]による学力ナンバー1のフィンランドでにおいてさえ、若者の乱射事件が起きており、子育て・子育ちはなかなか一筋縄ではいかないことを物語っています。

子どもの育ちは、親やおとなによる「しつけ」[2]もさることながら、自然環境や文化環境を内面化して形成されていくので、その内面化する力をどう育てるのか、また、その方向性や刺激をどう用意しておくのかが課題となります。その場合には、どんなおとなに育てるかの大まかな目標を設定しておくことが大前提となります。とくに二〇〇九年

五月からはじまる裁判員制度や近年のオレオレ詐欺事件などに関しては、自己責任の重要性を象徴しているとも見られ、以下において、「自立した個人」育成の指標について、子どもの発達軸を中心に据えて考察していきます。

(2) 子育ち指標は、「型付けされた人間」づくりから「自立した個人」の育成へ

愛知県の三河地方には、今なお〝ひとねる〟とか〝ひとなる〟という言葉が生きています。これは、〈子育て〉を見事に端的に言い表した言葉で、死語にはしたくないのですが、生物学者であったA・ポルトマンの主張を繰り返すまでもなく、自然界の他の動物よりも一年早く、未熟に生まれ落ちた人の赤ちゃんを、二〇年の歳月をかけてゆっくり、じっくりと一人前に育てていくことを見事に言い表した言葉です。

ところで、子どもを「自立させていく」、「自立した人間に育てていく」という主張は決して新しいものではありませんが、現代のように都市化し、国際化してきている時代にあっては、「自立した人間」よりも一歩進めて、「自立した個人」に育てるように舵を切る必要があるのではないでしょうか。

子どもを「自立した個人」に育てるというのは、田中喜美子さんも言うように、「自分の頭で考え、判断し、困難を乗り越える力。平等な個人として他者に向き合い、他を尊重し、人と人の間によい関係をつくりあげていく力。政治的・社会的な問題にも、主体的に対処していく力。何よりも時間がきたら親から独立し、自分自身の力で異性を獲得し、自分たちの責任において家庭をいとなんでいく力。」という成人像を掲げておきたいのです[3]。戦前戦後を通して、わが国では「長いものには巻かれろ」とか「智に働けば角が立つ、情に竿させば流される」と比喩されてきたように横並び意識が強く、「型にはまった人間」づくりが志向されてきました。家庭でも学校でも地域社会にあってもみんなと仲良くし、強いものには逆らわず、集団のなかにあってもはみ出さず、何事も穏便、事なかれ主義に済ませることを是としてきました。

しかし、今日のように国際化する社会のなかでは、その伝統的な「成人像」を変えざるをえない時期にきていると

思うのです。すでに欧米諸国では二〇〇年も前に近代化に踏み込んで、子ども時代から「自立した個人」に育てるように教育されてきていますが、わが国においては先にも述べたように、「型付けされた人間」づくりを目標としてきていました。しかし、グローバル化し、国際化した今の時代にあっては、子育てはまず、真に「自立した個人」の育成をめざすべきではないでしょうか。それは、憲法がうたう「成人像」でもあるのです。「自立した個人」は、次々に起きてくる社会問題に対しても自分の頭で考え、判断し、必要に応じては、組織よりも課題別に連帯し、立ち向かっていく毅然とした姿勢が要求されるのです。一人では解決が困難な課題に対しては、「自立した個人」であれば、容易に連帯することもできるでしょう。「自立した個人」の育成が、まさに、現代における課題なのです。それにどう取り組むかについて、次に述べていきます。

(3)「自立した個人」を育てる時系列と〈三場〉

いうまでもなく、子どもは誰もが二四時間を有し、そのなかでさまざまな活動を行い、二〇年の歳月をかけて、心身ともにゆっくりと一人前に育っていきます。ただし、そこで子どもが健やかに育つためには〈三間〉の活動が〈三場〉で有機的に係わり合い、〈四機能〉がそれぞれの適所で営まれ、それらが調和してトータルに成長・発達していくといえるのです。(4)

その場合に、家庭は主として生活者としてのコミュニケーション力と生活技術の基礎を身につけていくところであり、地域はそこで培われた力を基にして社会性を身につけていく場、学校はより論理的に系統的な知識を体系的に学んでいく場であるといえるでしょう。子どもたちは、一日＝二四時間のなかで、基本的生活・休息、遊び、学習、労働（お手伝い）の四つの活動を、時系列に沿ってその比重や量を変化させながら生育していきます。

しかし、今、この三者の機能のバランスが大きく崩れ、とくに学校の教育機能が肥大化し、地域や家庭の役割が衰弱しており、そのことが子どもの育ちの上に大きく影を落としてきているといえます。ここでは、学校教育の場はさておき、そこで重要な役割を占める家族（家庭）と環境としての文化状況、そして子どもの社会教育についてみていきます。それは、後掲の三つの論考やそれをふまえての実践とリンクしているといえます。

表１　エリクソンとピアジェの発達段階論比較

年齢	エリクソン[1]（感情の発達段階）	ピアジェ[2]（知的発達段階）
0 1	Ⅰ　信頼対不信	感覚運動的段階
2 3	Ⅱ　自立性対恥、疑惑	前概念段階
4 5 6 7	Ⅲ　積極性対罪悪感	直感的思考段階
8 9 10 11	Ⅳ　生産性対劣等感	具体的操作段階
12 13 14 15 16 17 18 19	Ⅴ　同一性対拡散	形式的操作段階
20 21 ～	Ⅵ　親密さ対孤立、生殖性対自己吸収へと続く	未研究

出所）(1)「エリクソンの発達漸成図表」『青年心理学』（有斐閣）(1959年) p.26
　(2) 波多野完治編『ピアジェの発達心理学』1965年ほかを統合して金田利子作成。

2　子どもの発達的特性の理解と家庭・地域

さて、先のテーマを追求するにあたり、発達心理学が示す子どもの成長・発達的特性について、①乳幼児期、②児童期、③青年期、の三つに分け、ごく大まかに見ていきます。その流れは、次の三つの図表を見ていただくとよく理解していただけます。

まず、人間発達についての研究の方向についてですが、医学などの他の分野と同じように、きわめて細分化されてきています。したがってそれを統合化させる仕事を現場に丸投げされても困るのですが、現実にはそのような状況にあります。身体発達の状況はもとより精神発達についても分化して研究されているわけですから、子どもの育ちにかかわる仕事をしている人は、それらの研究成果を○歳から一八歳の縦軸に組み入れていく必要があります。そこで、いくつかのデータから、ごく大まかな身体発達の様子と、いくつかの研究成果から、Ｅ・Ｈ・エ

図1　年齢別身長・体重の平均値及び標準偏差（平成19年度）

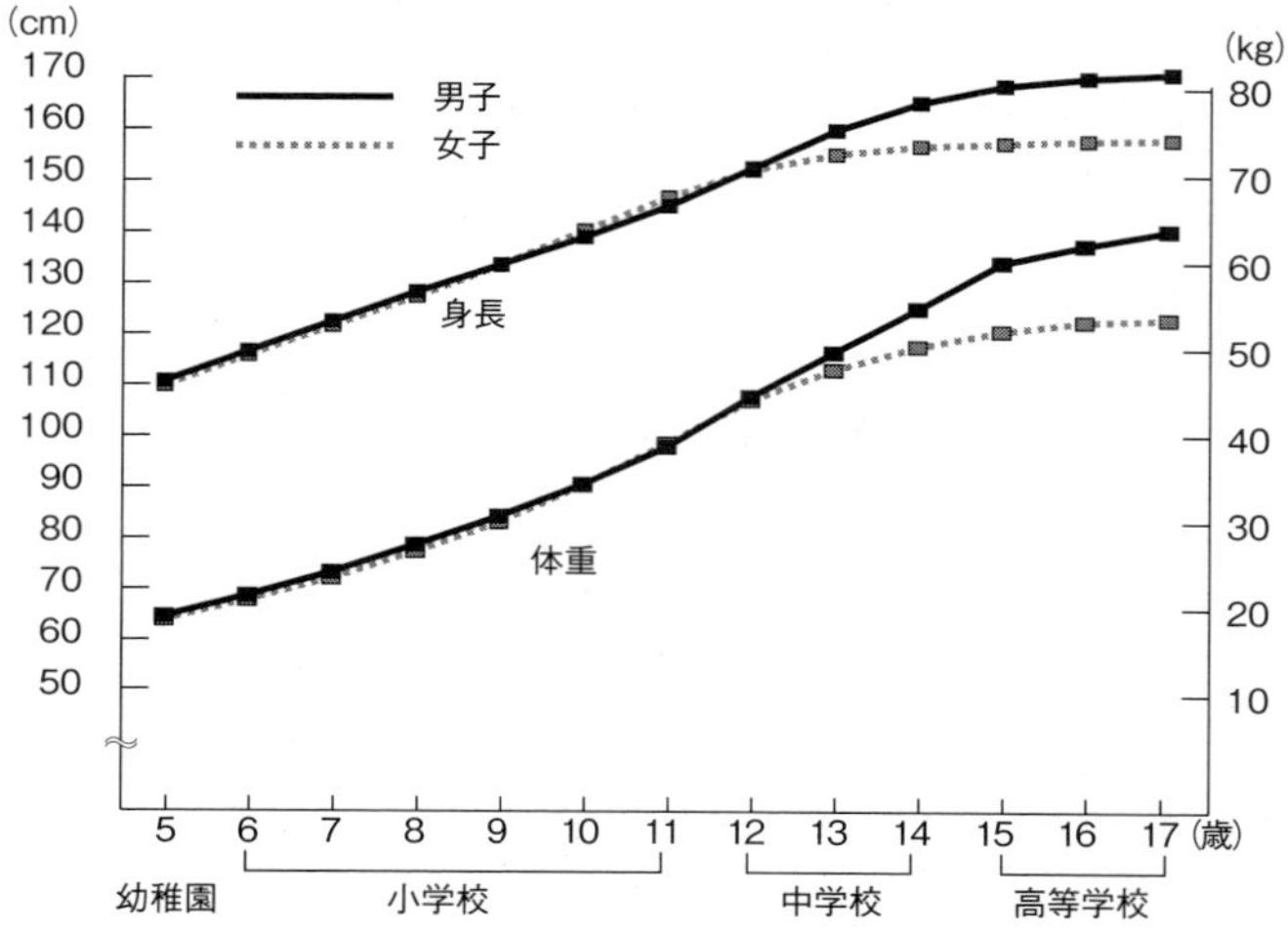

出所）文部科学省体育局「学校保健統計調査報告書」（2007年度）

リクソンとJ・ピアジェ、D・B・エリコーニンの説を借り、感情の系の発達、知的な系の発達、ならびにその係わり合いについてみていきます。

まず、身体発達についてですが、年齢を重ねるに連れて緩急はあるというものの一八歳ころまで伸び続けていきますが、一三歳頃から男子と女子との間に差が出てきます（図1参照）。詳しくは、後に期ごとにみていきます。次に精神発達についてですが、これは階段状にいくつかの節を伴って発達するということ。しかも、その二つの系、つまり、感情の系の発達と知的な発達の系は見事に大体同じ時期に節をつくりながら発達しているのです。また、興味深いのは、その二つの系が縄のようにどちらかが優勢になったり劣勢になったりして発達していくといいます（図2参照）。これについても、詳しく、それぞれの期のところで述べていきます。

（1）　乳幼児期の発達的特性と家庭・地域の位置役割

ドイツの生物学者であったA・ポルトマンが指摘したように、人間の赤ちゃんは、他の哺乳動物に比べて一年の「生理的早産」の状態で生まれ、母親や養育者の援助を得

図２　感情と認識の系の絡み合い

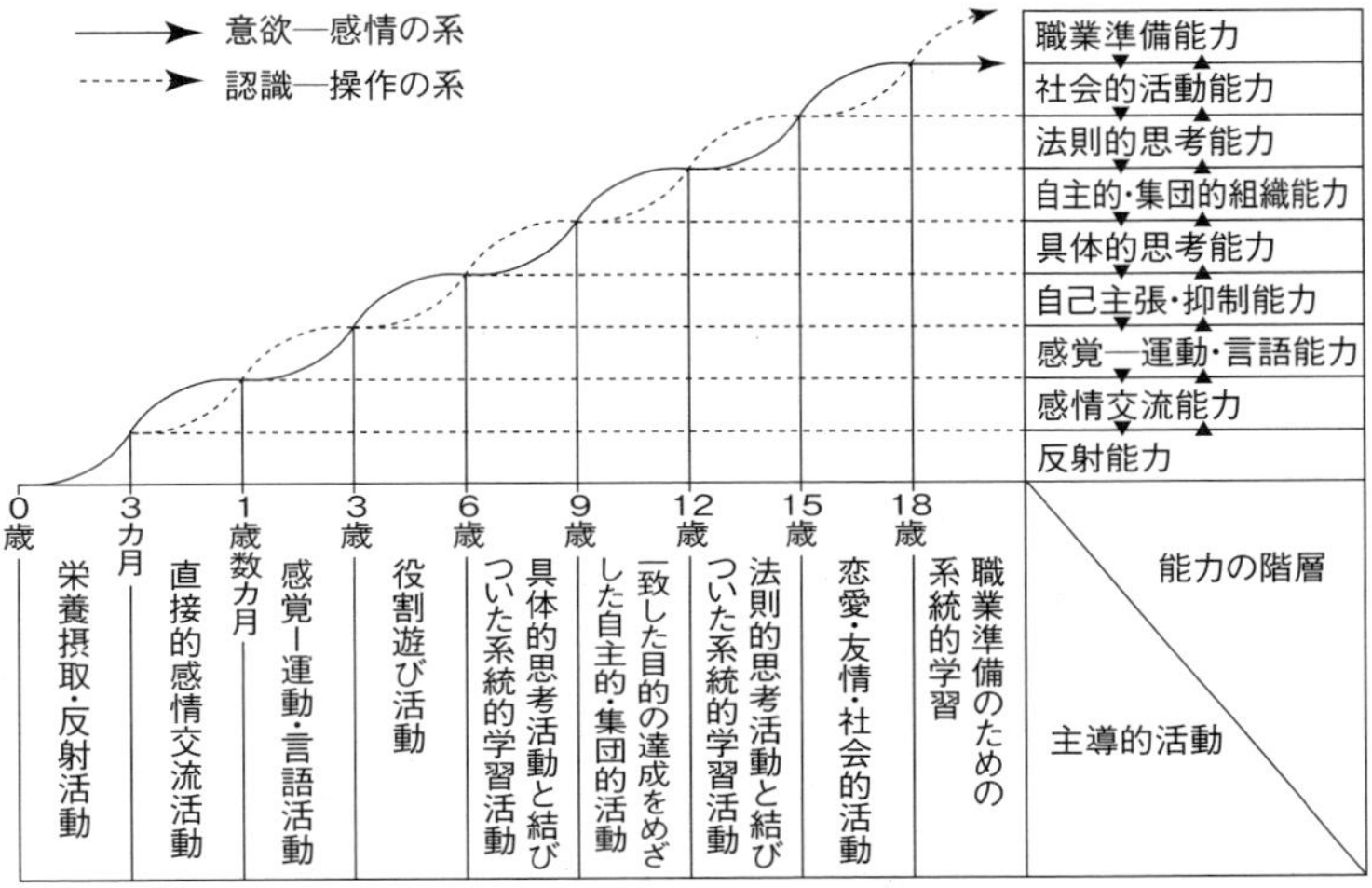

出所）坂元忠芳「能力と発達のすじみちについて」『教育』1974年1月号，p.11

て、生後一歳になってやっと他の哺乳類が生まれたときの発育状況に辿り着きますが、その後の発達も他の動物とは異なり、多くのおとなや仲間の援助、働きかけを得てゆっくりと成長・発達し続けていくのが特徴です。そして、その軌跡には、明らかにいくつかの発達の節（質的転換期）[5]が認められます。

生後半年くらいの間は、その発達の様子も身体的なものが多く、しかも小刻みに現れるので、とてもわかりやすいのです。それが、半年くらいすると寝返りをするようになり、話しかけたり笑いかけたりすると、それに呼応したりするようになります。

その後、ハイハイを経てつかまり立ち、伝い歩き、歩行へと続いていきます。階段を手を使って上るようになりますが、だいぶたってからしか降りることはできません。

(2) 家族（家庭）の教育的機能と子育ち

「家族の起源」については、F・エンゲルスの論を待つまでもなく、「私有財産制の誕生」にあるにしても、経済発展をした今日の現代家族の機能は究極的に集約すれば、松原治郎氏が言うように、「子どもを産み育てることと、大人の精神の安定化」にあるという論[6]をある程度肯定的に受け入れることができます。この場合に、子どもが育つこと、子どもを育てることは、子どもが生活者として、また、社会生活をしていく上で一人前になること、つまり、自立したおとなになることだといえます。いいかえれば、社会生活をしていく上で必要な習慣や行動様式を身につけていくことなのです。

しかし、価値観が多様化し、子ども時代から代理体験、抽象化した生活を余儀なくされる現代にあっては、ごくあたりまえのこれらを身につけさせていくことが大変困難な作業となっています。以下に、乳幼児期の獲得内容とその取得方法について、やや細かく述べていきます。

①　基本的生活技術、生活習慣の獲得

子どもが最初に生活する場が家庭であり、家族とともに共同生活をするなかで情緒的に安定し、それぞれの家庭の個性的な文化を内面化して育っていきます。言語獲得はもとより食事の仕方とか味付けの仕方、着方、住まい方、あるいはトイレットトレーニングやベッドメーキングなどの身辺整理の自立に至るまで、自分で生きていくための技術や生活習慣を身につけていきます。ただし、こうした能力は、知識や指図によって身についていくのではなく、乳幼児期を中心にして親子もしくはおとなと子どもが繰り返し行動をともにするなかで自動化していくものだといえます。

②　コミュニケーション力を獲得し、人間関係の基本を学ぶ

国連の「子どもの権利条約」第一二条は、子どもの意見表明権を高らかにうたっています。これからは、欧米諸国がそうであるように、子どもたちは年齢相応に自分たちの意見を述べ、おとなたちはそれを受け入れて対処していかなければなりません。

子どもの意見表明・意思表示は、幼い頃には泣くとか笑うとかの身体表現による感情レベルの表現であったものが、言語手段を獲得してからは、話し言葉を中心にコミュニケーション力を身につけ、親をはじめ、きょうだい、子ども同士、おとなと子どもとのコミュニケーションを通し、人間関係の基礎を身につけていくという大事な時期にな

ります。その前提としては、モノをしっかりと見つめるとか、人の話をじっくりと聞くという姿勢が育っていなければなりません。そして、そうした話し合いの習慣や能力を獲得することによって、家族や友だちとの会話をじっくりと聴く姿勢を身につけるとともに、自分もはっきりと意見を述べたり要求をしたりすることができるようになり、暴力を排除した民主主義の基礎を学んでいくことにもなります。そして、責任感やルール観の芽を育て、他をいたわる気持ちを伴う人権意識が身についていくのです。

③豊かな情操と想像力の芽を育てる

豊かな情操は、親やきょうだいをはじめ、人とのふれあいが一番大切であることはいうまでもありませんが、小さな草花や小動物にも触れ、五感を通して培われる側面も大きいといえます。見えない風をいろいろに感じ取り、雨の降り方によってもさまざまに異なったイメージを描く。川のせせらぎや波の音、せみの鳴き声などを擬人化し、そこに人情をを投入させるのがこれまでの日本人特有のとらえ方であったといえます。やがては絵本や紙芝居、児童文化からも、日常では接することのできない世界でのふれあいを楽しみ、想像力やイメージ力を豊かにしていくのです。

想像力、つまり、イメージ力は、テレビ画面や写実的な絵のように描かれている方が豊かであるように思われがちですが、実はその逆で、省略の多い方がかえって想像力を掻き立てられていくのです。そこに描かれていない部分を自分でイメージし、補いながら描いていくからです。また、複雑な自然物を見た場合でも、そっくりそのままを感知するのではなく、個々が個性的に取捨選択し、時には部分をデフォルメして取り入れているのです。そして、一定の年齢になれば、実際に絵の力を借りなくても言葉だけで想像ができるようになり、それを人に伝えたり、活字の世界に浸ることも可能になっていくのです。

④健康保持、安全に身を処す力を培う

現代は、かつてのどの時代よりも安全で快適な生活のできる時代であるはずです。しかし、現実には、空気や水は

汚れ、食品も添加物や農薬、抗生物質などとともに体内に入ってくる時代であり、幼少の時代からこれらに対して敏感に育て、安全や健康に対処する力を培っておくことが重要であるといえます。とくに、今日のグローバル化する社会にあっては、基準が違ったり、大気に乗じて危険物が流れてきたり、自国だけでは守り切れないものもあり、自分で自分の身を守り、安全に生活する力を滋養しておくことが大切になってきます。

　地震や火災、交通事故などは、いつ起こるとも限らず、その場合には、瞬時に判断し、機敏に行動できないと、最悪の事態を招くことも考えられます。危険を回避し、安全に身を処すというのは、生命にかかわる人間として最も重要な力であり、幼少期から意識化させていくことが大切で、物事を注意深く見つめるとか、ちょっとした変化にも気づく、小さな冒険をいくつもくぐることを通して、危険を事前に察知し、回避する力を養っておくことが重要であるといえます。

⑤ 役割意識や労働観の芽を育てる

　幼児期はごっこ遊びの盛んな時期であり、遊びを通して役割意識を形成するとともに、人のために役立つことのうれしさを自覚していくことになります。また、食事づくりや食卓の準備に参加する、話し合いで決めた家族間のルールや担当の仕事をやり遂げる、部屋の美化や草花いじりなど、お手伝いを通して役割意識や労働観の芽を育てる、家庭ではお客さんではなく、家族の一員としての自覚を持たせていくことが重要となってくるでしょう。

　以上述べてきたように、高度に技術革新し、都市化、国際化しつつある現代社会の子どもの育ちは、かつての家庭教育＝「しつけ」の範囲を大きく超えて、国際感覚を身につけるとともに、自分で自分の身を守る、自分の身辺整理ができる、自分の意見や要求がきちんといえる、必要に応じては多くと連帯を組める「自立した個人」に成育していくことが肝要なのです。その基礎が育成されるのは、やはり、家庭であり、その方法は教育というよりは、家庭文化や家族のコミュニケーションのありようなどの「形成作用[7]」に負うところが多いと思われます。

3　児童期の発達的特徴と家庭・地域

児童期は、大まかにいえば、乳幼児期の順当な発達を基礎にして次の「疾風怒涛の時代」[8]といわれる青年期を迎える準備を行う時代であるといえます。E・H・エリクソンは、「『勤勉対劣等感』の時代」、D・B・エリコーニンは「『学習』の時代」、牛島義友は「知識生活時代」などとそれぞれ命名しており[9]、とくに児童期の後半は、知的に大きな役割を果たす時代だといえます。

ちなみに、これは、九歳の発達の節ともいわれますが、この頃に知的発達の質的転換期が訪れ、抽象的思考が可能となります。一般的にそれまでを児童期前期、それ以降を児童期後期と分けていますので、次にそれぞれについてやや詳しく述べていきます。

(1)　児童期前期（五〜九歳ころまで）

まず、この時期の身体的特徴についてですが、乳幼児期と青年期という二つの急激な成長・発達期にはさまれて、きわめて安定しているのが特徴で、年ごとの発達速度はほぼ一定しています。身長の伸び量は、5〜6cmであり、体重の増加量も2〜3kgと増えていくのが一般的な特徴ですが、しかし、身体の各部位ごとの発達は一律に進行しているのではなく、諸組織・器官によって発達の速度や完成の時期が異なっています。

たとえば、小学校に入学したばかりの子どもは、まだ胴が太く、ずんぐりとした体格ですが、次第に腰が細くしまり、足も長くなり、湾曲もなくなってきます。また、内臓器官や筋肉、骨格などは一定の速度で発達するとはいうものの、成人との比較において児童期前期に最も発達しているのは「脳・脊髄・視覚器などの神経系と、それに関連する諸器官および頭長・頭囲など頭部の形質である」[10]とされており、運動能力になどについても走る、跳ぶ、投げるなどの基礎的能力は一応獲得されていますが、「各種運動能力の分化の程度は低く……、筋力や持久力、瞬発力の発達は、児童後期から青年期にかけて大きく発達するため[11]」に、児童期前期では運動の諸能力を複合させた高次のスポーツ活動をするのは困難であるとされています。

また、この期の精神発達の特性を明らかになっているのは、J・ピアジェやH・ワロンの研究成果に負うところが多いのですが、その後さらに深められ、たとえばエリコーニンは、「子どもの心的活動は、「欲求――動機的分野の発達する時代（感情の系の発達）」と「技術――操作的能力の発達する時代（知的側面の系の発達）」の二つの系において捉えられ、かつ、それらは二元的・平行的に発達していくのではなく、法則的に小動きで、どちらかが主導的になって現れ、その交替時期が心的発達の質的転換期にあたる[12]」と、感情の発達の系と知的発達の系のいずれかが主導的活動になると指摘するとともに、それらが交替するときを「精神的発達の質的転換期」と画期的な仮説を提唱したのです。これが丁度九歳ころにあたります。

(2) 児童期前期と家庭の位置・役割

児童期前期は、身体的には緩やかにコンスタントに発達していきますが、精神的には活発さを保ちつつ安定して発達していく時期にあたります。

したがって、家庭においては乳幼児期のように、細心の注意を払って子育てをする必要はなく、リラックスして子育てができる時期にあたりますが、ただ気をつけたいのは、意欲的で、いわゆる「やりたがり屋」の時期にあたりますので、これを満たしてあげることが重要です。

家庭にあっては、夕食準備などを進んで手伝おうとします。危なっかしい手つきで包丁を握ったり、油っぽいお皿を指先で持って落としたりもします。しかし、こういうときに頭から叱ったり禁止したりしないで、適切な役割を与えたり、上手にできたときはほめたりして、生活者としての基礎的技術やノーマルな家庭人としての役割意識を身につけさせていくことが大切でしょう。

(3) 児童期前期と地域

とにかくこの時期は、積極さの勝る時期にあたりますので、外に出たがりますし、友だちと遊ぶことが楽しくなってきます。典型的なのが、ままごと遊びや鬼ごっこなどですが、役割を決めて積極的に遊び込みます。走り回って声を嗄らして遊ぶのがこの期の健全な姿なのですが、最近はテレビ・ビデオ視聴やお稽古ごとにこの時間を費やすことが多いというのが憂慮されるところです。

このように、体力的に身体的な技としてもある程度できるようになっていますので、果敢に冒険に挑みます。しかし、全方位の注意力はついていませんので、時に交通事故に遭ったり、高所から落ちたりして大怪我をすることもありますので、この点での目配りは大切でしょう。

4 児童期後期と家庭・地域

この期は、安定的な児童期前期と異なり、身体的にも精神的にも大きく変化する時期に当たります。次に、それらの特徴と、家庭や地域でのかかわり方について考えていきましょう。

(1) 児童期後期の発達的特性

児童期後期（九、一〇～一二、三歳）になると、身体的には身長・体重などがかなり増え、筋力や持久力、瞬発力なども発達してきて、運動技能の分化と深化が期待できるようになります。対象物を正確に知覚し、色や音のハーモニーが感知できるのも、一〇歳を過ぎてからだといわれています。

他方、知的発達の側面では、「具体的操作段階」の習熟を経て、「形式的操作段階」へと移る時期にあたり、〈長さ〉や〈量〉の保存の獲得の上に、さらに〈重さ〉や〈時間〉についての認識も確かになってきます。そして物事のつながりに敏感になり、〈類〉や〈関係〉についての思考の枠組みを形成し、記憶力が確かになるとともに、徐々に論理的・系統的に思考・推理することが可能となります。

また、この時期はギャング・エイジ期などとも呼ばれ、一致した目的達成のために自主的に集団をつくり、意欲的に活動する時代でもあります。とくに男児は、徒党を組んで冒険ごっこや怪談に熱中したり、空想や非現実の世界に浸ったりします。数人のグループで自主的で緊密な仲間集団において社会性や自治能力の基礎を身につけていくとともに、民主的な価値意識やルール観をわがものとしていきます。学校の部活動やボーイスカウトなど、少年団活動が本格的にはじめられるのもこの時期からであり、仲間とともに知恵を出し合い、力を合わせて本格的な冒険へ一歩、歩み始めるのもこの時期です。

(2) 児童期後期と家庭、地域の位置・役割

この時期は、本来、生活者・家庭人としての自立が獲得されていなければならないのですが、わが国では伝統的に子どもを「保護」の対象としてとらえてきましたので、まだまだ、子ども扱いにしがちです。しかし、現代は身体的な成熟が早く、経済社会も格好の消費者としてターゲットにしてきていますので、その点では難しい時期にあたるのかもしれません。子どもの一挙手や言動に細心の注意を払い、適切なアドバイスが必要です。男の子であれば、父親が相談相手になるのもよいでしょう。

また、この時期は徒党を組んで遠出をしたり基地づくりをしたりして冒険にチャレンジする時期でもあり、個性の分化とかかわって、案外真面目にコツコツと努力を惜しまない時期であり、コレクションに夢中になったり、ルールをともなった集団的なスポーツに熱中したりする時期にもあたります。安全には注意するようにアドバイスをして、それらを温かく見守ってあげましょう。

5　青年期の発達的特性と家庭・地域

青年期は、生理的成熟を土台とする発達上の一時期ですが、すでに二百年も前にＪ・Ｊ・ルソーは青年期を「第二の誕生」の時期であり、「危機の時代」であると特徴づけています。その後の研究成果のなかでは、この時期を身体的発達はもとより精神的発達において、自我の確立する時期として、また近年ではアイデンティティーを獲得する時期としてとらえています。

青年期の始まりは、社会的・文化的要因によって異なり、また性別や個人差によっても異なりますが、大体第二次性徴の時期は女子のほうが少し早く、一一、二歳ころから、男子は一二、三歳ころから始まると見てもよいでしょう。そして終わりは二〇歳ごろから二〇歳代の終わりまで拡がっており、多くは「二四〜二五歳まで、青年期的な不安定性を抜け出していない[13]」といいます。しかも高度に工業化・産業化したわが国のような社会にあっては、身体的成熟の加速現象が見られるのに対して社会性の成熟などはむしろ遅れ、青年期が引きのばされる傾向にあり、モラトリアム人間と象徴されるように、青年期を長く不安定なものにしています。以下に前期と中・後期とに分けてみていきます。

(1)　青年期前期の発達的特性

青年期前期（思春期ともいう。中学生の時期ととらえてよい）の特性は、身体的発達の側面では体格、体力、運動能力のすべての面において飛躍的に発達を遂げる時期です。とくに男子の場合は、身長が伸び、肩幅も広くなり、筋肉も隆々としてきてたくましい感じになります。声変わりや下腹部、脇下の発毛、夢精などの性的な変化が始まります。女子の場合は乳房が膨らみ、骨盤が大きくなり、身体の線が丸みを帯び、同じく下腹部の発毛や月経が始まります。

当然のこととして、このような身長や体重の急速な発育は、呼吸器系や循環器系、消化器系、骨格、筋肉などの諸器官が同様に急速に発達していることを示すものであり、内臓なども、一六歳くらいまでにほぼ最大の重量に達するといわれています。

ところで、こうした急速な身体的、性的変化は、心理的な「動揺」と「混乱」をもたらさずにはおきません。この時期を多くの人が「第二の誕生」「第二の反抗期」「心理的離乳」の時期、あるいは「疾風怒濤の時代」と名づけてきましたが、性的成熟に端を発した思春期特有の情緒的不安定さがあらわれる時期です。そのために、自己のなかに他者を住まわせ、自己を客観的に見つめようとし、ドラマのヒーローの生き方に自分を投影させたり、時には親友を自分の生き方を照らす鏡としたりします。反面で母親からの離脱を試みたり、父親とも絶えず衝突したりし、二律背反のいちじるしい時期であるといえます。

(2) 青年期後期の発達的特性

青年期後期（高校時代からアイデンティティーが確立するまで）の発達的特性については、身体的発達の方は一応の完成をみているわけですが、感性と情操の発達においていちじるしい特徴をもつといえます。感情は激しく揺れ動き、時には激情に身をゆだねたり、絶望の淵にたたずんだりします。崇高な芸術の世界に陶酔したり、宗教の世界に引き込まれたりもします。

しかし、半面において青年期には、客観的思考が発達し、抽象的・論理的思考や仮説演繹的操作も可能となり、青年期前期までに獲得してきた自然や社会についての認識を徐々に深めていくことになります。さらには、自分の生き方や価値意識の形成が徐々になされていく時期にあたります。

ところが、現代においてはそれらの能力、つまり、アイデンティティーの形成がなされてこない、遅れていることが大きな社会問題のひとつとなってきています。これは、現代社会が複雑化・抽象化するとともに、価値観そのものが多様化・抽象化してきており、それらがわかりやすい形で鮮明になっておらず、それにはたらきかける力も乏しく、自立した社会人としてのアイデンティティーの確立がきわめて難しくなってきています。

したがって、今後においては、教育の体系のなかにこの課題を意図的に組み込み、アイデンティティーの確立を順序だててやる必要があるようです。

(3) 青年期と家族、地域

先にも述べたように、青年期と一口にいっても前期と後期とでは異なっています。前期は、まだまだ未成熟で、多くは親をモデルとし（男の子は父親を、女の子は母親）、それを取り入れたり突き放したり、激しく揺れ動きます。しかし、昨今はそれらの成熟が遅れている上に、近年増加している片親家庭の場合は、そのモデルが存在しないのでこの成熟がしにくいこともあります。したがって、これを親戚や隣近所、サークルなどでカバーしていくことも必要でしょう。昔も片親家庭がなかったわけではありませんが、親戚づきあいも多く、地域には青年団などもあり、そのなかでこれらをフォローしていました。今日では、青年たちがしっかりとメディアに取り込まれ、勤労福祉会館や青年の家が廃止されたりして安心して集える場所も一層乏しくなり、青年たちの拠り所は大学と職場だけになってしまっていますが、大学も、資格取得や就職の予備機関化しており、現代は、なかなか難しい時代であるといえます。

6 子どもの時系列発達の進行と家庭・地域のかかわり方

最後に、改めて子どもの育ちと家庭、地域の位置・役割や係わり合いについて振り返っておきましょう。

まず、二〇〇六年一二月の教育基本法の「改正」で、第一〇条に「家庭教育」が新設されたり[14]、二〇〇一年の社会教育法の一部「改正」のなかで「青少年の奉仕活動の義務化」とともに「家庭教育に関する学習の機会の提供」の奨励を、二〇〇八年の社会教育法等の一部「改正」のなかでも学校、地域、家庭との連携の重要性がうたわれ、とくに青少年たちがボランティアとして地域とかかわることの大切さを指摘しています。(15)

しかし、それらの改革は、子どもの発達を軸にして筋を通し、発達を順序立てて組み込んだようには思えません し、むしろ、家庭や地域活動に政治が入り込もうとしているような危惧さえ感じます。

「自己責任」がこれだけ叫ばれる今日、親はもとより子どもの育ちに関係のある職業の人は、今一度子どもの権利条約を軸に据えて子どもの権利把握を確かなものにし、「自立した個人」の育成に努め、個が自立したあかつきには、「自立した個人」が連帯し、然るべき市民社会を形成するという道筋を敷いていきたいものです。

【おぎ　みよこ】

注

(1) PISAとは、Programme for International Student Assessment の頭文字をとったもので、OECDによる国際的な生徒の学習到達度調査のこと。日本でいえば、高校一年生を対象としたテストで、二〇〇八年段階で四〇数ヵ国がこれに参加している。

(2) 「しつけ」という用語の語源についてはさまざまあり、定まっていないが、仕立て上げた着物を美しくセットするために糸で綴じていたのを子ども、とくに女子の生育目標や方法にあてがったというのが大方の見方である。しかし、今日では、とくに女の子を美しく躾ていくという考え方そのものに無理があり、私見としては、「しつけ」という言い方ではなく、「基本的生活習慣・技術の形成」と統一した方がよいと考えている。

(3) 田中喜美子・明田珠美子『核家族の子育てとしつけの盲点』グループわいふ、一九九一年

(4) 一九六〇年代より、子どもの活動場所とかかわって、多く使われるようになった。「三間」は、「時間、空間、仲間」、「三場」は、「家庭、地域、学校・園」、子どもの活動を機能的に分類して、「睡眠、食事、休息など、生理的に必要な機能、遊び、学習、仕事」の四つとしている。

(5) 田中昌人「発達における「階層」の概念の導入について」『京都大学教育学部紀要』二三号、一九七七年、四頁。その後田中氏は障害児の発達について精力的に研究を重ね、その成果を多数公表している。

（6）松原治郎『核家族時代』日本放送出版協会、一九八三年

（7）「形成作用」についてもっとも言及しているのが、宮原誠一である。彼は、人格を形成するのは「自然環境、文化環境、形成作用、教育」の四つであるとし、そのうちで最も重要なのは「形成作用」であり、教育がこれにとって代わることはできない、としている。『宮原誠一教育論集』第一巻、国土社、一九七六年、七～二五頁を参照されたい。

（8）高野清純ほか『図説発達心理学』福村出版、一九七七年、一七頁

（9）同右、七一頁

（10）杉原隆「身体・運動の発達心理」『季刊現代教育心理』No.5、一九七六年、一六頁

（11）同右、一八頁

（12）エリコーニン（柴田義松訳）「精神発達段階の新しい仮説」『現代教育科学』一九七二年一月号、要約

（13）藤永保他編『テキストブック心理学5』有斐閣、一九七八年、八頁。なお本書は、その後新版が刊行され版を重ねている。

（14）二〇〇六年一二月「改正」の新教育基本法の第一〇条では、子どもの教育の責任は第一義的に保護者にあり、「生活のために必要な生活習慣を身につけさせるとともに、自立心を育成し、心身の調和のとれた発達を図るように努めるものとする」とし、国及び地方公共団体は必要な施策を講ずるように努めなければならないとしている。

（15）その他、全国都道府県教育長協議会第二部会でも、平成一七年度の報告書「これからの家庭教育支援のあり方について～時代を担う子どもたちを豊かに育てるための多様で具体的な推進方策について～」を出している。

2 現代家族と子育ち支援

志濃原亜美

はじめに

第二次世界大戦後の日本の家族の形は、一九八〇年代以降急激に変化しました。家族機能の変化、生活スタイルの変化、地域社会の崩壊など、子どもと家族をめぐる環境の変化は、いちじるしいものがあります。また、子どもだけでなく、おとなたちもそのような社会のなかで、混乱しており、「子育て」という無形の文化さえ、継承できないのが現状だといえます。近年の厚生労働省の児童に関する法の改正、新法などの方向性も「少子化対策」中心から「子育て支援」へと変化してきています。二〇〇八年三月、保育所保育指針が改訂され、二〇〇九年四月より実施されます。今回で、三度目の改訂になる保育所保育指針のなかで、前回にも増して「地域における子育て支援」が、クローズアップされました。児童相談所に寄せられた児童虐待相談は、二〇〇七年には、四万件を超え、子どもだけでなく、親への支援や家族全体への支援が求められています。

では、具体的には、現代の家族はどのような問題を抱え、どのような支援が求められているのでしょうか。ここでは、現代における家族と「子育て・子育ち」について、福祉的な観点からとらえていきます。

1　家族の養育機能

(1)　家族と子育て

家族の定義は、時代とともに変化しています。『広辞苑』（第六版）によると、家族とは「社会構成の基本的単位」と定義されており、わが国の代表的な家族社会学者森岡清美は、家族を「夫婦・親子・きょうだいなど少人数の近親者を主要な成員とし、成員相互の深い感情的なかかわりあいで結ばれた、幸福（well-being）追求の集団」と定義づけています。

フランスの歴史家フィリップ・アリエスは、近代という時代に誕生した家族をほかの時代の家族と区別するために、「近代家族論」を提唱した人物です。社会学者宮坂靖子は、その「近代家族」の特徴として、夫婦間の性別役割分業、子ども中心主義、愛情付与の機能、家族の集団化をあげています。「近代家族」における性別役割分業は、「男は仕事、女は家事・育児」という枠組みのなかで、とくに子育てを母親が中心に担う社会が形成されていったといっても過言ではないでしょう。今より直系家族が多かった第二次世界大戦以前は、そのような枠組みのなかでも家族間で子育ての協力、地域の子育てなどによって、自然に子育てが行われる環境がありました。しかし、戦後、高度経済成長を機に都市化が進み、核家族が増大し、地域のつながりも弱くなりました。そのような環境のなかで、母親に子育ての負担が集中し、子育ての負担感や、育児不安などの新たな家族の課題に加え、少子化という背景もあり、近年、「子育て支援」や「父親の育児参加」が課題となっています。

(2)　社会的養護にみる家族のかたち

明治期に非行少年のために刑罰ではなく感化事業を行い、「家庭学校」を創設した留岡幸助は、少年たちの家庭状況を考え、家庭的な温かみのある施設として、大勢の子どもたちが一か所で生活する大舎制ではなく、家族舎方式を採用し、施設名も「家庭学校」としました。このことから考えてみますと、明治期の家族は、家父長制を重んじる家制度が中心であったとはいえ、当時の家族も子どもの「居場所」であり、子どもを包んでくれる存在であったことが想像でき、家族に養育機能が求められていたことが考えられます。

また、二〇〇二年に改正された里親制度を考えてみても、家族と離れて暮らす子どもたちが少しでも家庭的な雰囲気を味わえるようにという意味が含まれていると思います。社会的養護には、施設養護と家庭的養護があり、里親制度は、後者に分類されています。里親制度の充実や拡大は、現在の社会的養護の課題となっていますし、施設養護であっても、小舎制、少人数の地域小規模児童養護施設などの少人数で家庭的な施設設備、職員配置などが、課題です。

介護や保育が社会化し、以前よりは家族機能としての介護や子の養育が弱体化したとはいえ、現在でも介護や子の養育といった家族の「世話をする」という機能は、家族に期待されており、その補完を社会福祉が担っているといえるでしょう。

明治期、貧困児童のための幼稚園である「二葉幼稚園」(のちに「二葉保育園」に改称)を創設した野口幽香と森嶋峰は、子どもを預かるだけではなく、親の指導など、親に対する支援を行っていました。子どもの生活を守り、家族や地域の福祉の向上を図るには、子どもとそれを取り巻く環境の改善であると考えていたからだと思われます。現在、さかんに「子育て支援」が叫ばれ、ファミリー・ソーシャルワークという言葉も一般化されつつあります。けれども、日本では、百年も前から野口らをはじめとするセツルメント運動家たちが、子育て支援を行っており、地域の改善に貢献していたのです。

2　現代家族と福祉問題

⑴　児童虐待の実態

児童虐待については、平成二（一九九〇）年より虐待相談件数の調査が行われ、二〇〇〇年に「児童虐待の防止等に関する法律」（以下、児童虐待防止法）が成立した前後から統計的には急増しています。二〇〇七年の児童虐待の相談件数が、調査以来初めて四万件を超えたことは、新聞各紙で大きく報道されました。

児童虐待の定義は、①身体的虐待、②ネグレクト、③性的虐待、④心理的虐待の四種類です。それぞれの虐待について詳しくみてみましょう。

①身体的虐待……殴る、蹴る、熱湯をかける、逆さづりにする、異物を飲ませる、たばこの火を押しつける、など身体に影響を及ぼすような虐待のことです。

②ネグレクト……育児放棄ともいわれ、長時間の放置、着替えさせない、学校に行かせない、食べ物を与えない、お風呂に入れない、どちらかの親の虐待を放置する、などの児童に必要な環境を整えなかったり、世話をしないなどの行為のことです。

③性的虐待……性交を強要する、ポルノグラフィーの被写体にする、性器を見せるなどの行為のことです。

④心理的虐待……兄弟との比較、「お前なんか産まなければよかった」などと子どもが傷つくことをいう、父親の母親への暴力などを見るなどの間接的な内容も心理的虐待に含まれます。

見た目にわかりやすい身体的虐待が一番多く、続いてネグレクト、心理的虐待、性的虐待の順です。近年では、ネグレクトの増加が、いちじるしく増えています。主たる虐待者は、実の父母が全体の約八割、被虐待児童は、乳幼児が全体の約半数で、次いで小学生、中学生となっています。

児童虐待の背景としては、①母親の育児不安や育児ストレス、②身近に育児を経験する機会に乏しい、③育児に関する知識の不足や情報の過多などがあげられます。児童の権利を侵害する児童虐待の原因は、ひとつではなく、複合的であり、ささいな問題を契機として大きくなってきます。外からみれば、幸せそうな家族でも、バランスが崩れると児童虐待に発展するケースも多々あります。児童虐待に関する事例をみてみましょう。

(2) 事例【ドメスティックバイオレンス(DV)と児童虐待】

① 事例の経緯

Aくんの新しい生活　Aくんは、小学校入学時に、B学区に引っ越してきました。それまでは、母子家庭だったのですが、母親の再婚が決まり、B学区にある駅のそばの新築マンションで新しい生活を始めることになりました。母親は、働いていたため、小学校入学と同時に同じ学区の学童保育にも通うことになりました。B学区周辺は、大都市C市の通勤圏で若い世帯が多く、核家族で共働きが多い地域です。B学区の学童保育にも、一年生から六年生までの子どもが、七〇名ほど通っており、Aくんと同じ学年の子どもも一八名ほどいたため、Aくんは、持ち前の明るさで、すぐに多くの友達ができ、学校にも学童保育にも慣れた様子でした。Aくんの両親は、学童保育で、一年生の五月に行われる懇談会にも積極的に参加し、父親もAくんの教育に関心があるように映っていました。

Aくんと母親　Aくんの母親は、サービス業だったため、土曜日も学童保育を利用し、お迎えも一番最後になる日が多く、夏休みもほとんど一日も休まず学童保育に来ていたため、Aくんは少しストレスがたまっていたようで、時々、友達に暴力をふるったり、暴れたりすることがありました。しかし、一人っ子だったAくんは、上の学年の子とサッカーやドッヂボール、野球など外遊びが大好きで、体力もあったため、上の学年の子とも対等に遊ぶことができ、みんなからは、乱暴者と思われていた反面、試合などでは、活躍するということで、一目を置かれている存在でした。

母親は、ほとんど毎日お迎えに来ていたのですが、一年生の夏ごろからは学童保育の行事や会議などには参加する回数が減っていきました。しかし、Aくんは、母親が、行事に参加することを大変楽しみにしていたため、一年生の夏のキャンプには、三日間のなかで、一日だけ顔を出すなど、母親なりの努力をしているように見受けられました。

ある日の事件　Aくんが、二年生になったころ、ますます帰宅が遅くなった母親は、一週間に一度くらいのペースでAくんを一人で帰らせるよう指導員に伝えたり、閉所まぎわに電話で迎えに行けない旨を伝えたりするようになりました。Aくんの家は、学区の端にあり、暗くなって一人で帰らせるのは危険なため、帰り道が同じ方向の子どもがいないときは、指導員がマンションの前まで送って行きました。

そんなある日、Aくんの母親から「八時半になっても子どもが帰っていないのですが、何時頃学童保育をでましたか？」という電話が指導員のところにかかってきました。その日は、母親、指導員が手分けをして探したのですが、結局、家のそばのレンタルビデオ店の二階（二階がゲームセンター）にランドセルを背負ったまま、座っていたということがありました。その日以来、母親は、なるべく迎えに来るようにはなりました。

父親との奇妙なやりとり　父親は、というとめっきり学童保育には顔を出さなくなったのですが、年に一、二回早い時間におむかえにきたことがありました。Aくんは、いつも母親のお迎えのときは、「お母さん、この試合が終わるまで待ってて」「この遊びをまだやってていいでしょ」などと言い、一〇分ほど母親を待たせるのですが、父親のお迎えのときは、姿が見えた瞬間、素早くランドセルを取りにいき、「先生、ありがとうございました。さようなら。」といつもしない挨拶をして帰ります。他の子どもたちも「Aくん、変だね。お父さん怖いのかな？　優しそうなのに。」という具合です。確かに父親は、普段、顔を見せないにもかかわらず、毎日迎えに来ているかのようにさわやかで、愛想よく、「ありがとうございました。A、帰るよ。」と子どもに優しく声をかけていました。

また、指導員がマンションまで送って帰ったときに父親に出くわすと、急に態度が変わっていたこともあり、誰も家にいない時には、なかなか家に入りたがらなかったり、「Dちゃん（指導員の呼び名）、家の中まで、来て。」と言ったりしていました。「お父さんって家で怖いの？」と指導員が尋ねると、「怖くないよ。お父さんもお母さんも大好きだもん。」と一度も怖いと言ったことはありませんでした。

DVかもしれない　Aくんが二年生の夏が過ぎたころでしょうか。母親は、毎回、別の個所にけがをしてくるようになりました。余りに頻度が高いので、指導員が心配すると、「転んで骨を折りました。」「指をはさんだのです。」「顔が少し腫れたので。」

たまたま、Aくんと同じマンションに同じ学年の子がおり、その子の母親によると、「あそこの家は、よく、救急車が来るのよ。夫婦喧嘩かしら。」と言い、「お母さんが遅いときは、お母さんが帰るまで、うちにいることがよくあるんです。」ということでした。やはり、何かがおかしい。母親は、その頃になると、懇談会などにほとんど出席せず、迎えには来るのですが、「時間がないので、また、今度聞きます。」となかなか話に応じなくなりました。「何か困ったことがあったら、遠慮なく言ってください。相談に乗りますので。」という指導員の言葉も、聞こえていないように見えました。

ネグレクトとは言わないまでも…　Aくんの母親は、美容関係の仕事をしており、いつも小奇麗にしていました。しかし、Aくんは、ヨレヨレのTシャツなどを着ていることが、多かったのです。それは、本人が、Tシャツを伸ばす癖があったり、外遊びで張り切りすぎて、ズボンを破ったりすることがよくあったので、あまり話題にならなかったのですが、ある日Aくんが真新しいシャツを着て来たとき、一人の子どもが「お前、新しいの買ってもらったの初めてじゃない?母さんは、きれいなのに、お前、いつもヨレヨレだろ。」と言ったことがありました。しかし、次の日からまた、いつものような洋服に戻ったので、「Aは、すぐ汚すから、ヨレヨレでいいよな。」と誰もが思い、あまり不思議に感じなかったのだと思います。今から考えるとその他にも、お弁当の日は、いつも外部のお弁当の注文であったりし、手作りのお弁当を食べている姿は見たことがありませんでした。

保育料の滞納　二年生になった頃から、保育料も滞納していることがわかりました。関係者の間からも、「両親共働きで、子どもは一人だし、新築の駅に近いマンションを買っているのだから、払えない家ではないはずだ。」というのが、一致した見解でした。保育料の督促をすると「今は、父親が仕事をやめて、自分一人で家計を支えているので、分割にしてほしい。」と申し出た、ということでした。「せっかく、再婚して、マンションも買ったのに大変だね。」と関係者は同情し、払えるときには払ってもらって、父親が仕事を始めるのを見守ろう、という結果におちつきました。

離婚、そして最悪な結果に　「Dちゃん、僕、三年生になったら、引っ越しをするんだよ。お父さんとお母さんがお別れするんだって。」二年生の終りにAくんがさみしそうに言いました。話を聞くと、「お父さんが仕事やめたからだって。僕は、今の学校と学童が大好きだから、変わりたくないんだけど、遠くに行くから。学童に来るのもあとどれくらいかな…。テレビも家具もお母さんが買ったんだけど、全部おいて行くんだって。もったいないでしょ。…でも、夏休みに来れたら来るね。来てもいい？」

そして、一か月もしないうちに、Aくんは、退所することになりました。滞納していた保育料は、この先も少しずつ払う、という約束を母親はしていきました。

それから、三か月ほど経った夏の午前、新聞社の人が、学童保育を訪ねてきました。三か月前、退所したAくんのお母さんが亡くなった、というのです。殺された、と。そして、元夫が行方不明なので、警察が行方を捜しているとのことでした。

事件の概要　一九××年、×月×日午前、Aくんが学校に行く時、母親の前の夫とすれ違い、その日、Aくんが帰宅すると、鍵が開かず、家に入ることができませんでした。仕方なく、Aくんは近所に住む祖母の家に行ったのですが、祖母が携帯電話で何度かけても母親は、電話にでなかったといいます。翌日、祖母立ち会いのもとで、大家さんに鍵を開けてもらうと、母親が他殺体で見つかった、ということでした。行方のわからなかった元夫は、一週間ほどして、逮捕されたと報道されました。引っ越した後も、元夫は、仕事をせず、Aくんの母親に金の無心をしていた、ということでした。

②事例にみる家族と社会

この事例は、筆者が以前、学童保育所で指導員として働いていた時の体験です。二〇〇〇年に児童虐待の防止に関する法律が制定され、虐待の定義、通告の場所などが、はっきりと明記されました。さらに、二〇〇四年の法改正で、どちらかの親（婚姻関係はなくとも同居している者を含む）の一方の親への暴力を見ることも心理的虐待であることが、明記されました。さらに、二〇〇一年にはＤＶ防止法も制定されています。

筆者は、大学で、学生に児童虐待について、説明する度にＡくん家族のことを思い出します。その後、Ａくんは、どうしているだろうか。彼は、もう成人する年齢です。立派に自立しているだろうか。自暴自棄になっていないだろうか、と。この事例は、奇しくも一九九〇年代末であり、児童虐待防止法やＤＶ防止法制定以前の話です。消防署の職員、小学校、学童保育所、近所の人など、Ａくん家族の異変には、少なからず気づいていたと思います。しかし、連携をすることもなく、それぞれが、それぞれの役割を果たすのみに終わってしまったがために、最悪の結果を招いてしまいました。

新聞社の方が、のちに「母親は、近所づきあいもなく、それにしては、学童保育には、よく顔を出していたんですね。」とおっしゃいました。母親は、忙しい生活のなかで、最低限お迎えに行くことで、子育てに対して努力していたのだと感じます。父親は、新しい妻、子どもと幸せに暮らそうと思っていたのだろうと思います。しかし、仕事を辞め、再就職がみつからないことに苛立ち、妻への暴力がエスカレートしたのでしょう。Ａくんは、そんな両親のはざまで、必死に明るくふるまおうとしていました。この家族は、幸せになるために再出発したに違いありません。しかし、経済的な不安性さがきっかけとなり、結果的に家庭生活が崩壊し、最悪の結果に至ってしまったのです。

現代家族には、母子家庭、父子家庭（ひとり親家庭）また、Ａくん家族のようなステップ・ファミリーなど、多様な形態があり、家庭内外のさまざまな悩みに起因するストレスや親の都合によって子どもたちもまた、生活実態が変わっていきます。

Aくんの家庭の事例では、再婚し、駅に近い新築マンションでの新しい生活は、外から見れば、幸せな家庭であったに違いありません。しかし、父親の失職により状況は一変し、父親のストレスや経済的な不安定さが母親への暴力となり、それによって、Aくんが被虐待児となったのです。父親は、Aくんには暴力を振るわなかったのですが、母親への暴力に怯えた日々を送っていたことが想像されます。

このように、どんな形態の家族にも、リスクはあり、バランスが保たれているときはよいのですが、均衡が崩れれば、同じような状態になるかもしれません。まずは、子どもに関係のある機関や身近な社会資源に関わっている人が、既存の法律などを含めた社会資源について学び、活用することが、支援につながるのではないでしょうか。希薄な人間関係のなかで、悩みを抱えている家族は、多く存在すると思います。地域や周囲との関係が希薄であればあるほど、社会のなかで自立していくことが、困難になるでしょう。そのために新しい法律や社会資源があるのだと思います。しかし、法律や各種の社会資源を活用しただけならば、「子育て支援」の枠を超えないと考えます。「子育ち」というのは、そこから、自らのエンパワーメントによって、能動的に働きかけることではないでしょうか。

現代家族の家族形態や生活は、社会の変化に伴って、変わってきました。そのことをしっかりと把握したうえで、社会は何ができるのか、また、社会資源を活用して、一人ひとりが、よりよい生活をするためには、教育、福祉に関係するおとなが現代社会をしっかりと見据え、ファミリーソーシャルワークの視点をもって子どもやその家族に関わることが重要であると考えます。

3　子どもと家庭を支援する法や制度

(1)　代表的な法・制度

子どもと家族を支援する法律として、代表的なものに児童福祉六法があります。①児童福祉法、②児童扶養手当

法、③特別児童扶養手当法、④母子及び寡婦福祉法、⑤母子保健法、⑥児童手当法、です。

児童福祉法には、一四種類の施設が明記されています。助産施設、母子生活支援施設、保育所、児童養護施設、乳児院、知的障害児施設、知的障害児通園施設、情緒障害児短期治療施設、盲ろうあ児施設、重症心身障害児施設、肢体不自由児施設、児童自立支援施設、児童家庭支援センター、児童厚生施設です。

その他の近年制定された関係する法などとして、二〇〇三年「次世代育成支援対策推進法」「少子化社会対策基本法」、二〇〇四年「少子化社会対策大綱に基づく重点施策の具体的実施計画について（子ども・子育て応援プラン）」策定、二〇〇七年「放課後児童クラブガイドライン」などがあります。

(2) 放課後児童クラブガイドライン

二〇〇七年一〇月、放課後児童クラブの質の向上を図るため、放課後児童クラブガイドラインが策定されました。一九九七年の児童福祉法改正で、「学童保育」が放課後児童健全育成事業として法定化されましたが、施設設備、職員配置、児童数などの基準はなく、保育の質の充実が課題となっていました。

ガイドラインは、「学童保育」の質の向上に資することを目的としており、対象児童、規模、施設・設備職員体制、職員の役割、関係機関との連携等、それまでには記されてこなかった点が明記され、今後一定の基準のもとに学童保育の事業が行われるとともに、質の向上が期待されています。しかし、一方で、その運営に必要な基本的事項のみを示しており、各クラブの運営の多様性から「最低基準」という位置づけではない、とされており、明確な基準の明示も求められています。ガイドラインの内容をまとめると表1のようになります。

放課後児童クラブガイドラインでは、放課後児童指導員の役割として、家庭との連携や地域への支援、また、児童虐待の早期発見などが明記され、また、連携として、保護者への支援、連携、学校との連携、関係機関・地域との支援連携、配慮を必要とする児童への対応として、障害のある児童や虐待への対応も加えて明記されました。保育所や

表1　放課後児童クラブガイドライン

対象児童	保護者が，昼間，労働等により家庭にいない小学校1～3年に就学している児童その他健全育成上指導を要する児童（特別支援学校の小学部児童及び小学校4年生以上の児童）
規模	おおむね40名程度 1放課後児童クラブの規模は70名まで
開所日・開所時間	子どもの放課後の時間帯，地域の実情や保護者の就労状況を考慮して設定 土曜日，長期休業期間，学校休業日については，8時間以上 新1年生の受け入れは4月1日
施設・設備	① 専用の部屋などで生活の場としての機能が十分確保されるよう留意 ② 児童一人あたり1.65㎡以上の面積を確保することが望ましい ③ 体調の悪い子ども等の静養スペースの確保 ④ 衛生，および安全で，事業の必要な施設・設備の確保
職員体制	放課後児童指導員（児童の遊びを指導するもの）
放課後児童指導員の役割	留意事項：① 人権の尊重・個人差への配慮，② 虐待等の禁止，③ 保護者への対応・信頼関係の構築，④ 個人情報の保護，⑤ 資質の向上，⑥ 事業の公共性の維持 活動内容：① 健康管理・安全の確保・情緒の安定，② 自主性・社会性・創造性を培う，③ 学習活動の援助と環境を整える，④ 生活習慣の援助等，⑤ 家庭との連携や地域への支援，⑥ 児童虐待の早期発見，⑦ その他必要な活動
連携	保護者への支援，連携，学校との連携，関係機関・地域との支援連携
安全対策	① 事故やケガの防止と対応，② 衛生管理，③ 防災・防犯対策，④ 来所・帰宅時の安全確保
配慮を必要とする児童への対応	① 障害のある児童や虐待への対応 ② 障害のある児童を受け入れるための研修
その他の対応	事業内容等の向上，利用者への情報提供等，要望・苦情への対応

出所）厚生労働省雇用均等・児童家庭局「放課後児童クラブガイドラインについて」2007年を参考に作成

学童保育などは、子どもの生活の場であり、また、保護者との距離も比較的近いため、配慮や連携をすることで、家族を支援することが、可能な施設です。また、地域のなかにあるため、対象となる家族以外にも支援やノウハウを提供することが、今後期待されるでしょう。

おわりに

現代社会は、家族の育児機能の低下に伴い、子育て支援がますます必要になっており、国も子育て支援に関する制度や政策をうちだしています。これからの家族、子育て支援について、必要とされることを二つ提言します。

一つめは、制度、政策の周知徹底です。家族の育児機能の低下を補完する子育て支援の種類が増えることは、今まで救えなかった子どもや家族にとって大変有効なことであると考えます。しかし、制度はあっても知らないのでは、「絵にかいた餅」であると思います。社会福祉の制度や政策などが、福祉にかかわる人以外にも周知されるような政策を打ち出す必要があるでしょう。たとえば、スウェーデンでは、誰もが生活に関わる法律や制度をよく知っています。それは、一人ひとりの国民が制度をよく利用しているからということもありますが、一人ひとりが、自分たちの生活をより豊かにするために、福祉制度について関心をもっているからだと考えます。そのように、個人または家族と社会の制度が車の両輪のように機能しているのです。それによって、国も個人も豊かになり、「福祉国家」「生活大国」といわれるようになったのだと考えます。

二つめは、「子育て」の枠から一歩前進し、「子育ち」の視点をもつことです。子育て支援が充実し、それを利用するのみにとどまらず、子どもも親も自ら育っていけるような支援を提供する、また、支援を利用する側も受動的ではなく、自らの力を発揮できるような力をつけることです。そのためには、支援を提供する側、利用する側の意識の変革が求められると思います。社会福祉の用語として、エンパワーメントという言葉があります。エンパワーメントとは、人とその人との環境との間の関係の質に焦点をあて、所与の環境を改善する力を高め、自分たちの生活のあり方をコントロールし、自己決定できるように支援し、かつそれを可能にする社会の実現をめざす過程のことです。さまざまな問題を抱える現代社会ですが、子どもや親、家族全体の潜在的な力を信じ、子育ち、親育ちを応援していける社会の構築をめざしたいものです。

【しのはら　あみ】

参考文献

森岡清美・望月嵩『新しい家族社会学』培風館、一九八三年
川村匡由『家族福祉論』ミネルヴァ書房、二〇〇八年
北川清一・小林理編著『子どもと家庭の支援と社会福祉』ミネルヴァ書房、二〇〇八年
全国保育団体連絡会、保育研究所編『2007保育白書』ひとなる書房、二〇〇七年
湯沢雍彦『データで読む家族問題』NHKブックス、二〇〇三年
木下謙治他編『新版家族社会学――基礎と応用――』九州大学出版会、二〇〇八年
山田昌弘『迷走する家族』有斐閣、二〇〇五年
大和礼子他編『男の育児・女の育児』昭和堂、二〇〇八年
沢山美果子他著『「家族」はどこへいく』青弓社、二〇〇七年
内閣府『平成二〇年版　少子化社会白書』二〇〇八年
厚生統計協会『国民の福祉の動向』二〇〇八年

❸ 家族カウンセリングによる子育ち・子育て支援

――家族カウンセリング研究所〝陽だまり〟――

掃部陽子

1　子どもの〝心のSOS〟に応えたい！

「公務員（幼稚園）を定年前に辞めるなんてもったいない！　なぜ急に？」と問われながらも急いで設立したのが、家族カウンセリング研究所〝陽だまり〟（福島県）です。

なぜ急いだか？　…それは子どもたちの〝心のSOS〟に応えてやれるおとなの一人になりたかったからであり、問題を抱えた子どもを前に為す術がなく悩んでいる親御さんや家族に救いの手をさしのべたいと思ったからです。

一方では幼児教育の経験とカウンセリングの事例から「子育て」と「子育ち」の関係をより深く研究し、その成果をさまざまな機会と場で提唱していくことを私自身に課せた仕事として貫いていきたいと考えたからです。

最近、子どもにまつわるさまざまな問題や不可解な事件が続出し、家庭崩壊かと思われる現状が見られます。これらは、子どもたちが身を震わせながらおとなに訴えている「心のSOS」であり、安全に成長し続けられる環境を作っていないおとなへの「挑戦状」ではないかと思えてなりません。

2 「子どもの問題?」「おとなの問題?」

不登校・ひきこもり・集団いじめ・家庭内暴力・家族間殺害等の問題は後を絶たず本質的な改善がなされていないように思われます。二〇〇七年福島県の調査では、小中学生の不登校が一八八五人、小中高生のいじめが七四一件と発表されましたが、実際の数はもっと多いだろうと考えています。ある中学校では、不登校の生徒が登校してきても教室に入れないと教師がついていない部屋で自由に学習し、これが卒業するまで続くのだそうです。この場合、生徒が登校しているので「不登校」とカウントはされませんが、子どもにとっては義務教育期間であるにもかかわらず教科指導が受けられず学力もつかないということになりかねません。結局、高校進学のハードルは高く、行き場を失い、やがては「社会的ひきこもり」を招いてしまうことも少なくないでしょう。

子どもにまつわる問題は、実は私たちおとなの問題でもあると思っています。つまり子どもが問題を抱えてしまった場合、おとなが適切かつタイムリーに対応してやらなければ、子どもは解決しない問題を背負ったまま、その後の人生を歩むことになりかねないからです。

二〇〇七年五月、本県会津若松で起きた高校生一七歳による母親殺害事件（母親を殺害した上、首と右腕を切断）もその一つといえそうです。裁判では少年の感情発達プロセスの問題と臨界点を超えた非行として医療少年院送致が決定しました。その要旨を見ると「少年に問題性があるにもかかわらず、母親をはじめ周囲のおとなによる必要適切な介入を得られなかった。高校進学による環境の変化の中で挫折感から自己評価を低めていき、不満や寂しさなどを発散する場として、殺人・解体の空想に傾倒していった。」とあります。つまり少年が〝心のＳＯＳ〟を発信していたにもかかわらず身近な人々がそれに気づかず、適切に対処してやれずに起きてしまった事件とも考えられると思います。

わが子を愛し〝よかれ〟と思って夢中で子育てをしてきた親を責めるわけにはいかないのですが、子育ての思い違い、つまり子育て偏重が生む子育ち不在の怖さを感じざるをえません。

必ずしも家族の誰かに問題を抱える人が出てくるというわけではありませんが、現代社会においておとなも子どもも大なり小なり問題が起きやすい環境のなかで生活していることは確かです。とくに「親は子どもにできるだけのことをしてやる、それが親の愛情」と考える日本の教育のイデオロギーは、『子育て』偏重を招き、子どもが自ら考え判断し行動できるように育つ『子育ち』不在を作りだしてしまっているように感じます。このことは次世代を担う子どもたちにとっては不幸なことであり、社会にとっては最大の損失でしょう。

3　いよいよ〝陽だまり〟の出番

〝陽だまり〟の主たる事業は問題を抱えた個人やその家族のカウンセリングですが、親御さんはもちろん市民一般を対象に「子育ち支援」セミナー・講演会やイベント・講演活動・〝はじめの一歩〟ミーティング等、予防や改善をねらった学習の機会と場も提供しています。さらに、多くの人々との出会いを積極的に求め、しなやかな人間関係づくりに心がけながら、〝陽だまり〟設立の目的実現をめざしていこうと考えています。その一端を紹介しましょう。

(1)　家族カウンセリング

当研究所における家族カウンセリングは、家族相談士が家族療法の理論と技法を基本にし、メイン・サブ・観察の役割を担ってチームを組んで行います。青ざめた顔で訪れる親、心を隠すかのように上着の前身ごろを重ね合わせ身を縮めて訪れる若者、〝連れて来られて迷惑〟と言わんばかりにふてくされた子ども等、さまざまな姿で訪れる方々をカウンセリングルームに向かえ回復や改善の援助をしていくのですが、容易ではありません。しかし、カウンセラーチームは信頼関係を構築しながら時間をかけて家族を勇気づけていきますので、やがて家族の誰かがキーパーソンとなり、本来もっている「家族の力」が引き出されて回復や改善に向かってくれるのです。そのプロセスは実に手ごたえがあり、〝陽だまり〟設立の意義を感じさせるものです。

☆このような相談を

■不登校・ひきこもり・いじめ・家庭内暴力・非行等、子どもの問題に関する相談

■子育て不安・虐待等、親自身が抱えている問題に関する相談

■家族関係改善に関する相談

☆『家族の力』を引き出し、一緒に考えて

個人の問題は多かれ少なかれ家族関係の影響を受けているので、その回復や改善のためには本人へのアプローチだけでなく家族全員の理解と協力が必要となります。家族カウンセリングは家族を一つのシステムとしてとらえ、システムの歪みを発見しバランスを回復するためにカウンセラーは必要な介入を行います。

〝陽だまり〟に来所する方のうち大部分は、以前、精神科・心療内科等への相談・通院をしていた方やその家族です。そして回復までの道のりが長期化し問題もこじれてしまっている

気分が和むカウンセリング空間を準備して

“陽だまり”全景

カウンセリングルームB

メインカウンセリングルーム

カウンセリングルームC

ケースがほとんどで、当初は「子どもの問題」だったのに問題が長引き、すでに「若者の問題」になっています。

そこで、〝陽だまり〟では面接にたっぷり時間をかけ、相談者の蓄積された辛い思いを聞き、重かった気持ちを少しでも軽くしてあげられるよう心がけます。さらに終了後にはカウンセラー全員による「振り返り」を行い、さまざまな角度から問題解決の糸口を探り、「家族の力」で回復する援助をしていきます。

とくに、子どもの問題は「家族の力」でほぼ解決すると言われていますが、家族だけで問題を解決しようとしても逆に問題を維持させ悪循環を招く結果となる可能性もあります。そこで、カウンセラーたちが家族のなかに介入しながら家族と一緒に解決の手立てを考え、「家族の力」で変化できた手ごたえを感じてもらえるようきめ細かく援助していきます。本人の来所がなくても両親面接で問題が改善に向かったり、一〇年以上も悩み苦しんできた「ひきこもり」なのに変化が起き出したりという事例もあり、家族カウンセリングのダイナミクスを実感しています。

(2) 親向け「子育ち支援」セミナー

講話だけでなく、意見交換・グループトーキング・ロールプレー等を組み合わせたセミナーは、親御さんの一人ひとりの声が反映され、「気づきと変化」の大きな一歩につながっています。セミナーに参加したことをきっかけに〝悩んでいてもしょうがない。思い切って相談してみよう〟と来所する親御さんが増え、このような機会を提供することの意義を感じています。

(3) 講演会やイベント

〝陽だまり〟が主催する講演会やイベントは、子どもの育ちと家族との関係・家族の健康なシステムづくりを主たるテーマに実施していますが、講演会やイベント開催にあたっては、若者の自立支援・連携諸団体との共催や協力・社会資源の活用等を視野に入れて提供できるようにしています。実際ひきこもっていた人が一歩外に踏み出そうと決意し、イベントや講演会を開催するための裏方として手伝ったりする姿も出てきています。

(4) 講演活動

幼稚園・小学校ＰＴＡ教育講演会、幼小中教員研修会、青少年健全育成研修会、子育てサポートフォローアップ研修会、若者サポートステーション親向けセミナー、子育てフェスティバル等、講演依頼があれば積極的に受諾し、「子育ち不在を作り出さない子育ての在り方」や「システムとしての家族」について話をしています。講演後、参加者から別の場と機会を設定した依頼を受ける等、関心の高さと活動の広がりを感じています。

(5) 〝はじめの一歩〟ミーティング

講演会やイベントは、開催のみで終わることなく、形を変え継続させながら「子育ち・子育て」支援をしていくことが大切だと考えています。

その一つが〝はじめの一歩ミーティング〟です。二〇〇七年四月に「今だから語れる不登校・ひきこもり体験〝はじめの一歩〟」のイベントを実施し、翌五月から毎月〝陽だまり〟のオープンスペースで行っています。参加者は円座をつくり、困っていること・気づいたこと・変化が起きていること・実践し始めたことなどを自由に語り合います。自分の話を受け入れてもらえる喜びを感じたり、参加した人の考えを聞いて感動したり、〝陽だまり〟のスタッフのアドバイスから学んだりと勇気が湧く有意義な時間として好評です。また、月毎のテーマやミニレクチャー等も折り込み、子育ちや子育てを学ぶ機会と場になっています。

さらに図1のように〝陽だまり〟と関係団体とが連携を構築し効果的に関わることで「子育て」偏重の修復を促し、「子育ち」存在を支援していこうと考えています。

図１ 「子育ち」「子育て」を支援する連携の輪

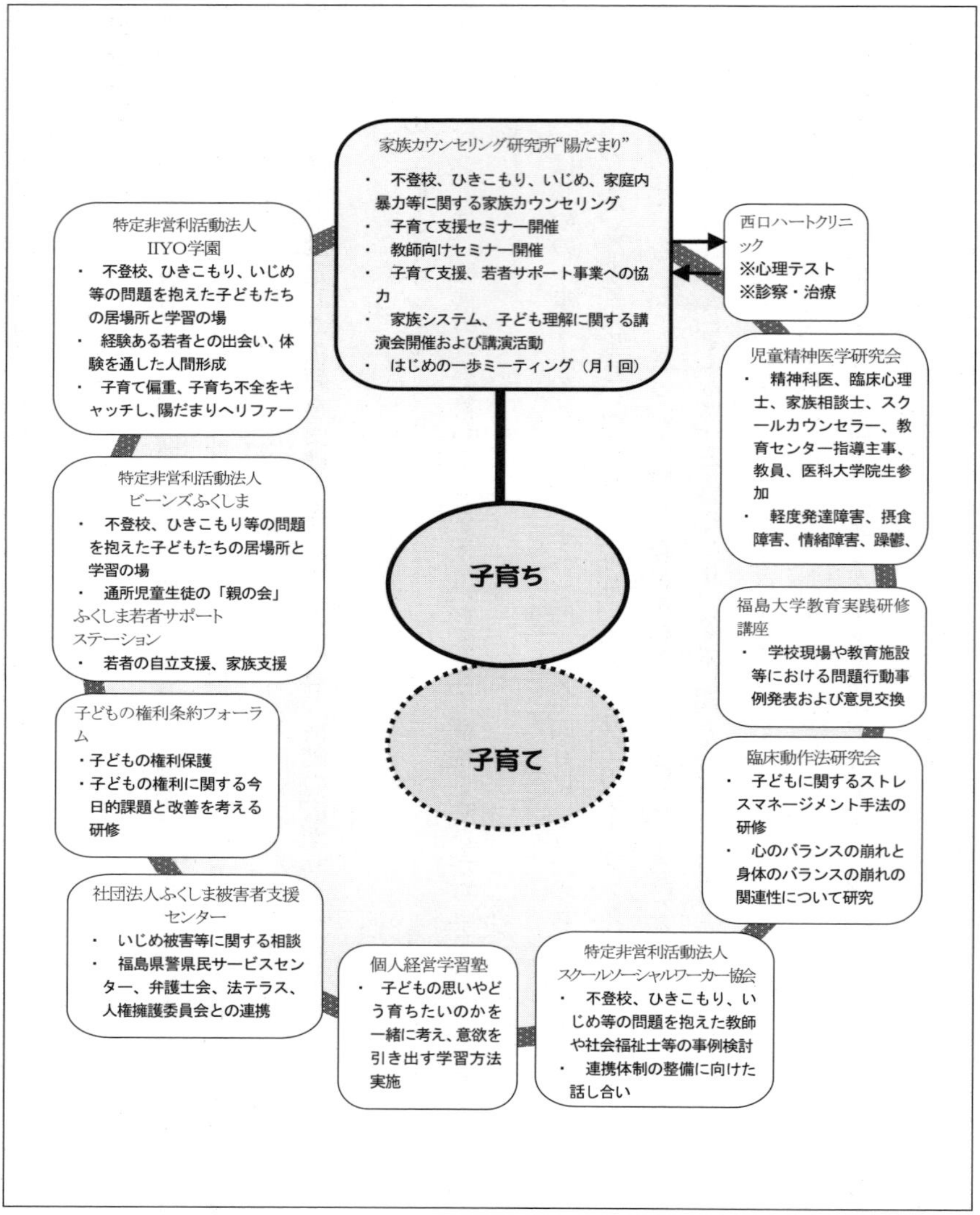

家族カウンセリング研究所"陽だまり"
・ 不登校、ひきこもり、いじめ、家庭内暴力等に関する家族カウンセリング
・ 子育て支援セミナー開催
・ 教師向けセミナー開催
・ 子育て支援、若者サポート事業への協力
・ 家族システム、子ども理解に関する講演会開催および講演活動
・ はじめの一歩ミーティング（月１回）
西口ハートクリニック
※心理テスト
※診察・治療
特定非営利活動法人
IIYO学園
・ 不登校、ひきこもり、いじめ等の問題を抱えた子どもたちの居場所と学習の場
・ 経験ある若者との出会い、体験を通した人間形成
・ 子育て偏重、子育ち不全をキャッチし、陽だまりへリファー
児童精神医学研究会
・ 精神科医、臨床心理士、家族相談士、スクールカウンセラー、教育センター指導主事、教員、医科大学院生参加
・ 軽度発達障害、摂食障害、情緒障害、躁鬱、
特定非営利活動法人
ビーンズふくしま
・ 不登校、ひきこもり等の問題を抱えた子どもたちの居場所と学習の場
・ 通所児童生徒の「親の会」
ふくしま若者サポートステーション
・ 若者の自立支援、家族支援
子育ち
子育て
福島大学教育実践研修講座
・ 学校現場や教育施設等における問題行動事例発表および意見交換
子どもの権利条約フォーラム
・子どもの権利保護
・子どもの権利に関する今日的課題と改善を考える研修
臨床動作法研究会
・ 子どもに関するストレスマネージメント手法の研修
・ 心のバランスの崩れと身体のバランスの崩れの関連性について研究
社団法人ふくしま被害者支援センター
・ いじめ被害等に関する相談
・ 福島県警県民サービスセンター、弁護士会、法テラス、人権擁護委員会との連携
個人経営学習塾
・ 子どもの思いやどう育ちたいのかを一緒に考え、意欲を引き出す学習方法実施
特定非営利活動法人
スクールソーシャルワーカー協会
・ 不登校、ひきこもり、いじめ等の問題を抱えた教師や社会福祉士等の事例検討
・ 連携体制の整備に向けた話し合い

4 家族カウンセリングの実際

(1) 両親連合が実を結び「家庭内暴力」が姿を消した事例

〈家族構成〉

ＩＰ：Ａ男、中一、成績は中の下、部活はテニス、切れやすい。
父：四五歳、公務員、まじめ、実母を尊敬。会話が苦手。
母：四三歳、パート勤務、まじめ、姑を尊敬。
妹：小学四年、成績は上で各種表彰多い、優しい、努力家。
弟：小学二年、成績は中の上、明るい、素直。

〈問題の概要〉

Ａ男は母親の「子育てレール」を進み、よい子で育つ。しかし、中学になると部活や学習のことで両親と衝突することが多くなり反抗的な態度や行動が始まる（切れて殴りかかる、ガラスを割る、お金を盗む、学校を休む等）。両親、とくに母親はＡ男の豹変ぶりにうろたえ、Ａ男が要求するままに、お金を渡す・物を買う・謝るといったその場しのぎの対応で回避するが、勉強もせず部活とＴＶゲーム中心のＡ男の姿は母親を極度に不安にさせ、父親を苛立たせる。

一月、Ａ男が家族のお金を盗み父親と口論、激怒した父親がＡ男に殴りかかる。Ａ男は暴れてドアを壊し包丁を握ったので母親が一一〇番通報する。その後Ａ男と父親との関係が悪くなり会話もない。Ａ男は母親を独占し、妹には「キモイ」「殺してぇ」と嫌がらせをする。温かな家庭のイメージが崩れつつあり、母親は心身ともに疲れきって来所。

〈初回面談〉――母親来所――

（前略）

X：メインカウンセラー　Y：サブカウンセラー　Z：観察カウンセラー

母：（涙）今まで自分がしてきたことは全部悪い結果で出ているような気がします。結局私の子育てが間違っていたんです。

X：そう思うのはどんなことからですか？

母：A男には厳しかったし、だからほめることもなかったし、子どもたちを平等に扱っていなかったし、私はA男を愛して子育てしなかったのかもしれません。姑にも「大学も出ているのにその程度の子育てなの！」と言われました。

X：どの程度の子育てならいいのですか？

母：えっ、さあ？

X：A男を愛していない？ところで、あなたにとって子育てのモデルはどなたですか？

母：姑です。姑は〝私の子育ては自慢できる〟と言っています。（涙）私は母親失格です。

Y：お父さんは合格ですか？

母：えっ、たぶん。

X：そう、お姑さんから見ると、お母さんの子育ては失格なのですね。お父さんが合格であるなら、子育ては合格のお父さんにまかせるという方法もありますよ。

Y：お母さんはA男のために〝よかれ〟と思うことを一生懸命やってきたのでしょう？

母：私が家族の生活リズムを決め、家庭学習のことも食事やおやつのこともすべて私の考え通りにしてきました。でもA男はそれを望んでいなかったのかもしれませんね。

X：ところで、お父さんはA男の問題をどのように考えていますか？

母：主人は無口で、A男のことで嫌なことがあると出かけてしまうし、ほとんど三人で話したことはないから…わからない？

Y：そうですか。どう考えているかわかると両親が協力し合えるし、お母さんの負担も軽くなるのですけれどねぇ。

母：なるほど。そうですよねぇ。

X：次回はご両親で面接をしましょう。

〈考えられること〉

①母親は「子育てレール」から脱線し始めたA男への対応に極度の不安を感じている。加えてA男の問題は自分の責任だと思い込み、父親の協力を求めていない。

②A男はこれまで「親が望むよい子」を続け、ネガティブな感情は極力出さずに成長してきたと推測される。さらに心身ともに変化する思春期を迎えているが、母親は「子育てレール」でA男の対応をしていることからA男の蓄積されたネガティブな感情が引き出され、家庭内暴力という不適切な感情処理の形で暴発していると思われる。そして、両親は事態を収めようと〝その場しのぎの対応〟を繰り返すため、問題は解決に向かわず悪循環が起きている。

③成績がよく表彰も多い妹とは兄妹の立場の逆転があり、「妹が誉められる場面」でさらにA男のネガティブな感情が引き出され、苛立つのではないかと考えられる。

〈カウンセリングの目標〉

◎A男と両親の来談を促し子育て偏重の修復と家族関係の回復による問題改善を図る。

◎A男の感情発達プロセスの歪みを修復する対応を一緒に考え、両親の子育てフレームの再構築を援助しながら、〝夫婦連合〟のもとでの安定した家庭が築いていけるよう支援する。

〈効果を狙った面接の形態〉

A男・両親との面接……父親はA男に拒まれ、来所を断念、A男は母親にうそをつかれ来所したので怒り、面接は不成立。

母親との個人面接……月二回程度

○うまくいっている対応を見出し勇気づける。

○問題の対処法を一緒に考え実践につなぐ。

○ロールプレー等でA男の感情の疑似体験を促し、苛立ちや怒り等の感情を言葉で言い当て受容するスキルを学習してもらう。

両親との面接

○「A男の心身の変化」を確かめ合う。

○何が問題を維持させ、どこで悪循環が起きているかを考え合い改善の手立てを探る。

○夫婦連合の構築を援助する。

父親との面接

○問題解決のキーパーソンとして協力を促す。

○うまくいかなかった対応を止め、うまくいった対応を継続するようすすめる。

○「子育て不安」の母親を「安心」に導くのは父親からの優しいアプローチ以外にないことを勇気づけ、父親としての行動を促す。

このような面接形態を工夫したカウンセリングときめ細かな対応を通して次ページの図で示したような変化が起きてきている。

図２　Ａ男と家族の変容

母親面接を通して

○思春期に入ったＡ男の変化を理解しようとし気持ちに余裕もでてきている。
○Ａ男の生活や行動に対して自信をもって毅然とした対応ができるようになってきている。
○うまくいった対応を喜び、Ａ男のよさをありのままに受け入れられるようになってきている。
○きょうだい関係を調整している。
●新しい出来事が起きると不安になり、落ち込む事もある。

両親面接を通して

○Ａ男のことをよい面から見ようとする会話が増えてきている。
○父親不在に近い家族関係が改善され、父親の存在を意識した家庭へと変化してきている。
○母親を軸とした家族のイメージが強かったが、連合した父母の軸へと変化してきている。
●新しい出来事が起きると上記のバランスが崩れ、タイムリーに互いの意見を伝え合うことが困難な時もある。

父親面接を通して

○Ａ男の思いを踏みにじった対応が多かったかなと振り返り始めている。
○自ら面接の予約を入れるなど、積極的にＡ男の問題を解決しようとしている。
○“Ａ男と自分は似ている”と話し、ぎくしゃくした関係の修復を図ろうとしている。
○朝食時は全員揃うことを提案し、自ら子どもたちを起こしたり、味噌汁をわけてやったりした。
●家族間のコミュニケーションを！

父母別室面接を通して

○同時進行の形でメインカウンセラーが父親との面接、サブカウンセラーが母親との面談をし、その後両親面接に切り替えたこともあった。家族のイメージ・それぞれの考えや思いのすれ違いが見つかり改善に結びつく手がかりが得られるなど効果があった。
○夫婦連合を構築する上で互いの理解が得られた重要なプロセスであり変化を起こすステップとなった。

Ａ男の変容

☆ 要求は父母に言葉で伝え、感情も自分なりにコントロールする姿が見られるようになった。物を壊すこともほとんどなくなり暴力的な行為も減った。
☆ 事がらの最終的な決断は父親にゆだねられたことから、父親の帰りを待ち、自ら必要な会話をするようになった。
☆ 思う存分部活に力を注ぎ、大会で優勝するなど両親と共に喜ぶチャンスが増えた。同時に妹への嫌がらせが減った。
☆ 毎日とまではいかないが家族と朝食を共にするようになった。また、中学２年の正月には、「家族旅行」が実現できた。

⑵『家族の力』によって一歩踏み出した「ひきこもり」B男の事例

〈事例の概要〉

B男（二五歳）は幼少期に父親の虐待を受ける。父母の離婚、母の兄嫁からの虐待、小学校でのいじめ、中学校でのいじめや不登校を体験し、高校進学ができず、その後ひきこもり状態となっている。家族は、母親（五〇歳、看護師）、弟（二三歳、アルバイト）との三人家族。B男は不登校時、スクールカウンセラーから精神科の受診を進められ、医師から薬を処方されるが体調を崩し通院を止める。B男に続いてその後弟も不登校になる。明かりを失ったような家庭、ぎくしゃくした家族関係の修復を考えた母親は、ある時沖縄への三人の出直し家族旅行を計画する。しかし、B男が「帰らない！　ここで暮らしたい！」と逃げ回り無理やり連れ戻すというハプニングが起きて家族の出直しは失敗に終わる。母親は打つ手の無さに悩み、B男が二〇歳の時、心療内科を受診させる。「アスペルガーかもしれない」と思いがけない診断名に戸惑う。検査は本人が拒否したため受けていない。

B男は、日々昼頃起きてテレビゲーム中心の生活。そんな兄に弟が働くことをすすめると、「辛いから死にたい！」という言葉が返る。自分の言葉でとんでもない結果になることを恐れた弟は、その後兄との会話を避けている。母親は機会あるごとにあちこちに相談するが改善に結びつく手立てもなく諦めかけていたところ、学生時代の友人と出会い〝陽だまり〟を紹介され来所する。

〈家族カウンセリングの効果（抜粋）〉

母親との面接を二回実施し、三回目は母親と弟の面接を行った。固い表情で臨んだ弟だが、カウンセラーの介入でこれまで話すことがなかった辛く我慢していた心の内を話し始めた。兄のことでは「母親は兄を甘やかしている」「あちこちに相談に行っても変わらなかった。もう変わりっこない！」「自分も困っている、何をやっても裏目に出ている」と批判や諦めの気持ちを顕わにした。そこでカウンセラーたちは、

X：あなたのやるせない気持ちは誰に話してきましたか？

弟：母に言いたかったけど、兄のことで大変だと思うから言えなかった。

X：そう。その優しさがお母さんを支えてきたのですね。

ところで、「もう変わりっこない！」と言っておられましたが、五年後も変わっていないのでしょうか？

弟：たぶん、同じでしょう。

X：一〇年後も変わっていないでしょうか？あなたは三三歳、お母さんは六〇歳。

弟：ぼくは結婚して家を出ているかも。兄はそのままかと。

X：二〇年後は？　あなたは四三歳、お母さんは七〇歳……

弟：母は身体が弱いので、ぼくが兄の面倒をみているかな？

Y：でも、あなたには家族がいますよ。お兄さんを受け入れてくれるでしょうか。

弟：そうですよね。ぼくだって困ります。その前に何とかしなければならないですね。

Y：では、何とかしなければならない時はいつでしょうか？

弟：今です。いや、一分でも一秒でも早くです。

X：そうですね、さて、どうすれば何とかなるか、私たちも一緒に考えていくことにしましょう。お母さんもいろいろアイディアを出してください。

Z：忙しくなってきましたね。一秒でも早くとおっしゃっているのに水を差すようで悪いのですが、この辺で、ティータイムというのはいかがですか？

母：緊張して、のどが渇いていたのでうれしいです。

（一〇分休憩の間、母親と弟が考えを出し合っている。再開）

弟：兄に家事一切をやってもらうとか……。

X：なるほど、それはいいかもしれませんね。

母：B男は、時間はかかるけど、掃除だって、茶碗洗いだってできるしね、洗濯は洗濯機がしてくれるし、簡単なおかずだって、教えれば何とかなるよね。

Y：これまでやったことがあるのですね。

母：ただ家にいるだけでは退屈だろうと思って、教えてやってもらったこともあるのですが、やったりやらなかったりだから任せるまではいかなくて。でも「仕事」だと言えばやります。

X：それはいい。B男さんには、〝陽だまり〟で話し合ったことを伝えてください。そして、家族三人揃ったところで、B男さんに「仕事」として家事一切を任せたいこと、給料は支払うことを約束してはどうでしょう。金額は話し合いで決めます。もちろん、その中から生活費を出してもらう……弟さんと同額にね。

弟：それがいい。兄にもやれることはきちんとやってもらおう。母さんも毅然とやってよ、甘くしないでよ！

Y：弟さんはなかなか頼もしいですね。

母：だから、ついつい頼っちゃって。（笑いが出る）

X：そうそう、新しい挑戦は最初から期限なしだとみんな息切れしてしまいます。期間を決めてはどうでしょう。

母：お給料は一カ月単位だから、一カ月？

X：その発想いいですねぇ。一カ月後には、B男さんも〝陽だまり〟に来てくれるのでは……期待しすぎかな？

一ヵ月後、母親とB男が来所、月一回の割合でカウンセリングが続いている。現在B男は家事一切をこなし、朝は早く起きて朝食と家族のお弁当を作り、掃除・洗濯はもちろん、買い物に出たり、レシピどおりに料理を作ったりしている。

5　実践の評価と今後の展望

〝陽だまり〟を開所して二年が過ぎ、カウンセリングの件数はのべ二〇〇件を上回っています。子育て不安、不登校、ひきこもり、家庭内暴力、夫婦間のいざこざ等が主な相談ですが、複数カ所で相談をして解決の兆しが見えず最後のよりどころとして〝陽だまり〟に頼ってくるケースがほとんどで、問題が増幅しかなりこじれていますので、正直いってカウンセリングも手こずります。しかし〝陽だまり〟で行っている家族カウンセリングの手法と人的物的な環境等は来談者の心を揺さぶり、改善に向かうことが多く、手ごたえを感じています。とくに最近扱うケースで多いのがひきこもりですが、すでに二〇代後半から三〇歳を超えた若者になっており、継続して関わるにつけ心療内科や精神科の医師との連携の重要さを実感しています。

子育ち・子育てに関する〝陽だまり〟のコンセプトを知っていただく講演活動については、教育機関や行政機関等からの要請が多く、聴講された方から再度別の場と機会での依頼も増えています。またラジオ・テレビ・新聞等マスコミを通した啓蒙の機会もあり、広く〝陽だまり〟の存在が知られてきていることも実感しています。さらに被害者支援センターや若者サポートステーション等での相談と連携を図って、より効果的なカウンセリングに結びつけていることも努力している場面の一つです。

このように〝陽だまり〟の活動の重要性が増すにつれ、研究所として所員一人ひとりのカウンセリング技法等のスキルアップは欠かせない最重要課題です。「はじめの一歩ミーティング」の機会や週一回の研修の機会を通して積極的なレベルアップに努めていますが、今後は所員一人ひとりがいつでもメインカウンセラーを担うことができて、来所者に一層信頼されるカウンセリングを行っていくことが大切であると考えています。さらに、子育ち・子育てを支援するネットワーク構築についても、それぞれの機関の理解を得て、より効果的に機能すればさまざまな問題に悩む個人やその家族を途切れることなく援助し救ってやることができるのだろうと考えます。そのようにレベルアップし続ける家族カウンセリング研究所〝陽だまり〟をめざし、所員一同力を合わせて努力していきたいと思っています。

【かもん ようこ】

団体紹介

正式名称 家族カウンセリング研究所〝陽だまり〟

所在地 〒960-8252 福島県福島市御山字中屋敷一〇〇-四

連絡先 TEL・FAX 〇二四-五三四-三七一一
Emall hidamari-kamon@camel.plala.or.jp
担当 掃部陽子（所長）

主な活動
■子育てに不安を感じている方、不登校・いじめ・家庭内暴力・非行等の問題を抱え悩んでいる方、家族関係の修復を望んでいる方などの相談を受けています。
■さまざまな問題が起きても、『家族の力』がうまくはたらくと、いつのまにか変化が起きて解決に向かい始めます。そのお手伝いをさせていただくのが〝陽だまり〟のカウンセラーです。家族の皆さんと一緒に解決の糸口を探り、手立てを考え合い、「今すぐやれそうなこと」からスタートし、問題が改善されるよう支援しています。
■面接はカウンセラー二～三名がチームで行い、きめ細かな対応をしていきます。落ち着けるカウンセリングルームで、たっぷり時間をかけ、重かった荷物を降ろしていただけるよう努力しています。
■学びたい！…そのような方に学習の機会と場を提供しています。講演会、子育ち・子育てセミナー、はじめの一歩ミーティング等を企画実施しています。 ※詳しいお問い合わせは……〝陽だまり〟へ
■家族カウンセリング
面　接　月～金曜日（祝日除く） 一〇：三〇～一七：〇〇 ※相談者のご都合も考慮します。
面接時間　一時間三〇分程度　料金 一回 三、〇〇〇円 ※まずははじめにお電話でご予約ください

一言PR 何といっても〝陽だまり〟のカウンセラーたちの「人のよさ」が自慢です。もちろんカウンセリングルームの雰囲気づくりにも工夫がいっぱいです。

4 みんな おじさん ところ に おいで

――やんちゃ和尚・西居院――

廣中邦充

はじめに

全国の不登校や引きこもりの子や親が、最後の望みを託してやって来る場所、やんちゃ和尚と呼ばれているお寺、愛知県岡崎市にある西居院。今は、二歳を筆頭に一五人の子どもたちが家族として暮らしています。家出、不登校、引きこもり、虐待、高校中退といろいろな問題を抱えた子どもが、お寺から学校へ、生活リズムの確立のためにお寺から仕事へと通っています。

一二年前から子どもが、お寺で生活をするようになり、平成二〇年八月の段階で五九七名の子どもたちが寺を巣立っていきました。

今現在、お寺に入りたいと希望している一九七三名の子どもたちが、お寺に入る順番を待ち望んでいます。お寺では食費も預り賃も一円も頂いてはおりません。なぜならば、食費も払えない子どもの親御さんもなかにはみえます。お金を払わなければ、子どもたちを救ってやることができないのか、たとえ、この子は、お金をいただける、この子は、お金をいただけない、そんな時、人として差別をしてしまう、それこそ正に心の虐待ではないでしょうか。出来得る限り心の栄養を失った子どもたちに心の栄養の補給をしてやりたいという信念の元に遊ばさせていただいています。

卒業生では開業医のドクターや、学校の教師、あるいは保育士さん看護師さんと、いろいろな卒業生もおります。

1　西居院のこと

(1) 高校生へのメッセージ……「一人で苦しむな」ただそれだけ

つらいことがあったら、みんなおじさんの所においで。いつでも来ていいから。〝一人で苦しむな〟。みんなに伝えたいのは、ただそれだけ。こういう時代だからこそ、子どもたちは、嘆き、苦しみ、叫んでいる。それに大人たちがもっともっと気づいてやるべきなんだ、子どもたちが訴えて来る前に。でも現実は、どうだろうか？　先生は先生の立場として出来ることしかできないと思うし、周りの大人や行政も対応しきれていない。子どもには「後ろ盾＝出会い」が必要ではないでしょうか？　政治家が、大学の教授が何がわかるんだ、机上の上の言動しかないと訴え続けています。だからこそ、僕は二四時間体制で子どもたちを受け入れています。みんな辛いことがあったら、ここに来たらいいと……。

(2) 寺の卒業生の自殺……これ以上、絶対にあっては　いけない

この寺の卒業生の多くが人生の再出発をしていくなかで二人、自殺をしてしまった子がいます。一人は、いじめが原因です。私は常に、「自分の大好きな息子や娘が自殺をしてしまうまで気がつかない親は親じゃない」、学校のせいや教育委員会、あるいは上司だ企業だと人のせいにしてしまう時代です。家族のぬくもり、心豊かな家庭の子どもたちは、決して不登校、非行、いじめにはあわない、こんな時代だからこそ、もっともっとぬくもりをと訴え続けています。今、世界中の人たちが共生から心生へと変化する時代だとも思います。

一人は、いじめが原因でした。後、二日待てずに自殺を………苦しさと怖さ………。もう一人は薬物、毒物、劇物からのフラッシュバックを起こし、ある日突然、仕事も終え夕食後に首を吊って。僕には、そんな、悔やんでも、悔やみきれない苦い経験があります。

結果は、僕の責任。僕が助けてやれなかったのです。なぜ、後、二日待てないんだと悔やんでも悔やみきれない毎日です。いじめ対応も一にスピード、二にスピードが求められていると思います。家族には、「子どもたちのシグナルに気づいてやれよ」といいますが、子どもたちにも「逃げるな！　逃げれば追われるぞ」と常に言い続ける教育も必要不可欠だと思います。

逃げないためにもいろいろな出会いを作ってやりましょうよとも言っています。苦しみは、いろんな行《ぎょう》＝出会いによって必ず解決できます。皆、もう一歩の前進をしようよ………。

現代の子どもたちは「心の成長が遅い」。錯覚ではないでしょうか、おとなも子どもももう〝高校生＝大人なんだ〟って、本来「体の成長」と「心の成長」は比例をしているもの。でも今は「身体の成長」はあっても「心の成長」の遅い子たちが多いと感じています。

今は、あまりにも何でも情報が入って来ます。アルバイトをすれば、お金だって入って来ます。おこづかいも考えられないくらいの、お金をもらいます。「何でも自分でできるんだ」って本人（子ども）や親が錯覚をしてしまっているのではないかな。本当は、まだまだ心の成長が十分でないと気づかずに。

「心の成長」は〝出会い〟によって引き出されます。たった一冊の本との出会い、一人の先生との出会い、仕事での出会い、もちろん、父母との出会い。子どもも、おとなも周りが、出会いをつくってやることが人間のお役ではないでしょうか。今の時代、みんな苦しんでいるでしょう？………そんな時、〝出会い〟によって〝俺も頑張ろう〟となれるわけです。

後ほど述べる考察のなかで、解決策を述べたいと思います。

(3)　ご飯を、必ずみんなで一緒に食べる

お寺では、夕食は必ず全員、そろって食べるという約束ごとがあります。皆、どの子もこの子も、お寺では、一番

にぎやかで、全員のコミュニケーションがとれるときであり、一番、楽しい時です。人間の基本でもある、衣（毎日、洗濯をした清潔なものを着用する）食（コミュニケーション＝心の栄養を補給する場所）住（同じ枕で睡眠を取る）こんなくらしが今、求められているのではないでしょうか。満腹になる時が、一番、コミュニケーションのとれる時です。満腹だと気持ちも満たされて、いろんな話ができる。

今日、こんなに、つらいことがあった、楽しいことがあった、彼女ができたよとか彼氏ができたよとか言えるじゃないですか。ご飯を一緒に食べて、会話をして、満腹になっている時が、一番心豊かな時。「家族のぬくもり」がそこにはあります。それに〝一人で食べるより二人、三人、四人〟とたくさんの人と食べる方がおいしいですよね。

(4) 心の居場所はここにある……だからみんな早く家に帰ってくる

お寺の門限は、冬は一七：三五、夏は一八：三五。夜の一九時には、みんなが揃ってご飯！　門限があるのは、子どもが暗くなって帰って来ることが僕が心配で仕方がないから。みんな、きちんと帰って来るし、そこから誰一人外に遊びに出て行かない。夜遅くまで外で遊び歩いているのは、家のなかがつまらない（温もりがない）からです。昔はタバコを一日に二箱でも三箱でも吸っていた子も、外で遅くまで遊んでいた子も、お寺に来るとそれがなくなります。食事は、みんなで分担してつくる。今は、子どもが一五人いるので、お米は一日に二升四合炊きます。家事は気づいた人がする。洗濯機は一日に四回まわしますが乾いた洗濯物の山をみんなでたたむ様子は壮観です。男の子も女の子の下着をたたみます。恥ずかしい気持ちを皆、もちません。それは兄弟姉妹のようです。たてわり家族のなかに楽しみを見つけているようです。ご飯の後は、みんな居間か台所に集まり、勉強をするかテレビを見ます。個人の室はあるけれど、みんな寝る時以外は、部屋にこもらないようにしています。そしてみんな早く寝てしまいます。テストがあると中間テスト対策、期末テスト対策といい、一ヵ月前からテスト勉強をします。このお寺にいる子はみんな本当にお利口さんだと思います。大切なのは「心の居場所」をつくること。心の居場所、それは自分を上手に出せるところにあります。自分が上手に出せるようになると、目標が定まります。そうして心が豊かになっていくと思います。

(5) 家族の後ろ盾

引きこもりや不登校の子の増大、なげかわしいできごとです。お寺には次のような憲法があります。

西居院憲法No.6（二〇〇七年一一月一一日　改訂版）
（原文のまま）
①携帯は夜一〇時以降使用禁止
　高校生は夜一一時以降使用禁止
　（破ったら全員が携帯没収。他人に迷惑をかけるな！）
②人を足に使わない（おじさんの許可なしで）
　（まっちゃん、絵理ちゃん、ゆう子、中村くん、ひろくん）
③出かける時は必ずおじさんに連絡をする。
　勝手に遊びに行く予定を決めない
　（まず、おじさんに確認！　当日になって言わない）
④門限、夏は一八時一五分、冬は一七時一五分を必ず守る。
⑤人のものを勝手に使わない。
⑥電気、ガス、水道、灯油を節約する！
　（なにをするにもタダじゃないことを頭に入れる）。
⑦自分の部屋でお菓子を食べない。
⑧洗い物、風呂そうじの順番は頭に入れておく！
⑨朝起きた時、夜、寝る前には「あいさつ」を！
⑩自分の部屋は常にキレイにしておく。
　起きたら布団をたたむ
　（脱ぎっぱなし、使いっぱなしに気をつける）。
⑫台所、居間、洗面所、風呂ｅｔｃ．……みんなが使う場所はみんなできれいに保つ。
⑬お風呂は順番に、次々と入っていく。
　中学生は全員二〇時までに入って、仕事のある人がすぐに入れるようにする
　（だらだらしていると後の人に迷惑がかかる！）
　（入る前、出た後は必ず報告！　すぐに次の人が入れるように）。
⑭部屋にこもらない、部屋は寝る場所。
⑮洗濯物は帰宅したら必ずチェックする（ずっと置きっぱなしのものは捨てます）。
⑯昼の洗濯物、洗い物は人まかせにしない。
　思いやりを忘れない!!

この憲法は、僕が作成したものではなく、「子ども会議」で決めたものです。お寺では問題が起きたときに「子ども会議」が開かれます。当然、子ども会議ですから、僕はその会議には入らずに子どもたちだけで行われ、自由に意見を出し合い、子どもたちでルールづくりも行っています。

これは一二年間にわたってできあがった、縦割集団の成果だと思います。

引きこもりや不登校の子の家族が、この寺に相談に来るとき、僕は必ず「お父さん、朝家を出て行く時に、ドアを叩いて〝お父さん行って来るぞ〟とそれだけ言うことを一週間つづけてください」と伝えます。親って一言余分なことを言いたくなります。「今日は学校に行けよ」とか、そうではなくて「行って来るぞ」の一言だけでこらえる大切さ、そして、お母さんは玄関の外まで行って「お父さん、行ってらっしゃい」と見送る。これを一週間、つづけたら絶対に家族のなかの空気が変ってきます。

共働きの家庭が増えたとはいえ、まだまだお父さんの給料で生活をしている家庭が多い。毎朝、七時位になるとコンコンとお父さんがドアを叩く音が聞こえる、お母さんが「いってらっしゃい」とお父さんを送り出している声が聞こえる。「ああ、今日も、お父さんとお母さんが居てくれるんだ」と子どもに気づかせてやることもぬくもりです。それが「後ろ盾」です。

また、お寺の憲法のように、その家族にあった法律であれば何でもいいです。大切なのは親が決める法律ではなく子どもから親へ、親から子への法律づくりもおもしろいと思います。

たとえば、次のように。

〈子から親へ〉

第一条　母さん間食をスルナ

二　父さんリビングでタバコを三本以上吸うな

三　こづかいは、決まった日の決まった時間に寄こせ

〈親から子へ〉

第一条　朝ごはんは、一口だけでも必ず食べてから行くこと

二　一日一つだけでも良いことをスル

三　門限は暗くなった時

これも、「後ろ盾」です。家族全員が守れる法律もまた、ぬくもりではないでしょうか。

また、お寺にやってくるほとんどの不登校の子どもたちにみられるのが食べ物の好き嫌いが多いことです。家族のなかの食育の大切さも家族のぬくもりの表われといっても過言ではないと思います。

2 「三歩の距離」を大切に、A君の事例

(1) 何故？………

さて、不登校の子どもたち、非行に走ってしまう子どもたち、いじめや……………………

何故？………

何故？………

お寺に行くと学校に行けるの

何故？………

何故？………

小学校四年、五年、六年、中学一年、二年、三年、の九月の一日まで不登校であったA君、学校のカウンセリング、病院、ありとあらゆる相談所へ行き、母も父も気をつかいながらも、カウンセラーの言う通りに勉強のことも学校のことも一切口にせず、A君と接してきました。

夜、人のいないのを見計らいストレス解消にとドライブに。不登校の子の親の集まりにも極力参加、「今が、ゆっくり出来、安心、安全ならば」と。不登校の子の親の集まりのなかで、いつも理解し合っていた親同士の子が学校に行けるようになったと聞いたとき思わず拍手を送り、涙まで出たそうです（実は、後日、解ったことですが、その子も、お寺に来て学校に復帰出きた子です）。ところがA君の母親は日が経つにつれて憎悪の念が湧いて来まして集会にも行かなくなってしまいました。

五年半の苦しさは、母にとっても、父にとっても、A君にとっても、苦しさは人の百万倍の苦しさだったと思います。

さてA君は、テレビを通じて、九月一日にお寺にやって来ました。ところがA君は、お寺に来た次の日、九月二日の朝、体をふるわせながら、「おじさん、僕と一緒に学校に行ってください。」と。もちろん、僕は行くつもりでした。車のなかでA君の手を握りながら学校へ、九月二日から一〇月の二日、一一月の二日、一二月の三日、一日も休みません。もちろん、毎朝、一緒にずっと手を握りながら………どんな子も一緒です。正門では両手で握手、私は、子どもたちは、常にからみあいをコミュニケーションをと………。どれだけ長い不登校の子も、お寺にやって来る子と、遅い子で三日目からは学校に行けるようになります。しかし私が重視するのは驚くべき事態がおきてくることです。A君の身長がたった三ヵ月で一二センチメートルものびたことです。C君の場合でも、たった一ヵ月で八センチメートルも伸びました。確かに一番成長期という時期ですが、心の成長も身体の成長も絡みあい、コミュニケーションを取らないと止まってしまうと考えられます。今まで多くの子どもたちにそれが見られます。

さて、九月～一二月までの三ヵ月間、休まずに登校できたね「サア！　明日から自宅に戻って行ってみよう！」テスト週間です。

一日目、二日目、三日目無事に登校できました。ところが四日目、朝、六時半に、「先生、責任を取って下さい！」

とA君のお母さんからの電話。「えっえっ？」「先生が余りにも急激に登校させたから、その反動で行けなくなってしまったんです。責任を取って下さい。」「…………。」学校のスクールカウンセラーの先生からも同じようなことを言って電話がありました。A君は何故、お寺からは毎日行けたのに、自宅に戻ったら、行けなくなってしまったんでしょうか……。

さて、不登校の子どもたち、いざ行こうとすると頭が痛くなったり熱の出る子、お腹が急に痛くなる子、お腹の下ってしまう子、足がすくんで動かなくなってしまう子と千差万別です。

A君はというと、お腹は下り体の硬直状態。お母さんはA君を必死で車に乗せて学校の正門へ……先生たちも出て来て迎えてくれますがぴくりとも動きません。お母さんは遂に泣き出してしまいました。学校からお寺に電話。僕は、すぐさま学校に向かい、A君の乗っている車に乗り込みぎゅっと抱きしめてやり、ぎゅっと両手に握手！サァ！行こう！　そうしたら、すっと行くんです。

何故でしょう。これを「三歩の距離」と僕は言っています。

親子の関係も、兄弟の関係も友人との関係も「三歩の距離」を大切に。「三歩の距離」とはカウンセリングの原点で「寄り添う心」のこと、では「寄り添う心」とは何かといったら「いっしょに」ということ。「いっしょに」ということは何かというと「後ろ盾」ということ。心をいっしょにして寄り添っていることが、後ろ盾となってその人を支えてあげることができる。時には一歩が一〇キロメートルの時もあるだろうけど一センチメートルの時もあります。人との関係において、それを上手に保つことが大切です。

子どもとどこまでの距離をとったら良いかわからない人がいます。とても難しいです。この距離を間違うと良い関係が築けないものです。この寺に来る子どもはみんな、それぞれ違うからその子との距離も当然、それぞれに違います。

「一日中叱っていないとダメ」「放っておいても大丈夫」「時々声をかけてやれば良い」、一人ひとりをきちんと見て、その子にあった距離を取りながら関係を築いていくことが教育であり子育てだと思います。教育とはエデュケーション、導き出す、正にその通りだと思います。

図　A君の考察

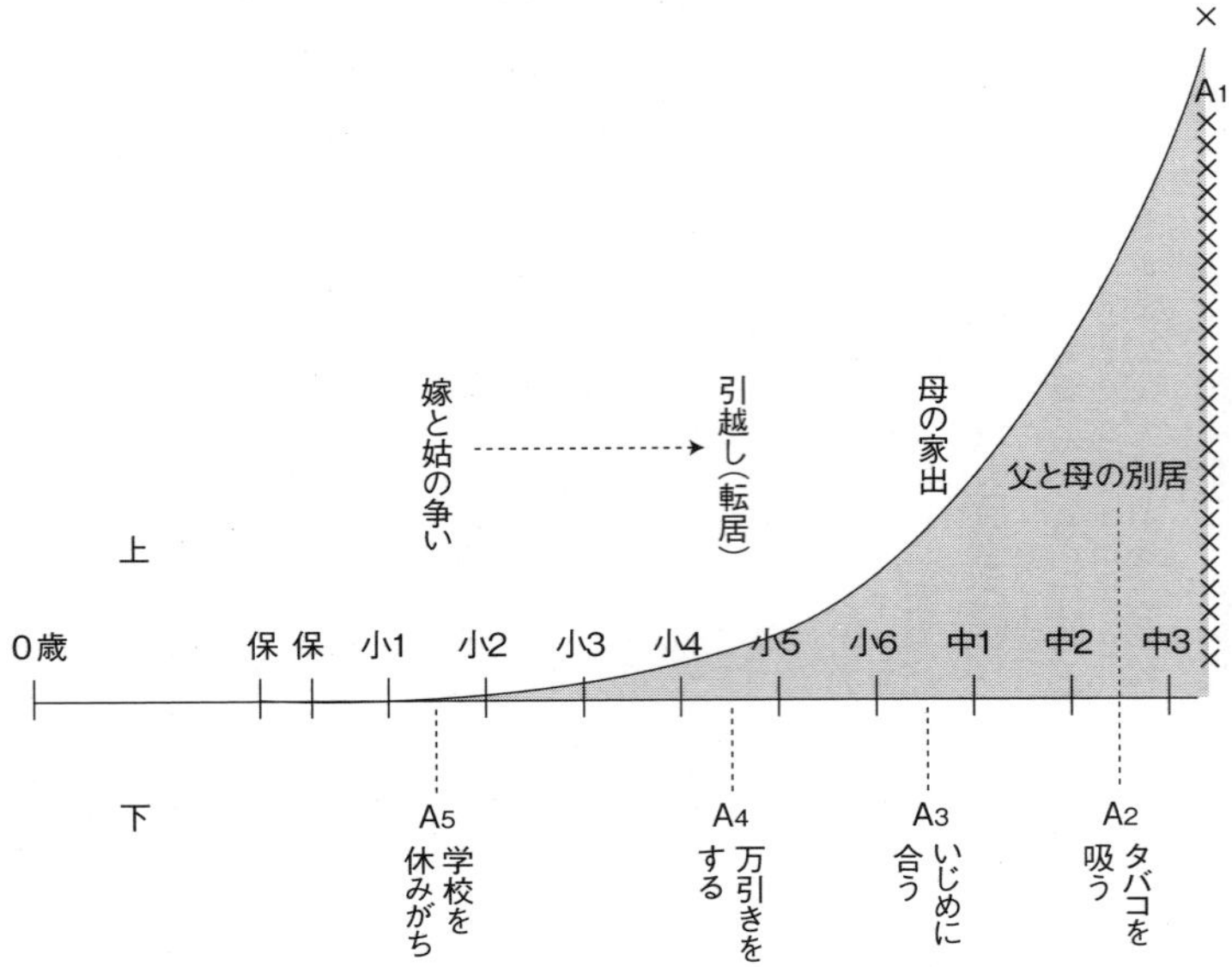

3　考察とは？……………

不登校、非行、等々、幼少期における考察を僕は、いつもしています。

今、中学三年生でとても荒れています。

学校も家庭もすべて、今の中学三年生でどうしようと考え悩みます。A_1

しかしこれを考察してみましょう。

中学二年生の夏休みタバコを吸う　A_2

六年生の夏休みいじめにあう　A_3

四年生の夏休みに万引きをする　A_4

小一年生の五月頃から不登校気味　A_5

これは、シグナルの一部を列記してみましたが上の図の関連、

A_2　父と母の別居

A_3　母の家出

A_4　転居

A_5 嫁（母）と姑（祖母の争い）

これを㊤㊦の図の関連性に着目をして見てみますと良くわかるかと思いますが、シグナルA_1～A_5を出している時には必ずといって良い程、家庭環境の変化が出ている事が一目瞭然に判明していることに気がつかないでしょうか。

A_5の問題点について本人も親も気づいてはいませんが心の成長が止まった時と考え、A_2 A_3 A_4 A_5と解決策を探っていきますと、どの子もこの子も立ち直りの早い解決へと向かっていきます。

つまり、彼らの今の姿だけを見るのではなく、時計の針を何歳までか戻さないと治らないと考えております。みんなそれぞれが違いますから小学校一年まで戻らないと治らない、あるいは、中学一年まで戻らないと治らない子もいると思います。

心理的な部分と行為とのなかで善悪のけじめも教えていかなくてはならないなかで、もっと、もっとぬくもりのある家庭を築きたいものです。

私は、ただ遊んでいるだけです。子どもたちと一秒一秒を絡みあっているだけです。

そんななかで、子どもたちは、スクスクと、真っすぐに成長をしていると思います。お寺のなかでは、みんなのおじさん。みんなの父は家族のなかにおります。だから、おじさんです。

4　時にはありがとう

毎日毎日お寺には子どもたちが全国から、目紛るしく家出をしてまいります。一年間に四九人の子どもが家出をしてまいりました。昨年の夏休み前に僕が広島のお寺さまに出張法話に行っている時に、出張先に電話が入りました。

「おじさん、今ネ、リナって子がお寺に家出してきたよ。」「いくつの子?」「小学校四年生だってよ。」「どこから。」「神奈川県の相模原だってよ。」「ええ?　…おじさん今日帰りが八時位になるから、皆で遊んでいてやってえ。」二時頃また電話「おじさーんリナの両親が迎えに来たよぉ。」電話の向こうでは、「お兄ちゃん助けてぇーお姉ちゃん助けてぇーリナ帰りたくないよぉ」と泣き叫んでいる声が聞こえてまいりました。その日は日曜日、朝六時頃、両親は寝ている横にリナがいないことに気がつきましたが、日曜日だし朝早くから散歩かなと思いつつ気にもかけずにいましたが七時になっても八時になっても帰ってこない、不安になり庭や近くの公園どこをさがしてもいない。友達の家に尋ねても訪問していない。学校の先生もかけつけて来てくれさがしてもいない。ひょっとして事件と思い両親、先生とで最寄りの警察署に家出人捜索願いを提出しました。もう一度、家のなかを探しましたが書き置きもない。「あれっカバンがないぞ。」いつもリナの出掛けに使うカバンがない。「ひょっとして」と、ネットを開いてみると、そこには電車で小田原へ新幹線に乗って豊橋へ名鉄電車で東岡崎へと、かけ込み寺西居院の道順が書き込んでありました。二人は、取るものも取りあえずお寺へと向かいました。

母はリナを抱きかかえ泣き叫んでいたそうです。しかし父はにらみつけ、明日学校に登校させたいからと泣き叫ぶリナを引きずって連れ帰ったそうです。八時に帰寺し一部始終を聞き、名刺元に「今からスグにリナを連れてお寺に戻れ！　戻らないと明日の朝一番で貴方達の勤務先の病院に乗り込むぞぉ」リナの両親は大学病院の勤務医でした。来るかなと思いましたが朝方の二時頃車で乗り込んで来ました。ドアを開けるとそこには三人。「おじさんありがとう」泣きながら僕の胸に飛び込んで来て「リナ今日は帰らなくていいよね。」リナを寝かせリビングで両親に「お前達は医者か知らないが父でも母でもない。自分の大好きな娘が家出するまで気がつかないのは父でも母でもない。口と腹と違うだろう、リナは帰さない」と一喝しました。両親は不満そうにしていましたがリナをおいて帰ることにしました。帰りぎわに「お父さん！　お母さん！　明日からリナにありがとうというファックスを送って下さい。」と伝えました。えっとする顔と同時に逆に父親から怒鳴りつけられました。

「俺達は休日なのにリナに何がありがとうだ、リナの為にこんな愛知県まで二回も来たんだぞ。」「そうですね、それがわかるまでリナは帰しません。」

りな
ありがとう
父＿＿＿＿
母＿＿＿＿

次の朝、ファックスが送られてきました。「リナ、パパとママからファックスが来たぞお」、リナは嬉しそうにみていましたがポイと捨てました。

「おじちゃん　これネ　全部ママが書いたんだよ。」

二日目も三日目も一緒でした。遂に、もう一度電話をしました。

「お前たちはまだ気がつかないのか、リナの生まれた時のアルバムをテーブルの上に出せぇ、二三五〇グラムで生まれた時、『ウァー　こんなに可愛い子が』という原点に戻れ、このありがとうは俺たちの子どもでいてくれてありがとうという事に気がつけ！」と電話を切ってやりました。朝方の二時近くまで二人はアルバムを見ながら話しあったそうです。次の日の朝のファックス「また、ママが書いたから見なくていいよ」「でも見てみな！」

父と母がそれぞれ自筆で書いた名前のところを見ながら涙が頬を伝わりつづけました。

「自分たちの子どもでいてくれてありがとう。」時には、こんな気持ちを最愛の子どもたちに伝えて欲しいです。

【ひろなか　くにみつ】

感謝

団体紹介
正式名称　宗教法人　西居院
代表　やんちゃ和尚　廣中邦充《ひろなかくにみつ》

所在地	〒444-2106 愛知県岡崎市真福寺町字西谷五七
連絡先	TEL 〇五六四-四五-三一六三 FAX 〇五六四-四五-七七〇〇
主な活動	本業の傍ら、十二年ほど前から常時十数人の子どもを預り、生活をともにしている。また、それを題材にして講演活動や執筆活動にも精力的に取り組んでいる。
出版物	・『やんちゃ和尚――三九九人の不良少年少女を更生させた熱血坊主』竹書房、二〇〇五年 ・『見えない虐待』NHK出版、二〇〇六年 ・『子どもは悪くない!――道に迷った子どもたちとやんちゃ和尚の心の交流』日本標準、二〇〇八年 TV等は随時出演。各種コメンテーターをつとめる。
一言PR	〝みんな おじさんところに おいで〟

5 転機を迎えた地域子ども施設

——「共同性」の再構築をめざして——

星野一人

はじめに

東京の杉並区立児童青少年センター「ゆう杉並」（一九九七）、町田市立子どもセンター「ばあん」（一九九九）、岩手県水沢市（現・奥州市）の「ホワイトキャンバス」（一九九九）、さらには川崎市の「子ども夢パーク」（二〇〇三）…これらは、いずれも建設段階から完成した後の運営に至るまで、子どもたち自身がかかわるシステムをもつ施設として全国的にも注目を集め、地域における子ども施設の新たな将来像を提示しました。(1) 一九九〇年代後半からしばらくの間、それぞれのバックグラウンドは異なるものの、このようにおとなのサポートを背景に子どもの「参加」ないし「参画」を保障する施設運営の取り組みは全国に広がりを見せ、地域子ども施設の先駆的実践として現在まで語り継がれています。

しかしながら、近年、地域の子ども施設は大きな岐路に立たされているように見えます。とりわけ、子どもとおとなとの共同性を背景とした施設運営を前面に掲げる事例は、徐々に影を潜めているように見受けられます。それは子どもを取り巻く施策が変化してきたことに加え、子ども施設をどのように維持していくのか、むしろおとな自身が試されている社会状況をも如実に示しているのではないでしょうか。

本稿では、冒頭に掲げたような地域子ども施設が設置された時期からおおむね現在に至るまで、子ども施設をめぐる政策や社会状況がどのように変化してきたのかを検証しながら、いま子ども施設の「再生」に向けて求められているものを探っていきます。

なお、ここでいう「地域子ども施設」とは、地域で子どもたちが直接利用する固有の施設を指し、主として親の子育て支援に関する相談業務などを中心とする「子ども家庭支援センター」などの類は除外するものとします。また、「子ども」については、おとなと共同する「子ども」という意味を主体としながらも、その前段階の乳幼児から青年（若者）まで幅広い広がりをもったとらえ方をしていきます。

1　地域子ども施設と「参加」

(1)　子どもの「参加」から「共同性」へ

それでは、まず冒頭で挙げたような施設が一九九〇年代後半から続々と出現してきた背景をみていくことにしましょう。

一九九四年、わが国は子どもの権利条約を批准しました。すでに国連での採択から五年が経過し、日本国内でもこの条約の理念を普及していこうとする取り組みが市民の間で盛り上がりを見せていました。同時に、教育学者の間でも子どもの権利条約の理念をベースとした議論が提示され、[2] 広がりつつある実践を理論的に後押しするものとなりました。また、各地で子育てネットワークの活動が本格的に盛り上がりの兆しを見せ始めたのもこの時期だとみてよいでしょう。

ところで、この時期には東京都内の児童館職員らが中心となり、自己革新運動が取り組まれていました。[3] この運動は職員同士の実践交流を目的とした「がんばれ東京の児童館研究集会」の開催や、研究者らを巻き込んだ「児童館・学童保育二一世紀委員会」による数々の刊行物の出版[4]など、多くの意欲的な取り組みの成果が残されています。

当時、児童館では時代の変化とともに生じたいくつかの課題が継続的に取り組まれていました。そのひとつが中高生への対応です。九〇年代になり再び社会問題としてクローズアップされてきたいじめや不登校といった問題を抱える子どもたちにどう向き合うか、また一九六〇～七〇年代に建設され老朽化の兆しを見せていた旧来の児童館では中高生の活動ニーズに応えづらいことから、新たな対応策が迫られていたことなどが背景としてあげられます。しかし、理論的な背景として子どもの権利条約――とりわけ第一二条「意見表明権」――を現場にどう生かすかという点が意識され始めていたのは確かで、それを具現化していく取り組みが各地で生まれていくこととなります。

とりわけよく知られているのは、冒頭にも掲げた「ゆう杉並」の建設過程における「中・高校生委員会」のかかわりです。経験豊かな児童館職員が寄り添いながらお互いに交流を深めつつ、新たな施設に託す「夢」を語り合うなどの形で一九九四年五月から半年近くをかけて検討を行い、その成果が建設の際に大いに生かされることとなりました。この取り組みにおいては、職員たちの間でも子どもの権利条約が明確に意識されており、施設が開館した後も「中・高校生運営委員会」が組織され、現在でも利用者である中高生本位の施設運営や活動を行っています。

こうした一連の取り組みの意義については、のちに佐藤一子さんがわかりやすくまとめています[5]。佐藤さんによれば、「ゆう杉並」で重要な点は「ここでは癒しや安らぎなどの受動的な居場所保障のイメージから、中・高校生が集まり、自治的共同的に活動を創造していくという積極的な地域の居場所づくりの方法論がうみだされてきたことである」といいます。そして、「子どもも、今を生きる生活者であり、地域社会の一員である。その当たり前の原理にたちかえっておとなと子どもの関係づくりをすすめることが、地域社会における子どもの居場所づくりの課題といえよう」と述べています[6]。

こうした形で子どもとおとなの共同性を構築していくことが「子どもの育つ地域社会」を形成し、「地域の教育力」の再生にもつながっていくと佐藤さんは述べています。「ゆう杉並」に限らず、この時期に数多く行われた同様の実践を評価する上で重要な提起だといえるでしょう。

(2) 共同性構築の政策的背景

ところで、とりわけ一九九〇年代後半に施設の建設や運営において「子ども参加」が進められた背景について、もうひとつ注目しておかねばならないポイントがあります。

「ゆう杉並」の中・高校生委員会活動の成果として出された「検討結果報告書」には、この施設に期待することが次のように記されています。

「中・高校生がいろいろな人たちと自由にふれあい、交流・活動することで、思春期特有の悩みを解消し、仲間づくりを活発に展開できる、「ゆとりある場と機会」を提供する役割を期待したい。[7]」

このような環境のなかで、中高生自身が多くの人々と触れ合いながら地域の人間関係を築いていくことが模索されているのですが、実はここで用いられている「ゆとりある場と機会」というのはこの時代の政策的なキーワードともなっています。

この「ゆとり」という表現は、九四年一二月に発表された「今後の子育て支援のための施策の基本的方向について」(通称「エンゼルプラン」)の時点ですでに取り入れられていますが、さらに「ゆう杉並」が開館する前年の九六年七月、第一五期中央教育審議会は「二一世紀を展望した我が国の教育の在り方について」の第一次答申を発表しました。この答申の副題は「子供に［生きる力］と［ゆとり］を」となっています。当時の中教審は、今後の教育のあり方として、社会全体に「ゆとり」を確保していくことにより、続発する子どもの問題を克服していくことを意図していたのです。

では、「生きる力」とは何でしょうか。同じ答申で、この点について次のように述べられています。

「共同作業や共同生活を営むことができる社会性や他者の個性を尊重する態度、日々新たに生じる課題に立ち向かおうとする意欲や問題解決能力、精神力や体力、新しい物事を学ぼうとする意欲や興味・関心、文化活動や自然に親しむ心などの［生きる力］は[8]…」

つまり、中教審が子どもの「生きる力」として想定しているのは、共同性を背景とした課題解決の能力や創造性などであり、こうした点を伸ばしていくことが一定程度は政策的にも提唱されていたわけです。自治体もとりあえずはこうした要請に応えることが急務となり、「ゆとり」が確保されたなかで子どもが施設の構想段階からかかわるという一連のプロセスや、そのなかでの試行錯誤といったことが保障されるひとつの根拠になったということもできるでしょう。

こうして冒頭であげたような子ども施設が、子どもたちだけでなく保護者や地域住民との共同的な取り組みのなかで次々に出現し、まさに二一世紀に向けて新しい地域子ども施設のあり方を提示して見せたのです。どれも建設の背景は少しずつ異なりますが、現在でも利用者たる子どもが運営会議を開いて、施設のあり方や具体的な取り組みなどを議論している点は共通しています。また、既存の施設においても、施設運営に関する子どもの意見の取り入れや地域住民との会議による課題解決などが行われるようになりました。

ところが、その後の地域子ども施設は、政策的な動きに伴って徐々に質的な変化を迫られていきます。とりわけ、子どもとおとなが共同して施設運営に取り組むような実践は、その後急速に後景に退き始めることとなりました。なぜそのような変化を迫られることとなったのか、次にその点を追っていくことにしましょう。

2 「共同性」の後退と地域子ども施設

二一世紀に入るころから現在に至るまで、地域子ども施設に変容を迫った――言い換えれば、子どもとおとなの共同性の構築が奪われていった――大きな要因はどこにあるのでしょうか。ここでは大きく二つの点から検証してみましょう。

(1) 子ども関連政策における「子ども観」の変質

要因の第一に、子どもに関する政策が徐々にハード面からソフト面に移行していくなかで、子どもそのものが「客体化」させられていったことがあげられます。これは九〇年代末頃から次第に顕著になり、政府や自治体の子ども施策における「体験活動」や「奉仕活動」の必要性が叫ばれるようになったことで、政策の背景となる「子ども観」に変化が生じてきたためと考えられます。

すでに一九九四年の「エンゼルプラン」において、「体験的活動機会の提供等による学校外活動の充実」といった項目が含まれていますが、体験活動が全国的に普及する直接の要因となったのは、九七年五月に神戸市で発生した当時中学生の少年による連続児童殺傷事件への対応における「心の教育」の強調だとみてよいでしょう。

この事件に対して緊急の対応を迫られた当時の文部省は九七年八月、さっそく中教審に「幼児期からの心の教育の在り方について」なる諮問を行いました。この諮問理由では、前年に発表された答申のいう『『ゆとり』の中で『生きる力』をはぐくむ」という理念を実現するにあたり、「生きる力」の礎ともなるべき「心の教育」の充実を図っていくことが「極めて重要な課題」だとされています。

この「極めて重要な課題」にいち早く取り組んだのが、先の事件の舞台ともなった兵庫県の教育委員会でした。阪神・淡路大震災におけるボランティア活動への注目なども背景となり、「心の教育」の具体的取り組みとして同県教委が着手したのが、県内の公立中学校二年生全員を対象とした地域における一週間の体験活動でした。これが「トライやる・ウィーク」で、その後全国に拡大していく地域における体験活動事業の嚆矢となりました。

「トライやる・ウィーク」は基本的には学校教育の一環であり、進路学習の要素も持ち合わせるためか、初年度の九八年度以来、その活動内容も七割以上は職場体験となっています(二〇〇五年度からは八割を超えています[9])。しかし、後に自治体単位、あるいは校区単位で事業推進のための組織づくりが行われ、活動場所の開拓や補償制度の設立など、地域ぐるみで非常に大掛かりな取り組みに発展していくこととなりました。

この事業は国の施策にも大きなインパクトを与え、文部省は九九年から「緊急三ヶ年戦略」として「全国子どもプラン」を実施し、「トライやる・ウィーク」の全国版ともいえる「子どもインターンシップ」も各地で行われました。ただし、「全国子どもプラン」では「子ども放送局」や「子どもセンター」など、ハード面の整備に関する施策も目立ちます。また、事業主体が直接子どもに働きかけることで、子どもとの双方向のやり取りを通して事業が進められる余地があったともいえます。

ところが、翌二〇〇〇年一二月に、首相の私的機関である「教育改革国民会議」の最終報告が発表されると、情勢はにわかに変化を見せ始めます。報告では「奉仕活動を全員が行うようにする」との方針のもと、従来の「体験活動」は「奉仕活動」と一体のものとして捉えられ、「全国子どもプラン」の後継となる「新子どもプラン」もここに位置づけられることとなりました。こうして地域ぐるみで行われてきた体験活動は「奉仕活動」と読みかえられていくなかで、子どもの主体性やおとなとの共同性よりも「〈新たな「公共」〉の担い手」として子どもを対象化し、新自由主義社会に寄与する人材を育成することが優先されていくようになるのです。

同時に、この報告では「教育の原点は家庭である」ことも強調されています。この点はその後の次世代育成支援施策の実施に際しても「父母その他の保護者が子育てについての第一義的責任を有するという基本的認識[10]」に基づくことがいわれており、具体的な施策として社会教育法の改正による家庭教育事業の強化や、多岐にわたる自治体レベルの子育て支援施策が次々に出現していくこととなります。

他方、次世代育成施策においては、少子化への対策という方向性をもった事業が子ども向けに取り組まれることとなります。その代表的なものが中高生と乳幼児の交流事業で、最近では学校をはじめ公民館などの社会教育施設や児童館などでも行われるようになりました。この種の事業は「生命の大切さを理解する」などの趣旨で以前から行われていましたが、近年は若い世代が子育てに対して肯定的なイメージをもつことを目的として取り組まれるケースが増えているようです。つまり、こうした子ども対象の事業を通して政策的に「子産み」を推奨していくという意図が見え隠れしているのです。

このように、施設によらない「体験活動」から「新しい公共」の担い手を育てる「奉仕活動」へ、そして子育てに関する家庭の責任の強調に加え「次の世代を産み育てる」存在としての子ども（若者）という位置づけが政策的に行われるなかで、おとなと共同して施設なり地域なりを盛り上げていくパートナーとしての子ども…という子ども観は、徐々に後退していかざるをえなかったのだといえます。[11]

(2) 子ども施設の運営形態の多様化

子ども施設の変容を迫る要因の第二は、子ども施設自体の運営形態が多様化していることです。NPO独自の施設が注目を集める一方、公立の施設の民営化や指定管理者制度の導入といった動きは、従来の施設そのものに大きなインパクトを与えることとなりました。

一九九七年に児童福祉法が改正され、学童保育（法的には「放課後児童健全育成事業」）が法制化されました。ついで九八年には特定非営利活動促進法（NPO法）が成立し、子どもに関連する分野においても多くの市民活動が花開くこととなりました。一方で自治体の財政難が本格的に叫ばれるようになったのもこの頃からで、その打開策として子ども施設の運営をNPOを含む民間団体へ委託するなど、「外部化」の動きが顕著となりました。

もっとも、自治体の行う子ども対象の事業はこの間二転三転し、子どもや保護者の混乱を招く事態も数多く発生しています。たとえば、学校の校庭や空き教室などを活用して学童保育の法制化以前から行われていた「全児童対策」の事業に、学童保育を統合していくという動きが各地でみられます。川崎市の放課後児童対策事業「わくわくプラザ」では、発足後に子どもの事故が多数発生していることが問題となり、改めて管理・運営体制づくりが問われるような状況となっています。[12]

さらに、二〇〇三年九月に地方自治法が一部改正され各地で導入が進んだ指定管理者制度は、子ども施設運営を根底から揺るがすものとなりました。保育所の運営などに株式会社の参入が見込まれたことや、そのことによる営利優先主義の蔓延が主な懸念事項として取り上げられました。他方、この間地域に根ざした活動を繰り広げてきたＮＰＯが、得意な分野を生かして施設運営に乗り出し成果を収めている事例も出現し、これらの施設の評価を行うにはもう少し時間が必要だともいえるでしょう。

こうして、指定管理者制度などを背景に子ども施設の「外部化」が現在も進行しているわけですが、こうした動きは子どもたちにどのような影響をもたらすのでしょうか。ここで注目しなければならないのは、職員の雇用のあり方、つまり労働の問題です。これは施設の内容や、自治体直営か民間運営かといった運営主体に限らず発生する問題です。

民間に限らず、自治体直営の施設においても職員の不安定雇用化が進んでいます。そこに「たえず雇用問題を発生させる仕組み」[13]をもった指定管理者制度が入り込んできたことになります。重要なのは、こうした雇用問題は子どもの立場で考えるとどのような問題があるのか、子どもの成長・発達にどのような影響を及ぼすのか、という点です。

その前に、まず子ども施設の職員にはどのような資質が求められているのでしょうか。この点は、すでに立柳聡さんによっておおかたの整理が行われています。[14]立柳さんの整理によれば、児童館や学童保育をはじめとする地域子ども施設の職員に求められる力量を「子どもの育ちを原理的に理解し、育ちの支援に応用できる力」など七点にまとめ、とりわけ現場においては実践と理論の構築を繰り返し行うアクション・リサーチの手法を取り入れながら、職員個人レベルでも施設の単位でも臨床的な専門性を蓄積していくことが肝要だとされています。

それでは、現場の雇用状況はそうした実践の蓄積を保障するものになっているのでしょうか。現状では、職員個人の雇用問題にとどまらず、そうした実践の蓄積を阻害するような状況が広がっているといわざるをえません。具体例としては、東京都中野区の保育所に指定管理者制度を導入するにあたり、それまで一年ごとに再任用されていた非常勤保育士が雇い止めになった件（二〇〇四）や、練馬区で公立保育園を民間委託したところ、短期間に園長を含む保育士が次々に退職し、区長名の改善勧告まで出されるに至った件（二〇〇五）などがあげられます。後者については、常勤保育士の負担増大が退職の原因だといわれています[15]。

このように、施設の運営形態の移行や一部職員への過大な負担、あるいは非常勤職員の賃金水準の低さなどを原因として、子ども施設の職員が頻繁に入れ替わる現象は地域を問わずたびたび聞かれます。複数の施設を運営する株式会社などにおいては、常勤職員の少なさを背景に昨今外食チェーンやコンビニエンスストアなどで問題となった「名ばかり管理職」と同様の問題が生じてくる懸念もあります。決して職員個人の熱意や使命感だけをもってクリアできる問題ではなく、別の側面から課題解決の方策を考えなければなりませんが、これについては改めて別の機会に述べることにします。

では、このような雇用状況は子どもの視点から考えるとどうなるでしょうか。

「学童保育所は、いろいろな行事があって楽しかったのですが、六年間通えたのは、私たちのめんどうを親代わりとなって見てくれた指導員がいたからだと思います。小学校で気分が悪くなったとき、学校まで指導員がむかえに来てくれたり、私が学校でいやなことがあるとわがままを言ったり反抗したりしました。今考えると、指導員が、ほんとうにお父さんお母さんの代わりをしてくれていたんだと思います[16]。」

上記は名古屋市の学童保育に六年間通った子どもの作文ですが、この子の学童保育での生活は、まさに指導員との関係性によって成り立っていたことが読み取れます。子ども施設にとって重要なのは、ハコモノよりはむしろ子どもをまるごと受け止めてくれる職員の存在であるといっても過言ではありません。そのためには、職員が子どもと継続的にかかわりをもちながら成長を見守ることができる環境が保障されなければならないはずです。少なくとも数ヵ月や一年といったスパンで職員がコロコロ替わっていく状況は、職員個人や施設に対する子どもの不信感を招くばかりでなく、先の練馬区の保育所で「子どもが落ち着かない」ことから保護者からの転園希望が相次いだ例のように、子どもの生活そのものが外部的な理由によって変化を余儀なくされることにもつながります。

こうした問題点については、いくつかの裁判所の判決においても認められているところです。大阪府大東市での保育所民営化をめぐる訴訟で、大阪高裁は保育士の総入れ替えに伴う短期間での引継ぎについて「児童の発達における人的環境の影響には大きいものがあり、児童の保育に当たっては、保育士と児童及び保護者との信頼関係が重要であるところ、三か月間の引継期間で数名の保育士が参加しただけでは、上記のような信頼関係を構築することは難しい」点を指摘しています（大阪高裁平成一八年四月二〇日判決）。同様のことは、神戸市立枝吉保育所の民営化をめぐって保護者らが申立てた仮の差止めを認める決定においても認定されています（神戸地裁平成一九年二月二七日決定）。

門脇厚司さんによれば、子どもを育てるおとなの責任について、「子育てするおとながなすべきことは、徹底して子どもとかかわり、適切な応答を繰り返すこと、言い換えれば、子どもと継続的に相互行為することである」といいます[17]。言うまでもなく、このことに本気で取り組もうとするならば、おとなの側にも相当の時間的・精神的余裕が必要となります。

とりわけ、相互行為のなかで子どもを「待つ」ことは極めて重要なポイントです。たとえば、子どもの会議などではいつまで経っても結論が出ず、無駄とも思えるような議論が続いたり、人前でなかなか言葉を発するのが難しい子どももいたりします。しかし、オブザーバーであるおとなもそういう子ども特有のペースにとことん付き合っていくことが求められます。もちろん、子どもの発達段階によってもかかわり方は異なってきますが、おとなは最小限の交通整理をすることがあっても、子どもたちをおとなのペースに巻き込んでしまっては「子育ち支援」の場とはかけ離れていってしまいます。

したがって、すでに述べたような職員の雇用状況を前提としていたのでは、このようにじっくりと時間をかけて、子どもたちと一緒に螺旋階段を上っていくような取り組みは必然的に難しくなります。また、おとなとの親密の度合いによっても子どもとのコミュニケーションのありようは変わってくるので、施設における子どもと職員の関係性そのものも奥行きのないものになっていかざるをえません。

施設の運営者としても、来館者数や主催事業などの面で常に行政からの評価を求められる状況では、それこそ「ムリ・ムラ・ムダ」の多い子どもとの共同作業に着手することには躊躇せざるをえないでしょう。加えて、予算的な制約も多々あります。また、指定管理者の場合には、ただでさえ期限が定められているうえにいつ指定が取り消されるかという切羽詰まった状況のなかで施設運営を行うこととなります。

こうした地域子ども施設の「外部化」をめぐるがんじがらめの情勢のなかで、自治体直営の施設か民間運営の施設かを問わず、「参加」のシステムを前提に子どもとの共同的な実践をつくり上げていく環境そのものが失われてきているのです。

3 子ども施設の「再生」に向けて

これまでみてきたように、すでに冒頭の施設群が生まれてきた一九九〇年代とは異なり、地域子ども施設を取り巻く状況は決して安泰であるとはいえません。公営にしても民営にしても、行政改革や職員配置をはじめとした合理化の波は、子ども施設を「いつなくなってもおかしくない」という状況に追い詰めているともいえます。すでに述べたように、本来的に子どもの生活——とりわけ遊び——にとって「効率性」とか「成果主義」といったものはそぐわないものであり、少なくとも子どもの施設においてそうした「おとなの事情」に子どもを巻き込んでいくことには歯止めをかけなければなりません。

一方では、地域子ども施設における新たな取り組みも多々模索されており、そうした活動のなかから今後の子ども施設を運営していくにあたっての知恵が蓄積され始めています。そうした蓄積をまとめると、単に斬新なことや珍奇なことを始めればよいということではなく、地道な取り組みを通しておとなの生き方そのものを問い直していくことから出発して、佐藤一子さんのいうような地域における共同性を〝戦略的に〟再構築していくという方向性が読み取れます。

以下、具体的な実践を通して、地域子ども施設のめざすべきものを探っていくことにしましょう。

(1) 子どもとおとなの「出会いの場」

そもそも、子ども施設を取り巻く地域も含め、子どもとおとなの出会いの場がどのくらいあるのかという問題があります。子どもとおとなの社会的文化的隔たりが拡大したことで、家族でさえも互いに知らない違った世界に生きているような現代社会においては、まずもって子どもとおとなが互いに人間らしい姿を見せつつ出会う場を確保していくことが最重要課題といってもいいでしょう。

子どもとおとなの出会いの場というとき、大きく二つの方向性が考えられます。ひとつは、施設そのものを世代間交流できるような複合施設とする方法があります。このようなタイプの施設としては、併設されている特別養護老人ホームや高齢者デイサービス施設と同じ法人が運営する東京都港区立赤坂子ども中高生プラザ「なんで〜も」[18]や、認知症（痴呆）の高齢者が生活するグループホームに学童保育を併設した三重県桑名市の「ひかりの里」[19]などの例があります。

出会いの場づくりのもうひとつの方向性は、既存の施設や団体の開催する事業によって出会いの「仕掛け」をつくっていく方法です。行政や地域の会議に子どもが参加するような例が代表的なものですが、東京都国分寺市の児童館では、利用者の子どもをはじめ地域住民なら誰でも参加できる運営会議が年に数回設定され、利用の仕方や事業内容をめぐって子どもとおとなの見解（あるいはその背景となる価値観）をめぐって論争が繰り広げられるような場面も見られます[20]。こうして実際に議論をすることで子どももおとなも納得のいくような結論に至り、互いの考え方を知る機会にもなっているといえます。

また、二〇〇四年度から三ヵ年計画で実施された「地域子ども教室推進事業」もこうした出会いの場づくりに寄与しているという指摘があります。すなわち「多元的な価値志向をもった住民たちが子どもを目の前にして協力し合う必要性を感じ、そのなかで子どもに対するまなざしを磨く場になる可能性をもっている[21]」ということで、後継の「放課後子どもプラン」にもこの事業の蓄積を生かしていくことが求められます。

(2) 子どもとおとなが「一緒に楽しむ場」づくり

子どもとおとなの共同的な営みによって「一緒に楽しむ場」をつくっていく事例もみられるようになってきました。

東京都品川区の大原児童センターでは、地域住民のサポートを得ながら子どももおとなも一緒に楽しめるような事業が行われています。その企画運営には中高生を中心とした年長の子どもも加わり、一方で職員がつなぎ役となって保護者のボランティアや商店会の店舗にも協力してもらい、子どももおとなも熱心に遊びきるような環境を醸成しています。ここでは、児童館を取り巻く地域の住民全体が「おおはらファミリー」と位置づけられており、子どもにとってこの地域が「ふるさと」になるようにとの願いがこめられています。一方、そうした一つひとつの事業はおとなにとっても地域で活躍できる――子どもたちに「カッコいい」ところを見せられる――またとない機会となっており、児童館が子どものみならずおとなの「役」の創出を意識し具現化していくことで、子どもと地域のおとなとの関係を紡いでいくという緻密な実践が試みられています[22]。

このような実践から学べることは、子ども施設に問われていることは、子どもの遊びや日常生活のなかで地域のおとなをどのように位置づけていくかという点です。この点が早くから意識されてきたのが、千葉県習志野市の「秋津コミュニティ」で行われている数々の実践です。たとえば、ここでは先に述べた「地域子ども教室」の事業が「秋津・地域であそぼう！」という名称で行われましたが（現在も任意のサークル活動として継続）、秋津コミュニティ顧問の岸裕司さんによれば、この事業は「大人の居場所づくり」にもなるように工夫して実施してきたそうです。というのも、「『大人が楽しく生きていなくては、子どもも楽しく生きることはできない』と考える多くの大人が、秋津コミュニティのこれまでのさまざまな活動を通して育ってきたから」だということです。[23]

秋津コミュニティの拠点となっている「秋津小学校コミュニティルーム」もまた複合施設であり、施設そのものが出会いの場となっている側面があります。ただ、こうして地域において「大人の生きざま」が常に子どもの眼にふれるような形で繰り広げられている環境は、むしろ子どもを「管理・統制」する存在からおとなたちを解放していくという意味をもっているともいえます。言い換えれば、子ども施設の活動を通して旧来の「おとな像」をどのように突き崩していくかという点が問われているのだといえましょう。

(3) 子ども施設に求められる「おとな像」

このように考えると、地域子ども施設における共同性を取り戻すというとき、まずもってその施設を取り巻く「おとな像」をどのように構築していくかという点が鍵となるのではないでしょうか。実は、このことは取り立てて目新しい視点というわけではなく、主として冒険遊び場（プレイパーク）活動の関係者により再三指摘されています。これは子どもが「自分の責任で自由に遊ぶ」という冒険遊び場の運営方針にも連なっています。

静岡県富士市のＮＰＯ法人「ゆめ・まち・ねっと」代表の渡部達也さんは、スタッフに求められる資質として「『子ども〝と〟遊ぶのが好き』なことよりも、『子ども〝が〟遊ぶのが好き』という感覚をもっていること」をあげています。[24] これは、おとなはあくまで子どもたちが子どもらしい時代を過ごすことができるような環境をつくっていく存在であり、「生き生きとした遊びと豊かな育ちを大らかに見守る大人の共感の輪を育んでいきたい」という願いによるものです。こうした理念に共鳴するように、おとなの思惑から「子どもを何とかする」ためではない、子どもの育ちを見守りつつも気楽に集える近隣住民の輪が広がってきているといいます。

また、東京都国分寺市のＮＰＯ法人「冒険遊び場の会」の角麻里子さんは、「おとな自身の当事者性の認識」が重要だと述べています。[25]これは、おとなが「自分自身の問題として子どものありようを受けとめ、社会に発信していける人材」として位置づけられていることを示しており、おとなが子どもをめぐる問題を考える際に留意しておかなければならない点でしょう。角さんは「子どもの世界から多くを学んで豊かなおとな社会をめざすぐらいの気持ちが必要」ともいいます。

このように、子どもとのかかわりを通して子どもの生活や育ちを考えることは、地域におけるおとな自身の生活や生き方を問い直すことにつながっていくという点を幅広く共有していくことが、子ども施設における「共同性」を再生していく筋道として浮かび上がってくるのではないでしょうか。

おわりに～「自治」の基盤の創造に向けて～

さて、ここまで地域子ども施設の「再生」に向けていくつかの条件をみてきました。子どもとおとなが地域で日常的な「出会い」を重ね、一緒に楽しむしかけをつくっていく、そしてそれを支える「おとな像」を確立していく…これらの先に見えてくるのは、単に子ども施設の運営にとどまらない、地域住民の「共同性」を背景とした「自治」の基盤をつくっていくことにほかなりません。では、自治の基盤をつくっていくとはどういうことなのか、この点を最後に検討してみましょう。

埼玉県にあるNPO法人「市民活動情報センター・ハンズオン埼玉」の西川正さんは、「本来、住民に問題をかえす、住民を問題の当事者にするのが公共施設の使命」であるといいます。[26]子どもの施設であれば、その施設をどういう施設にしていきたいか、子どもが育つにはどういう環境をつくっていけばよいのか、そういったことを施設内部（運営者や職員）だけで模索するのではなく、実践を通して保護者や地域住民にフィードバックしていくことが求められます。しかしながら、摩擦を避けがちな現代社会においては、おとな自身に当事者性をもたせていくことは至難の技だということもできるでしょう。

そこで重要となってくるのが「まち育て」の視点です。「まち育て」の考え方は工学博士の延藤安弘さんを中心に早くから提唱されていましたが、本格的に注目されるようになったのは二一世紀に入ってからではないかと思われます。

延藤さんによれば、「まち育て」とは「市民・行政・企業の協働により、環境（人工・自然・歴史・文化・産業・制度・情報など）の質を持続的に育み、それにかかわる人間の意識・行動も育まれていくプロセス[27]」であり、そこにおいては「創造的対話」が必須であるといいます。必然的に「共同性」が内包されており、また「タンケン・ハッケン・ホットケン」といった言葉に象徴されるように、「実践的知」を基盤に地域の人や環境に働きかけ、相互の関係を豊かにしていくという循環をつくり出す営みでもあります。

延藤さんはこのような「まち育て」の評価のポイントの第一に「子どもの視点」をあげています。なぜなら、子どもの目線は「子どもがもつ遊びながら環境との生彩ある相互浸透関係を生みだす力や未来への開かれた予感力[28]」であり、この視角から「まち育て」を進めていくことが不可欠であるからだといいます。

近年、このような考え方を生かす取り組みとしてよく知られているのは、ドイツのミュンヘンで行われている実践（ミニミュンヘン）をモデルとした千葉県佐倉市の「子どもがつくるまち　ミニさくら」です。[29]まちのすべての仕組みを子どもたちが決めてゆき、サポーターとしてかかわるおとなは基本的に「口を出さない」ことを迫られることになりますが、そうして逆におとなたちが「子どものまち」から提起される問題を真剣に議論していくことで、単なるアトラクションではない奥行きのある取り組みに育っています。

こうした取り組みは、子どもの視点を中心に据えつつ、まちのあり方や社会の仕組みを今一度問い直していくことの重要性を示しています。先述の角さんが「子どもの力を借りて地域社会を再生する」「子どもの力を借りておとなが自己実現する道をつくる」と表現していることはおそらくこのような意味であり、子どもが生きていくなかで提示される諸問題をおとなが寄ってたかって考えていくことが、おとなの共同性をも取り戻す原点であることを示唆しています。

もうひとつ忘れてならないのは、おとな自身が人間らしい喜びや感動を味わえるような場を取り戻していくことです。これは増山均さんが「アニマシオン」という概念で述べていることとつながります。このことを端的に示すエピソードが、埼玉県草加市で行政と協働しながら運営されているプレイパークのスタッフによって語られています。

「準備会で初めて冒険あそび場の視察に参加したときには、白い手袋とパラソルを差していた担当の女性職員が、一年後には、首から下を泥んこにして子どもたちと一緒に遊んでいるのには驚きましたね。のちに、行政内部の会議で任意団体では市と協定書が結べないという問題が生じたときには、涙を流して必要性を訴えたということも聞きました。[30]」

この女性職員が具体的に何をもって必要性を説いたのかはわかりませんが、少なくとも、プレイパークでの遊びを通して職員が何かを感じ取ったことは間違いなさそうです。ともすれば管理的な体質に陥りがちな行政機構のなかで、職員自らがある種の人間性を取り戻すことを通して、豊かな「まち育て」が展開されている好例といえるでしょう。

こうしてみると、単に子どもの遊びや生活を豊かにするだけでなく、地域におけるおとなの人間性を取り戻し、そうしたなかから共同性を取り戻す道筋をつくっていくための拠点として、子ども施設を改めて位置づけていく必要がありそうです。そして、そこで絶えず子どもたちから投げかけられる有形無形の問題を、ときには揺らぎながらも一緒に考えていくことが、地域における「自治」の基盤をつくっていくための第一歩になるのではないでしょうか。

どこのまちでも、子どもにまつわる話は盛り上がるということをよく聞きます。それは、おとなであれば誰しも子どもの問題に関心を寄せていることの証左であり、また地域を見つめる最もわかりやすい視点のひとつだからでもあります。いま、それを公然と議論できるような仕掛け（ないしそれを吹きかける仕掛け人）が求められています。子どももおとなもそうしたことを自由に語れる場として地域子ども施設がクローズアップされるようになったとき、地域子ども施設そのものも「再生」に向けて新たな一歩を踏み出すのではないでしょうか。

【ほしの　かずと】

注

（1）川崎市「子ども夢パーク」は二〇〇三年の開設であるが、「川崎市子どもの権利に関する条例」の制定過程も含めると、一九九〇年代の流れを汲む施設として位置づけられる。

（2）代表的なものに、子どもの余暇・休息の権利を背景とした増山均さんの「アニマシオン」論、佐藤一子さんの「文化的参加」などが挙げられる。増山・佐藤編著『子どもの文化権と文化的参加』（第一書林、一九九五年）など参照。

（3）立柳聡「九〇年代・児童館自己革新運動の隆盛と児童館実践」小木美代子・立柳聡・深作拓郎・星野一人編著『子育ち支援の創造――アクション・リサーチの実践を目指して』学文社、二〇〇五年

（4）『児童館・学童保育と子育ち支援』（萌文社、一九九四年）をはじめ現在までに計九巻が刊行されている。

（5）佐藤一子『子どもが育つ地域社会――学校五日制と大人・子どもの共同』東京大学出版会、二〇〇二年

（6）佐藤、同右、八七～八九頁。

（7）佐藤、同右、八五頁。

（8）第一五期中央教育審議会答申「二一世紀を展望した我が国の教育の在り方について」第一次答申（一九九六、七）、第三章(1)より。

（9）兵庫県教育委員会『平成一九年度　地域に学ぶ「トライやる・ウィーク」のまとめ』（二〇〇八、三）のデータによる。

（10）「次世代育成支援に関する当面の取組方針」（少子化対策推進関係閣僚会議決定、二〇〇三、三、一四）

（11）このような政策の一連の流れについては、拙稿「子育ち・子育てをめぐる政策の一五年史」子育ち学ネットワーク編『なぜ、今「子育ち支援」なのか』（学文社、二〇〇八年）を参照のこと。

（12）『東京新聞』二〇〇三年七月五日付、『朝日新聞』二〇〇五年一月一四日付など

（13）尾林芳臣『新・自治体民営化と公共サービスの質』自治体研究社、二〇〇八年、四六頁

（14）立柳聡「子育ち・子育て支援のための地域子ども施設職員の資質・専門性と養成」小木美代子・須之内玲子・立柳聡

編『児童館・学童保育の施設と職員――多機能・複合化する施設と職員の専門性』萌文社、二〇〇六年
(15)『毎日新聞』二〇〇六年六月一日付
(16)日本子どもを守る会編『子ども白書二〇〇四』草土文化、一四四頁
(17)門脇厚司『子どもの社会力』岩波新書、一九九九年、一六四頁
(18)田島克哉「限りない可能性を秘めた児童館〈なんで〜も〉」小木・須之内・立柳編、前掲書
(19)多湖光宗「介護＋子育ち支援：三世代交流共生住宅――痴呆老人力を子育ちに生かす」小木・立柳・深作・星野編、前掲書
(20)国分寺市児童館の実践記録については、酒井紀子他「「大人も子どもも商売は楽し!」――「とんがりまつり」の企画を担当して――」『第一四回東京都公立児童厚生施設・職員研究発表会記録集』(一九九三)、坂本たかし「子どもたちの欲求に向き合う児童館運営〜新規開館から五年三ヶ月間の報告〜」『児童育成研究』第一九巻(二〇〇一)などがある。
(21)日本子どもを守る会編『子ども白書二〇〇六』草土文化、一五三頁
(22)地域における「役」の創出については、深作拓郎「子どもの育ちと地域の教育力――二一世紀初頭にみる子どもの育ちと地域の課題」小木美代子・姥貝荘一・立柳聡編『子どもの豊かな育ちと地域支援』学文社、二〇〇二年
(23)岸裕司『学校開放でまち育て――サスティナブルタウンをめざして』学芸出版社、二〇〇八年、五八頁
(24)渡部達也「子どもたちの豊かな育ちを大らかに見守る共感の輪」子育ち学ネットワーク編、前掲書
(25)日本子どもを守る会編『子ども白書二〇〇四』草土文化、一六九〜一七〇頁
(26)西川正「子育て支援と子育ち支援の出会う場所」子育ち学ネットワーク編・前掲書
(27)延藤安弘『「まち育て」を育む――対話と協働のデザイン』東京大学出版会、二〇〇一年、一二頁
(28)延藤、同右、一七頁
(29)「子どもがつくるまち　ミニさくら」の詳細については、子どもの参画情報センター編『居場所づくりと社会つながり』(萌文社、二〇〇四年)参照
(30)協働→参加のまちづくり市民研究会編『私のだいじな場所――公共施設の市民運営を考える』NPO法人市民活動情報センター・ハンズオン埼玉、二〇〇五年、三九頁

6 廃校活用の子ども総合施設の活動風景
――港区立赤坂子ども中高生プラザ（〝プラザ赤坂なんで〜も〟）――

田島克哉

はじめに

少子化が進み子どもの数が減ってきているなか、統廃合される学校が増えてきているのは周知の事実です。そのなかで統廃合される学校が増えるにつれ、廃校となった学校の跡地や既存施設をどのように活用していくかが課題となっています。

東京都港区に平成一五年にオープンした港区立赤坂子ども中高生プラザは港区立氷川小学校の跡地です。統廃合の末、小学校の校舎と敷地が現在は港区一三番目の児童館、そして港区としては初の中高生プラザとして、展開されています。ただし、小学校の跡地という、その広い空間すべてが児童館というわけではなく、「港区立特別養護老人ホーム・サンサン赤坂」と「港区立赤坂子ども中高生プラザ」という高齢者施設と児童施設の複合施設という形態になっています。

本文では廃校活用の一例として赤坂子ども中高生プラザを紹介するとともに、また、その実態と課題についてまとめ、今後の廃校活用の手立てとなることを期待するものであります。

1 赤坂子ども中高生プラザの概要

(1) 施設概要

港区立赤坂子ども中高生プラザは、地下鉄赤坂駅から徒歩五分、溜池山王駅から七分という場所にあるため赤坂地域だけではなく他地域からも電車を使う等で利用しやすい場所にあります。

建物を上から見ると凹凸の〝凹〟の形をしており、右半分が児童施設・赤坂子ども中高生プラザ、左半分がサンサン赤坂となります。ただし、これは一階の話であり、建物は地上四階地下一階建てです。二階と三階は凹の形すべてが特別養護老人ホームとなっており、多くの高齢者の方が入所されています。四階は屋上となっており太陽光発電設備や展望デッキ等が設置されています。地下一階には高齢者施設の厨房や備蓄倉庫があります。厨房では高齢者施設の食事を作っていますが、週一回、学童クラブのおやつも作っています。また児童施設・高齢者施設合同のもちつき大会ではもちの用意をする等、複合施設の厨房として児童施設も色々な関わりがあります。

(2) 事業概要

赤坂子ども中高生プラザは港区一三番目の児童館であり、港区最初の中高生プラザです。港区には現在一一の児童館と二つの中高生プラザ、一つの児童高齢者交流プラザがあります。そのなかで中高生プラザとは港区において〇歳から一八歳未満までを対象とした大型の児童館で将来的には港区を五つの地域に分けた地域分類（港区では総合支所管内という）に各一ヵ所の整備が予定されています。

赤坂子ども中高生プラザの運営は社会福祉法人東京聖労院が、平成一五年四月～平成一八年三月は民間委託として、平成十八年四月からは指定管理者として管理代行を行っています。併設されているサンサン赤坂も東京聖労院が管理代行を行っており、同一法人で運営を行っているのでさまざまな面でメリットがあります。たとえば児童施設と高齢者施設での交流ということでは、両施設から選出された〝児童高齢者交流推進委員〟が毎月会議を開き、交流企画を実施しています。また、七月の納涼祭、一一月の文化祭典、一二月のもちつき大会など両施設合同で行う行事もあり、さまざまな場面で児童と高齢者が交流できる機会を提供しており、またその実施も同一法人ということで行いやすくなっています。

赤坂子ども中高生プラザは、先述した通り施設の一階半分にあたります。館内に入りフロント（受付）を通ると、真っ直ぐな導線になっており、その廊下を挟むように大きく分けて七つの空間（部屋）があります。

・ラウンジ

テーブルと椅子が多数置かれている空間。その周囲には絵本や紙芝居、漫画、物語や伝記、中高生が読むようなファッションや音楽の雑誌などさまざまな本が数多く並んでいます。

ラウンジでは飲食が可能なのでテーブルを囲んで食事をしたり、お菓子を食べながらおしゃべりをしている子どもたちもいます。その他にもゲームをしたり、本を読んだり、なかには勉強をしたりと、各々がさまざまな使い方をしています。

・キッズルーム

キッズルームは〇～六歳の子どもたちとその保護者が過ごすことのできる部屋です。午前中から多くの乳幼児とその保護者の方が来館し、年齢別グループ活動が行われる一一時頃にはベビーカー置き場にベビーカーが溢れる

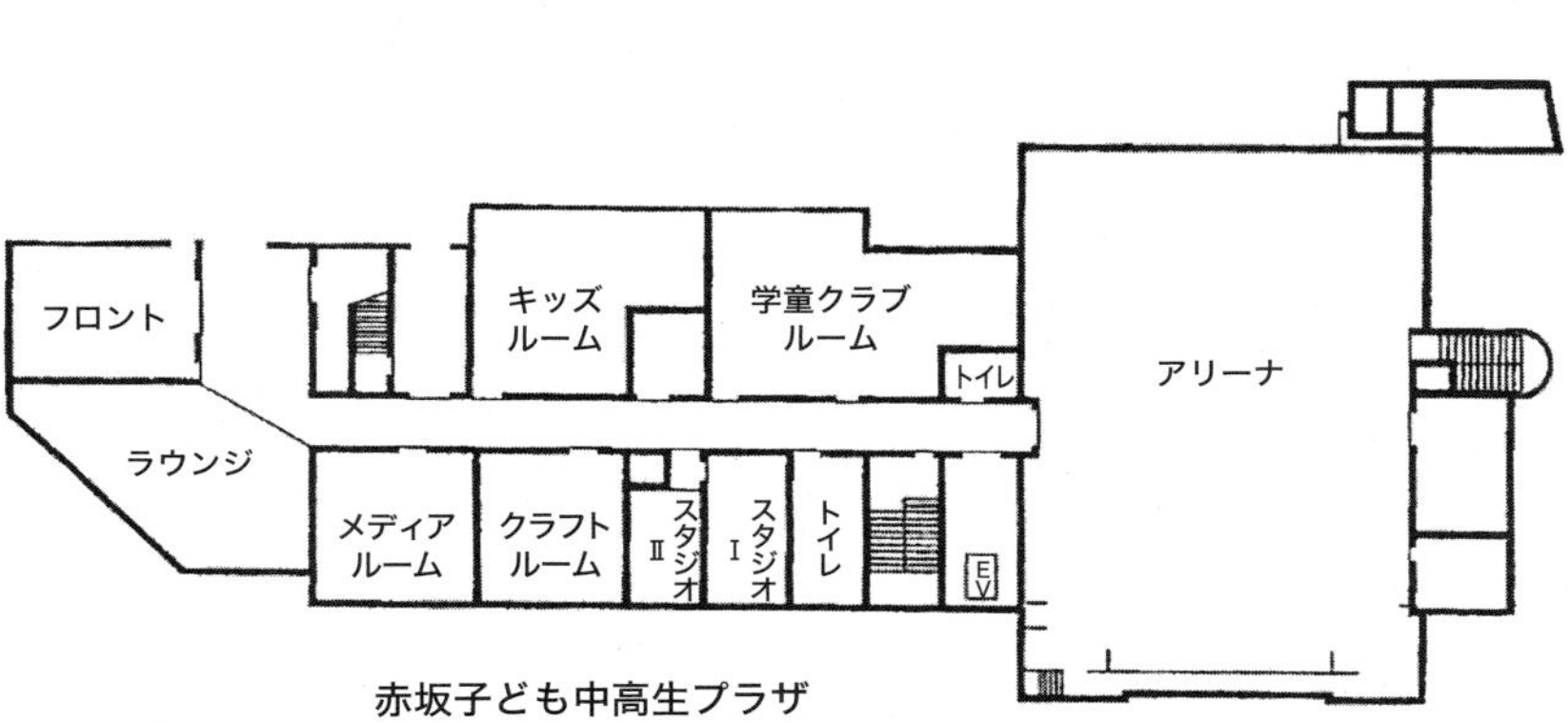

赤坂子ども中高生プラザ

ほどの賑わいをみせます。

キッズルームでは月・木・金曜日に行う年齢別グループ活動や年齢別リトミック、保健師による講話、料理会などさまざまな企画を行っています。また乳幼児バスハイクや民生・児童委員の方によるクリスマス会などのイベントは受付開始直後に定員に達してしまうほどの人気があります。

・メディアルーム

メディアルームには、四台のパソコンと三台のゲーム機があります。パソコンはインターネットを使ったり、絵を描いたり、工作をするなど、といろいろな遊びができます。毎月行われている企画ではパソコンを使って時間割やネームシール、名刺などを作ったり、中高生用向けのステッカー作り等、さまざまな企画を行っています。また、パソコンを使用する際には欠かせないローマ字を打つ技術を検定する〝ローマ字検定〟という企画もあります。ゲーム機はプレイステーション2とゲームキューブ、Ｗｉｉがあり、一日一回遊ぶことができます。

また、メディアルームには大型液晶テレビと迫力あるサウンドが楽しめる音響装置もあり、これらを使った企画も行っています。

・クラフトルーム

クラフトルームは工作の道具や材料、廃材などが揃っており、それらを使って図画・工作活動ができる部屋です。その他にも手芸、木工作ができるほか陶芸釜があり、陶芸教室も行っています。また料理活動も行っており、季節のおやつを作ったり、陶芸釜で皿を作り、その皿で自分で作った料理を食べるという企画も行っています。

・スタジオ

スタジオは大きな鏡があり何も物がないスタジオⅠと、バンドの練習ができるスタジオⅡがあります。スタジオⅠはダンス・合唱・劇・楽器の練習などに使われています。また、「なんで〜も三味線塾」や地域の方にボランティア講師として来ていただいている「生け花教室」など、物が何もないがゆえにさまざまな用途で使うことができるユニークな部屋です。スタジオⅡを使うにはまずバンド登録を行う必要があり、登録後、スタジオⅡを使うことができます。また登録したバンドは毎月一回行われるバンド会議に参加し、練習枠の決定や諸問題についての話し合いを行っています。

・**アリーナ**

旧氷川小学校で使われていた体育館をほぼそのまま残したのがアリーナです。バスケットボールやフットサル、バレーボールのコートを一面とることができる広さがあり、卓球台やトランポリン、一輪車、竹うま、長縄、縄跳び、フラフープ、乳幼児のみ利用できる三輪車やコンビカー、他にもいろいろな遊具があります。また講師を招いてのフットサル教室やバトン教室なども行っています。

また、アリーナにはステージが設けられているので、そこではさまざまな活動やイベントが行われたり、発表会や中高生バンドのライブなどが行われています。

・**学童クラブルーム**

赤坂子ども中高生プラザ学童クラブは、定員六〇名の学童クラブです。利用時間は月曜日～金曜日の放課後～18：00（学校休業日は8：30から開始）と土曜日8：30～17：00です。在籍児童はこの部屋を中心とし、他の部屋に行き自由に遊ぶことができます。また、年三回の外出行事や保護者を含めた交流行事など、さまざまなイベントも行っています。

・**行事**

赤坂子ども中高生プラザではさまざまな行事を行っています。四月に行う新入生歓迎会や五月に子どもの日を祝う行事、七月に納涼祭、一二月にもちつき大会と年末子ども会、一月に新年子ども会、三月に行う卒業を祝う会などその季節に沿った行事から、夏休みキャンプや中高生館内宿泊などの宿泊行事まで内容も対象も多岐にわたっています。

・**その他**

赤坂子ども中高生プラザではこれまで説明してきた内容のほか、中高生運営委員会の運営や国際交流活動、食育活動、サークル活動なども行っています。

中高生運営委員会は『なんで〜も委員会』と呼ばれ、中学生・高校生がメンバーとなって各種イベントの企画や諸問題の話し合いなどを行っています。また納涼祭や文化祭などの行事においては、委員会の店を出店するなど積極的に行事等への参加も行っています。

国際交流活動は周辺地域に大使館が点在するので、当施設としては重要な活動です。毎月発行している広報誌「なんで〜もステーション」の英語版を作成したり、館内の掲示物にも英訳を加え、英語しかわからない来館者でも当施設を利用しやすくできるよう努めています。また、毎年外務省が定める特定の国との交流年に合わせ、その国の食べ物やゲームなどを体験することができるコーナーを出しています。とくに食べ物については、子どもたちが作り販売する形態をとっており、出店に向けて実際に地域でその食べ物を取り扱っている店に勉強に出かけるなど多面的に活動しています。

食育活動では講師を招いての講習会や料理会、児童施設横の広場やプランターなどで野菜を育てる企画、食にまつわる場所に出かけ食物または食材のできるまでの過程を見学する社会科見学企画、などを行っています。

サークル活動は中高生サークルとしてバスケットサークルとクッキングサークルが活動しています。小学生も参加できるおかしサークル、保護者による美容体操サークルも活動しており、現在四つのサークルが活動を行っています。

2 廃校活用の経緯と概要

(1) 歴史

赤坂子ども中高生プラザは、かつて勝海舟が晩年を過ごした勝海舟邸跡地であり、現在でも勝海舟終焉の地として記念碑や記念コーナー等が設置されています。

勝海舟の没後、旧氷川小学校がその地へ移転しました。旧氷川小学校は、明治四一年に東京市氷川尋常小学校として開校し、その後、昭和四年に隣家屋の火災により校舎が消失したことから移転することとなり、平成五年春に廃校になるまで存続しました。バブル経済によって業務立地化が進み、多くの区民が港区から転出したことと少子化の進行に伴う児童数減少のため、氷川小学校・旧赤坂小学校・桧町小学校の三校が新赤坂小学校に統合されたことで氷川小学校が廃校となったのです。

廃校後暫くは、建替えで仮校舎を必要とする区内の私立中学・高校に貸していましたが、その後の建物の利用について建替えも含めて廃校活用に関する検討がされました。卒業生や地域住民との話し合いから〝公共性の高い施設として継続する〟、〝環境的配慮からリニューアル＋増築〟との方針がまとまりました。

その後、前港区基本計画（平成一一年二月策定）において、旧氷川小学校跡地に旧校舎の躯体利用、太陽光発電、雨水再利用を行い環境にやさしい児童と高齢者の複合施設を整備することを目的とし、平成一二年度に基本計画・実施計画が策定されました。既存校舎を最大限に活用する、高齢者と子どもの交流や周辺環境との調和に十分配慮する、氷川小学校の歴史を伝える展示スペースを設置する、などの視点に立った企画・設計でした。そして平成一四年度に、運営事業者を公募により社会福祉法人東京聖労院に決定しました。

(2) 改修概要

施設の建設については旧氷川小学校の校舎の改修に加え増築も行いました。旧校舎は内外装・設備を撤去した上で新たな内外装・設備を設置しました。そして旧氷川小学校ではグラウンドとなっていた場所に新たな棟を増築し、現在の施設となりました。そのなかで、小学校の給食室を高齢者施設の厨房に改造したり、小学校の教室を特別養護老人ホームの居室・食堂などに改修したりと旧設備の利用を積極的に図りました。また、小学校の体育館はそのまま残し、現在のアリーナとして活用されています。小学校の屋上にあった二五メートルプールもそのまま残しており、現在は消防水利として活用しています。

改築の際に内外装を一度撤去し、新たに内外装をしている関係上、見た目として小学校の名残はほとんど感じられませんが、体育館へと続く廊下を挟んで両側に部屋が配置されている造りなどは、旧氷川小学校と同じです。また、高齢者施設だけではなく児童施設にも手すりの設置や段差の解消などのバリアフリー工事を行っており、高齢者施設の利用者の方が児童施設に遊びに来やすい環境になっています。

3 到達点と課題

小学校として多くの子どもたちを育てたこの地で、児童館として生まれ変わった赤坂子ども中高生プラザがその活動を始めて丸五年が経過しました。社会全体の子どもの数が減少し、また赤坂という場所柄もあり周辺地域に住んでいる子どもは決して多くはありません。しかし、オープン後五年間、毎年年間の来館者数は伸び続けてきました。赤坂という地域のなかでの遊び場として、そして子育て施設として地域の方々に認知され、少しずつでも信頼を得ることができているからこその成果だと思います。また中高生プラザとして中学生・高校生たちが遊びに来るこの場所では、乳幼児と中高生、小学生と中高生といった異年齢交流が自然発生的に見られる貴重な場にもなっています。これまでの五年間、子どもたちがさまざまな体験をし、多くのことを学ぶことができる場として活動してきました。

しかし、五年間来館者は増え続けてきたものの、伸び率という面では鈍ってきている現状があります。一階の半分というキャパシティーのなかでは現在の来館者数は限界に近いとの考え方もできますが、今後も利用者に満足してもらいながら、さらに来館者数を増やしていくにはどうすればよいのか、を考えることが課題です。たとえば乳幼児活動においては、他施設やさまざまな子育て支援団体が存在する現在、赤坂子ども中高生プラザ独自の乳幼児活動を行うことが必要です。そのためには他施設，他団体がどのような活動を行っているのかをしっかりと把握し、その上で赤坂子ども中高生プラザ利用者のニーズの掘り起こしが必要と考えます。また、赤坂子ども中高生プラザは児童館のなかでもハード面はかなり充実した施設になっていますが、中高生までを視野に入れた施設としては、アリーナは充実しているものの、その他の場所については必ずしもハード面が中高生の欲求を満足させられるほどの設備・機能が設っているとはいい難いです。施設内における制約や使い勝手を克服、工夫し、そのアンバランスな点をどのように埋め合わせていくのか、ソフト面の充実、子どもたちの参画の場面を増やすなどの対応とともに、さらに検討が必要です。

また来館して五年が過ぎたことで、利用者もこれまでのように多方面から来館する利用者よりも、より地域の方々の来館が中心になるのではないかと考えています。これまでは目新しさもあり、赤坂地域の方々だけでなく区内の他地域や、時には県外の方まで来館していただきました。しかし五年間で、そういった流れも落ち着いてきたという実感があります。したがってこれからは利用者層も、より地域の方を中心とした活動を指向していく必要があります。外で遊ぶ場所を設けることが難しいこの地域のなかにある遊び場所として、より多くの利用者に満足してもらえることをめざして、事業を展開していかなければいけないと考えています。

そして課題として最後にあげたいのは、高齢者施設との交流をいかにして進めていくかです。児童と高齢者の交流事業に限らず、現在行っている事業について、児童施設と高齢者施設が併設して活動している特徴を活かし、交流事業を進めていくことは両施設における使命でもあります。しかし現実には、子どもたちが学校から帰ってくる時間がデイサービスセンターの利用者の方々の帰られる時間に重なるので接触が困難です。一方で特別養護老人ホームでは、利用者の方々の状態により、子どもたちの呼びかけに応えることが困難であるなど順調に交流できない場面も生じてきています。そのような状況のなかでできることを模索し、実践していくことによって、これまで以上に、より望ましい交流ができるよう努めていかなければなりません。

おわりに

赤坂子ども中高生プラザには、時折、旧氷川小学校の卒業生の方が来館されます。プラザの建物の脇には、この地がかつて氷川小学校であったことを記した石碑があり、そこには次のように記されています。

心の故郷　氷川

樹令二百五十余年の大銀杏が見守る氷川の学舎で
七千名を越える同志生が
それぞれの時代に思い出の時を刻んでいった氷川で学んだことを誇りに思い
氷川の思い出は永遠に同志生の心に生きていく

平成五年三月

氷川小学校は平成五年春に廃校となったので、廃校になる直前に記されたものではないかと思われます。六歳から一二歳までの時期を過ごす小学校には、誰しもがたくさんの思い出をもっているものです。廃校という時代の流れは致し方ありませんが、廃校となった学校を少しでも活用することは多くの卒業生の方々の思い出を残すことにもつながるのではないかと思います。そして、小学校と児童館という形は変化しても、子どもを育てていくという面では同じ両者。卒業生の方々も氷川小学校ではないが、現在もこの地で多くの子どもたちが育っていることを知っていただければ喜んでいただけるのではないか、と思っています。

子どもを育てていく場所という意味において、赤坂子ども中高生プラザは多くの先人たちから受け継いだバトンである、そのように考え今後も赤坂子ども中高生プラザが発展していけるように精進していきたいです。

【たじま かつや】

団体紹介

正式名称 港区立赤坂子ども中高生プラザ（愛称 プラザ赤坂なんで〜も）

所在地 〒107-0052 東京都港区赤坂六丁目六番一四号

連絡先 TEL 〇三-五五六一-七八三〇
FAX 〇三-五五六一-七八三六
Email nandemo@seirouin.or.jp
URL http://www.seirouin.or.jp/nandemo/

運営受託 社会福祉法人 東京聖労院
法人本部 〒204-0003 東京都清瀬市中里五-九一-二（特別養護老人ホーム清雅苑内）
所在地 Email honbu@seirouin.or.jp
URL http://www.seirouin.or.jp

主な活動 ■〇〜一八歳未満の子どもとその保護者や関係者が利用できます。
休館日 祝日・一二月二九日〜一月三日 開館時間 九：三〇〜二〇：〇〇

機関誌 ・情報誌「なんで〜もステーション」毎月発行

7 地域オリジナルの通学合宿が育む、子どもとおとなの自己形成

高見啓一
小林理恵

1 通学合宿とは

(1) 全国的な背景

通学合宿とは、「公民館や青少年教育施設等の施設に、子どもたちが一定の期間寝食を共にしながら学校に通う活動」のことです（国立教育政策研究所社会教育実践研究センター『平成一八年度　地域における「通学合宿」の実態に関する調査研究報告書』より）。古くからあるキャンプや合宿などの宿泊型事業とは異なり、授業のある通常期間に行い、通学を含む日常生活を営むことを基本としている点に特徴があります。

通学合宿の発祥は、昭和五八年に「通学キャンプ」の名称で始まった福岡県庄内町の取り組みといわれており、各地の成果が平成八年の中央教育議会で評価され全国へ広がりました（全国公民館連合会『月刊公民館』平成一三年一一月号より）。

通学合宿の会場は、身近な「地域施設の有効活用」ということで、公民館などの社会教育施設や、最近では学校施設が使われることが多くなっているようです。また、経費は各家庭の自己負担が原則となっており、あくまでも日常生活の延長で実施するため、特別な野外体験などではなく、毎日の食事や入浴の準備や、掃除や洗濯といった生活そのものが活動の中心になるのが通学合宿の特徴です。

通学合宿が求められる背景として、日本の子どもたちの貧困な興味・関心のなかで「生きる力」（生活能力）を育む必要があること、そして近年叫ばれている「家庭の教育力」の低下問題があげられています（前掲『平成一八年度地域における「通学合宿」の実態に関する調査研究報告書』より）。子どもたちには自らの生活能力を身につけ、家族・家庭へのまなざしを深めていくという効果が求められています。

社会教育現場である公民館における通学合宿の意義について、長崎大学の猪山勝利氏は下記の点をあげています。

■子ども自身の発達にとっての意義
①子どもが種々の実体験をすること　②モノやコトをつくる力を発達させる　③他者との人間関係や社会関係力を発達させる　④子どもの組織運営力や自治性が発達する
■他の教育システムを活性化させる意義
①家庭生活での子どもの参画性の重要性を気づかせる　②学校教育での実働性重視の教育活動や、学校外との教育ネットワークを進展させる　③地域社会での子育ちの重要性を自覚したり、育成システムの構築機会につながる
■社会的意義
①子どもの社会力形成により地域づくりにも寄与できる　②住民の生きがいづくりや社会参画力の形成　③行政と民間の協働システム創造や、新しい地域コミュニティづくりの生起
（『月刊公民館』平成一三年一一月号より）

社会教育実践研究センターも「我が町流通学合宿」をキーワードに、「子ども」「地域の人（協力者）」「地域内施設」の把握から始める、地域実態に応じた実施方法を推奨しています。地域での生活そのものをプログラムにしながら少人数で無理なく進めていくことで、保護者や地域の重要性や規則正しい生活の大切さを知ることができます。非日常の野外活動や夜更かしを短期間の勢いで楽しむのではなく、通学合宿の場合は長い期間を無理なく生活できるような生活順応が求められるのです。また、地域にとっても、無理なく続けることで、子どもと地域のつながりを日常化し

ていくことが重要となります。通学合宿は、「大きく消費」する単発型の事業・イベントではなく、「小さく発生」させる日常型の生活・コミュニケーションであるととらえるべきでしょう。

⑵ 滋賀県における通学合宿の推進

滋賀県教育委員会は、生涯学習の分野において特に強く通学合宿を推進しています。社会全体で子どもの育ちを支える環境づくりを進める事業である「しが子どもの世紀推進事業」のなかにおいて、通学合宿は「おうみ通学合宿」の名で重要な位置を占めています。平成一九年度実績では、県下一五市町村三五ヵ所で開催しています。

もともと滋賀県内で最初に通学合宿がはじめられたのは旧甲西町（平成一三年度・現湖南市）といわれており、その後、滋賀県内で多数の通学合宿が行われるようになったのは、平成一五〜一六年度にかけてでした。平成一五年度までは国の子どもの体験活動に対する事業補助金が豊富にありましたが、平成一六年度からは「地域子ども教室推進事業」のみになり、予算が減少するなか、滋賀県の特色として県教育委員会がとらえたのが「子どもの社会力」でした。この当時「社会力」がブームとなっており、県が市町に支援を行った事業が「子どもの社会力育成促進事業」でした。また、通学合宿がそのような力を身につけるのに有効ではないかと考え、通学合宿に特化して支援するために「子どもの日常生活圏宿泊体験活動推進事業」を創設し、「友達の家でのグループ宿泊でも補助対象にしていいではないか」という方針を県がもっていたことは、特筆すべきものがあります。この二つの事業は、平成一七年度からは「子どもを育む地域教育協議会推進事業」に統合されましたが、滋賀県のスタンスはある種、都道府県による市町村へのかかわり方としては典型的な例です。地域ごとの自治を推進する以上、子どもの体験に関する事業の内容は自由だが、公的補助金は少ない。その点において、通学合宿は、前節の論説どおり、「自己負担を原則に」「いつもどおりの生活の延長で」「地域ごとのやり方で」無理なく実施可能なメニューであるといえます。

もうひとつ、滋賀県の功績として「地域コミュニティ・コーディネーター」（以下「地域ＣＣ」）の配置と育成があげられます。地域CCとは、地域の教育活動や体験活動のコーディネートにあたる人材のことで、国の緊急雇用創出事業のもと、平成一四〜一五年度にかけて一〇〇名以上が市町村で雇用され、県では独自に養成講座を行っていました。地域CCが公民館等の社会教育施設に配置され、通学合宿等の子どもの体験学習を支援したほか、県内の全公立小・中学校、障害児教育諸学校において校務分掌に「学校と地域を結ぶコーディネート担当者」を位置づけ、学校と地域と家庭が連携を図りつつ子どもたちの体験活動を推進する仕組みが実現しました。

緊急雇用創出事業そのものは平成一六年度で終了したため、それ自体の評価はさておき、通学合宿の直接の担い手として、主婦や若手といった地域の人材発掘が促進されたことは、後の地域の子どもの社会教育を担う人材育成という点で、特筆されるべきでしょう。

2 びわ町の取り組み

(1) びわ町における通学合宿のねらい

滋賀県湖北地域に位置する「びわ町」(現長浜市)は地域CC雇用と同時に、通学合宿を実現した町です。平成一四年度から「びわっ子通学合宿」の名称でスタートしました。

びわ町の通学合宿の源流は、びわ町教育行政推進要項「新時代にはばたく心豊かでたくましい人づくり」にあり、そのなかには週五日制への対応として、家庭・地域社会の連携による「健全な家庭生活や家庭の教育力」、「充実した青少年の生活体験」、「学社融合の促進」、「子どもたちの自己教育力の実現と個性や自主性の育成」といったキーワードが謳われています。

要項の理念を具体化する実行委員会として、子ども会・民生委員や商工会・区長代表、そして学校教育課などで構成する「びわ町地域教育力体験活動推進協議会」が立ち上げられます。構成メンバー設定の考え方として「地域のす

図１　通学合宿の流れ

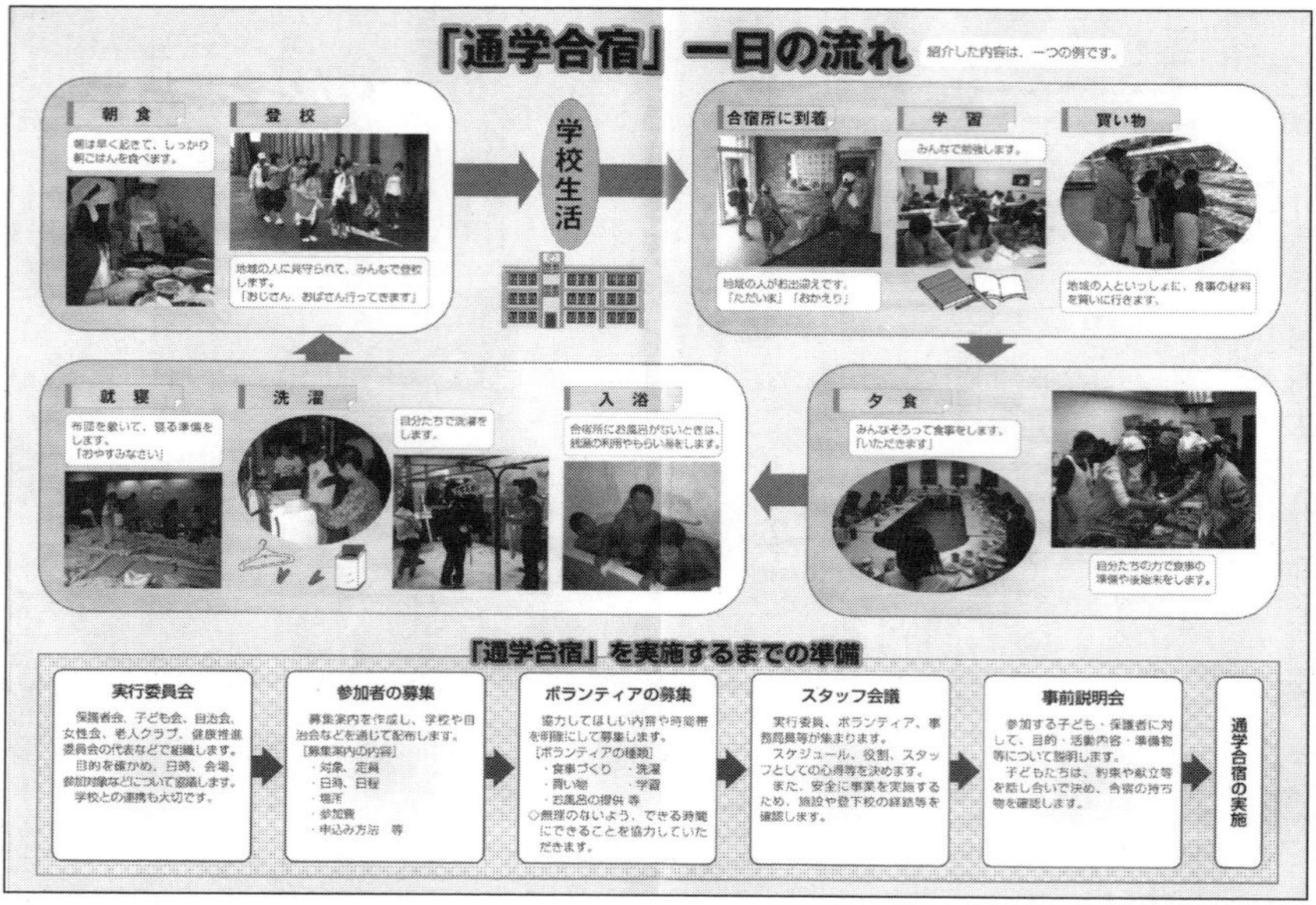

出所）滋賀県教育委員会事務局生涯学習課「地球のつながりを深める通学合宿」パンフレットより

べての子どもを対象とすることから地域内の幅広い方の参加・各学校の地域教育担当者（学校教育活動とのつながり）」とあります。

協議会のねらいは規約に出てきます。「（規約第三条　目的）協議会は、子どもたちの「生きる力」を育み、地域活動の活性化と地域の教育力の向上をめざした取り組みを推進することを目的とする」「（規約第四条　事業）協議会は前条の目的を達成するため、次の事業を行う　一．「生きる力」を育むための事業　二．関係機関・団体等との連絡調整をはかる　三．その他、推進上必要と認めたこと」実際の事業としては通学合宿のみで、ほかは各団体の年間事業の情報交換程度ですが、通学合宿事業には一～三の実現が期待されています。まさに通学合宿のために結成された地域の実行部隊といえます。これは県の推進する地域の実情に応じた通学合宿の「実行委員会」組織であるといえます。

(2) びわっ子通学合宿

びわっ子通学合宿の趣旨は下記のとおりです。

「子どもたちが異年齢の中で共同生活を送りながら学校へ通うことにより、自分を見つめなおす時間が増え、『自分のことは自分でできる』という事を体験し感じとってもらう。またこの活動を通して、地域の人々とのふれあいを持ち、今後、子どもたちが地域に参加しようという意識を伸ばせることへの繋がりをねらいとする」

主催はびわ町教育委員会と、前掲の協議会です。

日程は、①平成一四年七月九日(火)〜一三日(土)四泊五日・北小学校区、対象者は四〜六年生一〇名とびわ中学校一年生五名、②平成一四年九月二四日(火)〜二八日(土)四泊五日・南小学校区、四〜六年生一〇名とびわ中学校二年生五名となっており、年間二回に分け、全学区の希望者が参加できるよう配慮されています。会場はびわ町公民館(環境改善センター)で開催されました。参加費も食材費として四千円徴収しており、期間・会場・人数・実行委員編成・自己負担等、通学合宿の典型といえるでしょう。

具体的な日程は図2のとおりです。ニュースポーツやイベントが二プログラムだけありますが、基本的には日常の活動となっています。また、一〇代〜二〇代のボランティアがメンバーとして入っており、レクリエーションの企画などに当たっているのもびわっ子通学合宿の特徴です。

実行委員となっている協力団体は食事や生活指導などに当たります。

- ■ 朝食調理(ボランティアグループ・婦人会)
- ■ 交通安全指導(役場職員・地域教育担当者・区長代表)
- ■ 帰宿確認・夕食指導(老人会・民生児童委員)
- ■ 生活指導(商工会事務局・ＰＴＡ・青少年・社教委員)
- ■ レクリエーション(青年リーダー・高校生リーダー・子ども会)
- ■ 宿泊指導(役場職員・社会福祉協議会)

もちろん通学や登下校のルートが変わりますので、学校へも協力依頼がされます。そのほか、親子説明会や実行委員会を開催しており、指導方法等について共有しています。指導の内容で特筆すべき点をいくつか抜粋します。

図２　第１回びわっ子通学合宿の４泊５日間（2002年７月実施）

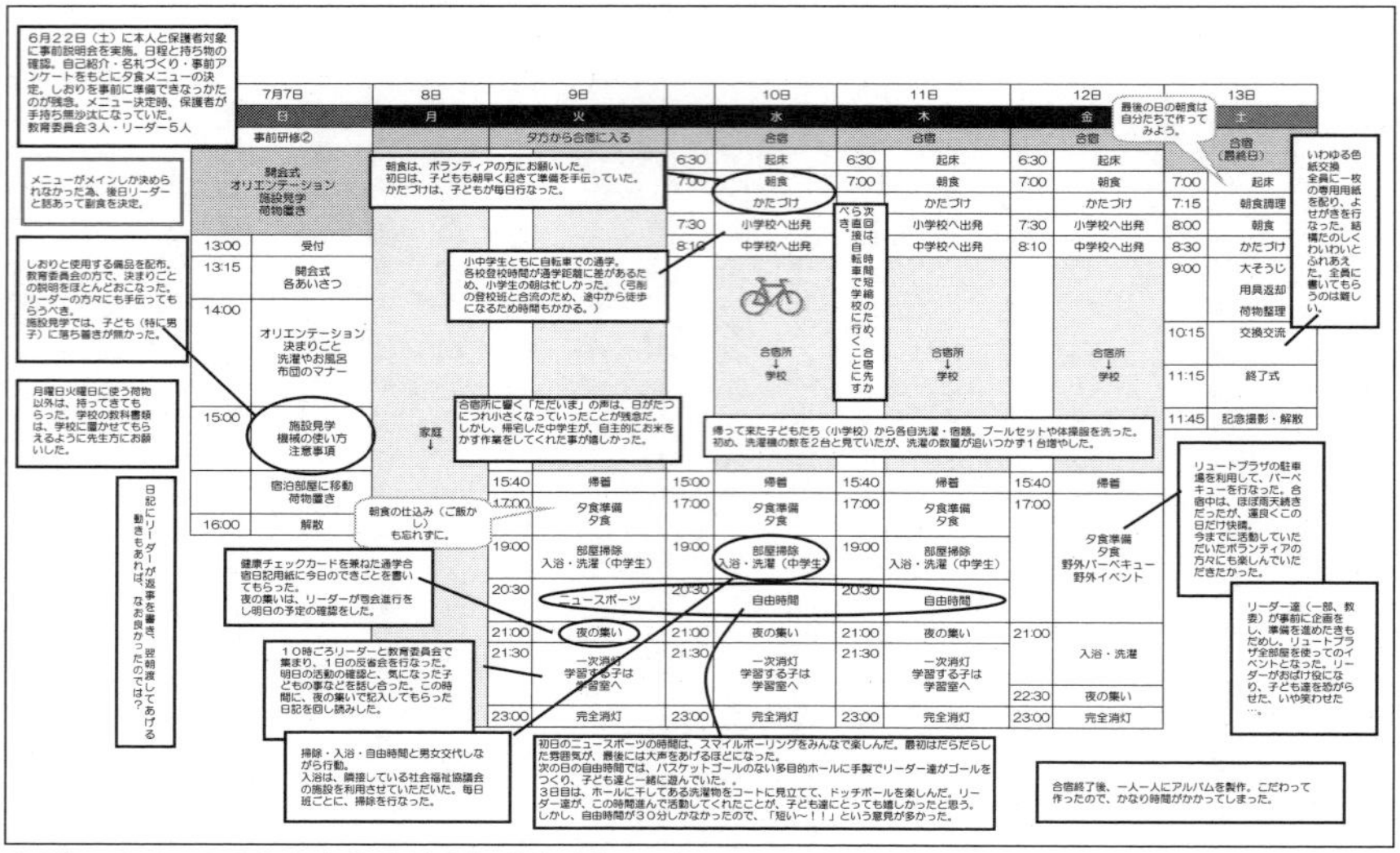

出所）びわ町地域教育力体験活動推進協議会・びわ町教育委員会

・子どもたちが帰ってきたら、小学校、男女に分かれて洗濯を指導します。メニューにしたがって子どもたちが調理を進めていけるように、作り方を教えてあげてください。
・宿泊指導は普段どおりが基本です。
・通学合宿で子どもたちに接していただく方　みんなで理解しておきたいこと
①「自分でやりぬくこと」を基本に接してください「口は出すけど手は出さない」が合言葉
②聞いてあげることと声かけを積極的に行ってください
③実行委員の輪で子どもたちを支えましょう
④安全確保のために名札を必ずお付けください
⑤また、次のようなことにつきましては、可能な限りその場でご指導をお願いします
・食事の準備や片付け、そうじなど、みんなですべきことに協力すること
・シャワー室、洗面所、トイレなど公共の場所の正しい使い方
・言葉づかい
・まず活動を「支援する」。場に応じて「教える」という構えでご指導ください。

また、説明会の場では親子参加で名札づくりや夕食のメニュー企画を行うところにも特徴があります。最終日は子どもたちが自分で朝食を作り、どれだけ生活力がついたかが試されます。

(3) 子どもたちの生の声

下記のとおり、参加者の感想を抜粋しました。生活力がついていることが生の声からうかがえます。まず子ども自身が家事の大変さを実感し、そこから「気づき」や「協力」が生まれています。また、地域ボランティアからも「ぞうきんが絞れない子が多いのにびっくりした」という声があるように、地域やおとなが子どもの現状を理解する手段として機能しています。日常生活は地域やおとなの支えが必要なのだということに、子どももおとなも互いに体で理解する機会となっているのです。

【参加者の声】（原文のまま抜粋）※通学合宿を終えてから三週間後に回収

■食事づくりはどうでしたか?
むずかしかった。／たくさんの人と協力してつくるのはとても楽しかったです。それにおいしかったと思います。／自分で食事を作ってみて、お母さんの大変さをしりました。

■掃除や洗濯はどうでしたか?
けっこうたいへんでした。／「これ毎日やっているお母さんはすごいなぁ。」と思いました。／自分のへやは、すごくちらかっているけれど、みんなとそうじをしてもっとがんばろうと思った。

■登下校はどうでしたか?
らくだった。／安全にいけた。／友だちと登下校するからたのしかった。

■友達との生活はどうでしたか?

一番ホッとできた? 楽しかった。何時になってもずーと一緒だから。/とても楽しかった。みんなでたすけあってがんばったのでよかったと思う。

【ボランティアの感想】

■朝食作りのお手伝いはとても気持ち良く楽しかった!! どの子も豆のおしたし、みそ汁をきれいに食べ行儀もよく、作った私たちはとても感動しうれしかったです。「おばちゃん久しぶりにみそ汁食べておいしかった。ありがとう!」とお礼を言う子もありよかったです。

■(食後の後始末について)洗いおけにつけて、その中で洗剤を使ってまず洗いその後まとめてすすぐ方法はどうでしょうか。環境を考えた生活の大切さをこんなときに学習したらどうでしょう。

■ぞうきんがしぼれない子が多いのにびっくりした。個々的に指導した。できるとうれしがった。

■(青年リーダーについて)とてもしっかり子どもたちを指導しておられて感心させられました。子どもたちにとってもこういうお兄さん、お姉さんたちとは普段ふれあう機会がないだけに、貴重な経験になると思います。

【ボランティアへメッセージ】

■ふきんのしぼりとかきりとかとかゆでかたをおしえてくれたおかげでおいしいごはんができました。本当ありがとうございました。

■安全に学校までつれていってくださってありがとう。

3 米原公民館の取り組み

(1) 米原公民館職員が語る〜通学合宿の経験が育んだもの〜

東海道新幹線米原駅から歩いて七分のところにある滋賀県米原市立米原公民館は、指定管理者制度により公募のNPOが運営している社会教育施設です。指定管理者となっている特定非営利活動法人FIELDは、「好きなこと」

を仕事にすべく集まった二〇～三〇代の、地元ボランティア経験者が立ち上げた子育ち支援のNPOであり、若手が運営する公民館となったことで全国から注目されています。

施設の理事・職員中の四名は通学合宿の経験者であり、そのなかの二名は地域CCの養成講座を修了していて、うち一名はびわ町の緊急雇用対策事業で通学合宿事業を直接担当した経験をもっています。まさに、通学合宿に代表される「地域活動が育んだ人材」が担う公民館であるといえるでしょう。

今の仕事との関連という視点から、通学合宿の体験談を聞いてみました。

【語り手】

（り）小林　理恵（特定非営利活動法人FIELD副理事長）
　元びわ町地域CC。デザイン業も営む学童保育指導員。

（え）中田　恵理香（米原公民館副館長）
　元びわ町ボランティアリーダーとして通学合宿に関わる。現在、市民活動支援担当。

（ゆ）中野　祐子（米原公民館主任）
　元長浜市ジュニアリーダーで通学合宿も体験。現在、公民館事業企画担当。

（み）中田　美香（米原公民館司書）
　副館長の実妹。公民館図書室担当。公民館で働き出してから通学合宿デビュー。

【聞き手】

■高見　啓一（筆者）

■通学合宿との出会いはどんな感じだったの？

（ゆ）私の地元（長浜市）の通学合宿は村挙げてのイベント。印象に残っているのは地域手作りの「流しそうめん」。

（え）私は平成一五年からびわっ子通学合宿に関わった。社会人ボランティアにとっては「通勤合宿」やね（笑）

（り）私は平成一四年から地域ＣＣとして関わった。私の仕事の原点なんや。

（み）公民館スタッフのみなさんに誘われて、楽しそうだと思ったので参加しました。
■通学合宿で印象に残っていること。教えて。
（ゆ）公民館の仕事をする前で、社会教育とかを勉強する前やったけれど、「地元のすごさ」を知ったなあ。学校の先生、地域の人…入れ替わり立ち替わり覗きに来ていることに感動。今度は覗きに行く側になりたいな。

（え）私は子どもとの関わりがいいなあと思った。ケンカや派閥もおこるんやけど、悩んで夜相談に来るんよ。何気ない対応でも、後で子どもたちは感謝してくれる。

（み）合宿のはじめは、子どもたちもダラダラしているけれど、最後に近づくにつれていろいろできるようになっていったのが、一番印象に残ってるかな。

（り）一番印象に残ってるのは、合宿の一番最後に子どもたちが内緒で企画した「お礼のダンス」を踊ってくれたことやね。あのときは泣いたなあ。
■自分たちにとってプラスになったことってある？
（ゆ）地元の住民でよかったなあと思った。地域のすごさに気づけるのも、通学合宿のいいところやと思うな。

（え）通学合宿を体験して、子どもを見る目が変わったわ。「子ども目線」ではなく、「おとなと同じ目線」でいい。これ、絶対今の公民館の仕事に生きてる。

（み）うん。私も地域ごとに違う子どもの姿が見られてよかった。米原は米原、びわはびわ。正解はなく、それぞれなんやって。

（り）私も子どもと直に接して、子どもの考え方に出会えた。今も学童保育の仕事などに生きてる。思いのある市民さんさえ集まれば、どこの地域でもできると思う。
■地域の協力者の様子はどんな感じ？
（え）ボランティアはなんらかの役をやっている一部の人だけが一生懸命という印象。今、市民活動をやっていて、「世界は市民の力で変えていかなくては」と思ったのも、こういう経験があるから。

（り）私も地域ＣＣの契約が切れて失業中は、昼間もずっと公民館に居たなあ。それが今でも懐かしい。

■通学合宿ってなんだか「家族」みたいだね。
（ゆ）そう。大家族みたいで面白い！

（え）仕事から帰ると子どもたちが「おかえり～！」と迎えてくれるのが嬉しいんや。「ご飯残しておいたよ」って（笑）

（り）最初は孤立する子も出てくるけれど、日を追うごとになれてくるかな。高学年も下の子を面倒みなければという意識が働くからね。

（ゆ）うん。指示系統が自然と生まれてくるなぁ。最初はやきもきするんやけどだんだんとうまくいくようになったりして。子どもたちも家事を早く終わらせて遊びたいから（笑）
■「あなたにとっての通学合宿とは」ズバリ一言で言うと？
（み）「（ボランティアにとっても）自分のためになる。自分の経験が増える。」

（り）「子どもたちの考える力を導いて成功させる。自主性が高まる事業」

（え）「社会教育の業界に進んだひとつのきっかけ。」

（ゆ）「いろいろな人の協力なしでは成り立ち得ない。」地域も学校も施設も教育委員会も保護者も、どこかに任せてしまおうと思った時点で不成功なんやと思う。

(2) 米原公民館通学合宿

座談会の後、ここ米原公民館でも平成二〇年九月三〇日～一〇月四日の四泊五日で通学合宿を開催しました。びわ町での取り組みを基礎に、「一緒につくるみんなの米原公民館」という当館のコンセプトである市民参加の色合いを強め、参加者二九名の子どもたちが地域サポーターと一緒に日程・献立などの内容を決めるところからスタートしました。そして、普段から公民館ボランティアとして関わっている中学生、高校生、大学生の青年リーダーにも子どもたちの良きお兄さん・お姉さん役として関わってもらいました（ご飯の材料も、彼らとともに毎日近くのスーパーへ買い物に行きます）。

そのほか、入浴施設のない米原公民館通学合宿では、地域の民家での「もらい湯」を実施しました。ご夫婦だけのお宅では、風呂上がりの子どもたちに、昔話を楽しそうにされる様子が大変印象的で、まさに孫が帰ってきたかのようにあたたかく迎えてくださいました。小学校の先生も日々様子を見に来られ、子どもたちも嬉しそうです。送迎や食事の世話など、総勢約四〇名の公民館利用者・地域の方々にお世話になりました。

…ところが、肝心の子どもたちはというと、なかなか予定通りにはいかず、時間どおりに始められず、終われず、自由時間がどんどん減っていき、反省会で日々反省していました。ムダにした時間はすべて、自分たちに返ってくるということも身をもって学んだと思います。保護者の感想にその点をうかがい知ることができます。

【保護者の感想】　※通学合宿を終えてから一週間後に回収

- ■早く起きるようになりました。
- ■夜、寝るのが早くなった。
- ■身の回りの物の片付けや後始末をよくするようになりました。
- ■台所に立ってみて、味噌汁や料理を今まで以上にやったり、作れるようになりました。
- ■やろうと思ってはいても、あれこれ遊んでしまってやれなかった用意（登校時）などの取りかかりが早くなりました。
- ■自分でするという場面も家では多くなり、喜ばしいです。親も口や手を出さず「じっと待つ」姿勢で居られるように努めたいです。

■洗濯や料理に関心が持てたのか「料理するのが面白かった」と言っていました。
■整理整頓も指摘していただき、本人も自覚が持てたようです。
■中学生になったら、リーダーとして参加したいと、リーダーとして「やるゾ！」という目標が出来たことがすごい。
■リーダーシップをとり、みんなをまとめられるようになってくれれば…と思います。
■「家が楽だったって分かった」と言ってました。
■人に対しての言葉遣いが少し考えて話すようになった気がします。
■テレビゲームもない生活をして、みんなと楽しく過ごせて本当によかったです。
■親の方は心配で「大丈夫かな…。」とドキドキでした。帰ってきて、いろいろ話を聞いて、頑張ったことが分かりよかったです。

子どもたち自身、自分たちで合宿内容を企画する取り組みを行ったことで、協力体制も深まり、より活動への意欲が高まったようです。継続して実施していく意義を感じます。

【子どもたちからのメッセージ】
■四泊五日間ありがとうございました。
■みんなと料理を作ったりして楽しかった。
■色々手伝ったりしてくれてお世話になりました。
■料理を作ってくれて本当にありがとうございました。
■○○ちゃん（リーダー）ありがとう。また遊んでねぇ。

他ならぬ子どもたちの「ありがとう」のコトバを直接受けた中高校生リーダーたち。打ち上げを兼ねた忘年会では、地域の方々の前で「オレ将来、米原公民館職員になる」と語ってくれました。まだ一回目ですが、当館スタッフ同様、この体験が彼らの将来を形づくっていくのだと確信します。

4 おわりに

事業自体の環境を考えた場合、下記の点において、滋賀県における通学合宿はその典型であるといえます。

①地域からのボトムアップの事業であり、県が具体的な支援をするわけではない

②無理なお金はかけない・イベントではない（生の生活体験で日常を知る）

通学合宿の実例と、ボランティア体験者の生の声を書きましたが、ローカルな地域における社会関係を築いていく活動として通学合宿があり、地域や青年・ボランティアへのリスペクトが生まれているのだと思われます。子どもの安全や生きる力が「危機的」な文脈において叫ばれる昨今ですが、一方の文脈においてこういったプラス思考の草の根的な活動が、子どもを「当たり前」に見守ることができる地域を形成していくのでしょう。

一方で、座談会から伺い見るに課題も多いようです。「ボランティア層が広がらないこと」そして「地域にワカモノが残らない社会構造」この二つは通学合宿や社会教育事業に関わらずすべての地域づくりの分野において、どう活路を見出していくか問われています。公的な雇用施策としては頓挫しましたが、いまこそ地域CC的な専門職を別の形で保障していくことが再度必要でしょう。たとえば、すでに人材の受け皿となっている米原公民館のような指定管理者や、社会貢献事業を行っているNPOなどに、雇用補助や資格取得を応援するという手も考えられます。

それは、上杉孝實・小木美代子両先生をはじめとする諸先生方が力説してこられた「社会教育」「子育ち支援」の専門労働者の確保であり、そのなかで、次世代育成・人づくりとしての通学合宿が、地域の日常と寄り添った形で子ども・ワカモノを育てていくことにより、地域の継続性・持続的発展へと寄与していくのではないでしょうか。

本稿では通学合宿におけるリーダーの声に耳を傾けましたが、今後は通学合宿に参加した側（かつての子どもたち）のメンバーが社会進出する年代となっていきます。おそらくそこで何らかの成果が見えるでしょう…。何かの機会にこのような声を聞く場が設けられればと思っています。

【たかみ　けいいち／こばやし　りえ】

団体紹介

正式名称	特定非営利活動法人FIELD（米原市米原公民館指定管理者）
所在地	〒521-0016 滋賀県米原市下多良三丁目三番地 米原公民館
連絡先	TEL 〇七四九-五二-三三四〇 FAX 〇七四九-五二-三三四二 Email city.maibara-k@mountain.ocn.ne.jp URL http://www4.ocn.ne.jp/~maibara/ 担当 高見啓一（近江八幡中間支援会議） 小林理恵（RINRIEデザイン）
主な活動	■米原市米原公民館（＋スポーツ施設二施設）の指定管理 ■放課後子ども教室事業（米原市放課後キッズ）の実施 ■その他子育ち支援に関する事業
機関誌・出版物	・米原公民館だより（毎月一回発行） ・井口貢編（共著）『まちづくりと共感、協育としての観光 ～地域に学ぶ文化政策～』水曜社（平成一九年四月刊行） ・埼玉社会教育研究会編（共著）『超公民館!? 財団・NPOによる管理運営～私たちは米原から何を学ぶか?～』同会（平成二〇年八月刊行）
一言PR	地元のジュニアリーダー出身者等、好きなことをシゴトにしようと集まった有給の若手メンバーでNPO法人を運営しています。公民館の楽しい日常が詰まったブログ http://tamarun.shiga-saku.net/ もご覧ください（→「たまるん」で検索）。

8 子どもの育ちとメディア文化

山田真理子

はじめに

まず、今回の原稿依頼に際し、社会教育の分野でもやっとメディアの問題がとりあげられるようになったとの印象をもつと同時に、それだけ子どもの発達におけるメディアの影響力が大きく、健全な社会教育をめざした研究を推し進めるだけでは子どもたちの育ちが守れないとの危惧、危機意識が高まってきているからだ、とも思いました。

さて、私たち「NPO法人子どもとメディア」は、一九九七年一二月のポケモンショックと呼ばれる事件をきっかけに、「子ども番組が決して子どもに良いものとして作られているわけではない」ことに気づいた小児科医や教育者、メディア関係者、市民運動家たちから生まれたものです。その後、多くのアンケート調査を元に子どもとメディアの関係について啓発活動を行ってきました。

今日、子どもとメディアの関係はますます緊密化し、子どもたちはメディア文化を享受しているだけでなく、まさに「メディア文化のなかに生きている」ような毎日を過ごしています。そしてそれは「現実社会のなかに生きていない」ということと表裏一体でもあります。これからの子どもの育ちにおいて、メディアとの関わりを排除することはできないでしょう。しかしおとなたちは、自分たちが体験してこなかった世界を体験しつつ飲み込まれてゆく子どもたちを、なすすべもなく見ているしかないのでしょうか? まず、子どもたちの実態を見てみましょう。

1　子どもの発達の危機

子どもの生活のなかに当たり前のように入り込んでいるテレビ・ゲーム・インターネット・ケータイの世界。小学生の半数以上が平日の三時間以上をメディアと接触して過ごしており、四分の一が六時間以上接しているという報告もあります。すなわち、子どもたちは勉強や人との関わり、外遊びやスポーツをする時間を削って、テレビやゲーム、パソコンやケータイと向き合って過ごしているのです。

それだけでなく社会が便利になったことの多くは子どもたちの発達に必要なものを奪う方向であったといってもいいでしょう。布オムツがなくなり、おむつ替えの手間が省けたことはおむつを替えるときのコミュニケーションを失いましたし、幼児向けビデオはいつまでも子どもの目と耳を引きつけてくれることで親子遊びを失いました。車での移動は自然を感じながら歩く体験を奪い、二四時間いつでも手に入る環境は我慢することを必要としなくなりました。小児科の待合室にさえテレビが置かれ、テレビやゲームの光刺激や音刺激は、病で疲れた神経に響いています。

そのようななかで、保育に携わる多くの人たちは、テレビ漬けが引き起こしているのではないかと思われる多くの事象に悩んでいました。それは、視線が合わない、すぐ手が出る、コミュニケーションが成り立たない、発語が遅れている、○○マンのマネばかりして人を蹴る、気に入らないとパニックになるなどでした。

2　子どものメディア接触実態

(1)　調査結果について

ＮＰＯ子どもとメディアは、二〇〇〇年から子どもの発達へのメディアの影響を調査して、その結果に基づいて数々の提言を行ってきました。二〇〇三年に実施したＫ市での乳幼児健診におけるメディア接触と子どもの発達に関する調査結果を紹介しましょう（二〇〇三年度文部科学省への報告書より一部抜粋）。調査対象は、四ヵ月健診を受診した一〇七五名、七ヵ月健診を受診した一〇四三名、一歳六ヵ月児健診を受診した九四五名です（いずれもアンケート回収数）。

調査の結果、四ヵ月児の母親の八割以上がテレビを見ながら授乳していることが明らかになりました。また、子どもが起きている時にテレビがついている時間が三時間を超える家庭が六六％におよび、四ヵ月児にテレビ・ビデオを意識して見せている家庭も三割という実態でした。乳児が長時間テレビの刺激にさらされている現状と、親が「見せた方がいい」との判断をもって意識的に早期から見せている実態が伺われました。

七ヵ月児においては、授乳中にテレビがついている人は七四％でした。生後七ヵ月の子どもに意識してテレビを見せている率は「はい」一四％、「時々」二四％であり、四割近くの七ヵ月児が積極的にテレビを見る状況におかれていて、子どもが起きている所でテレビがついている時間が三時間を超える家庭が六八％、おとながメディアに接している時間も三時間以上が六四％と、親子共々メディア漬けといえる状態が伺われます。

一歳六ヵ月児では、食事中にテレビ・ビデオがついている割合は「はい」四九％「時々」二八％であり、約八割がテレビを見ながらの食事であることがわかります。また、テレビを消すと嫌がったり、つけてくれと要求したりするというメディア中毒の兆しは「はい」二七％「時々」二四％で、かなり高いといえます。また、この時期の有意味語の獲得については、「言わない」が約五％、三～五語が約四〇％でした。これは一歳六ヵ月児における言葉の獲得の背景となるコミュニケーションの不足が危惧されます。

この時期、子ども向けのテレビを一時間以上見せている人は五割にのぼり、テレビ・ビデオがついている時間が三時間を超える家庭は七割にのぼりました。また、おとなが三時間以上メディアに接している家庭も五割を超え、家庭のなかにメディアが占める割合が非常に大きい現実がみえてくるのです。

次にこれらのメディア接触の結果を、気になる行動特性との関連において見てみましょう。

(2) 四ヵ月児において「のぞきこむと視線をそらす」について

のぞき込むと視線をそらすことについての回答［はい二六八（二四・九％）、時々三七四（三四・八％）、あまり二一八（二〇・三％）、いいえ一六六（一五・四％）］に関して、メディア接触との関連を見ると以下のようになります（図1）。

「授乳中のテレビ」との関連では、授乳中にテレビを見ているほど、視線を逸らす割合が高くなります※（p.＜.01で有意）。「意識して見せている」との関連では、テレビを意識して見せているほど、視線をそらす割合は高くなります（p.＜.005で有意）（図2）。

※p.＜.01とは、この相関が否定される確立（危険率）は1％以下であることを示す。

図1　のぞき込むと視線をそらすと授乳時のテレビ

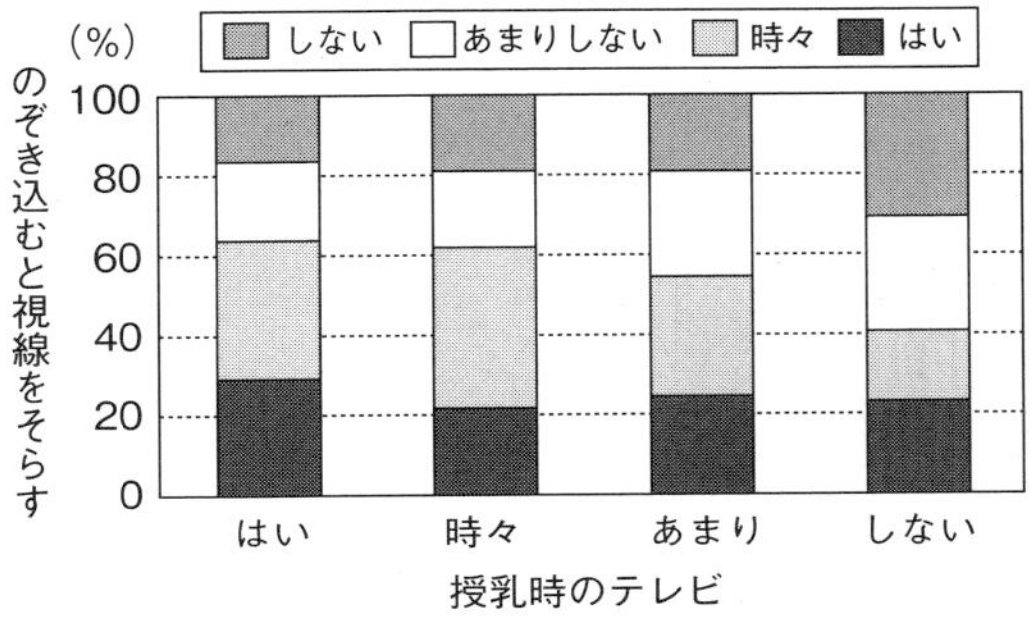

図2　のぞき込むと視線をそらすと意識して見せる

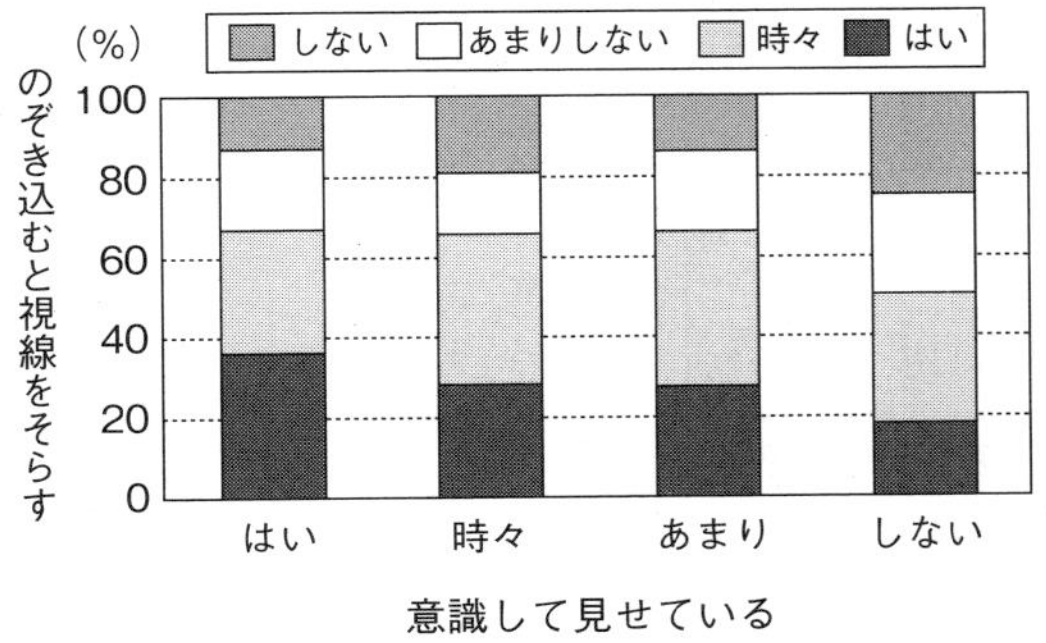

図3　のぞき込むと視線をそらすと授乳中のテレビ

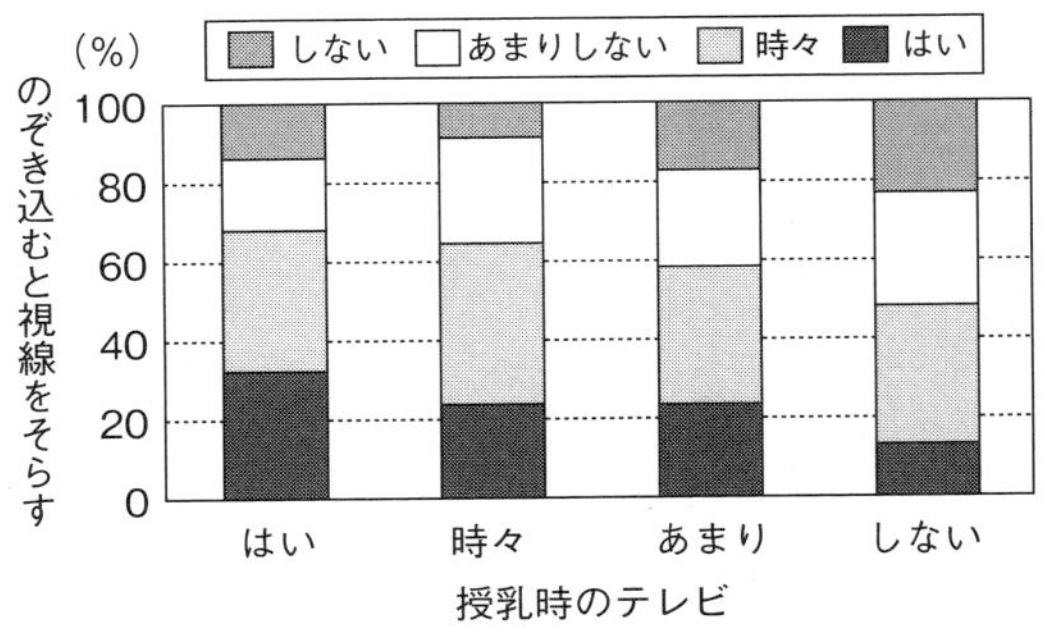

(3)　七ヵ月児において「のぞきこむと視線をそらす」について

授乳中テレビを見ているとの関連では、授乳中にテレビがついているほどのぞき込むと視線をそらす割合が高くなります（p.＜.001で有意）（図3）。

(4)　一歳六ヵ月児におけるメディア接触との関連

「だめ！」というとやめるか？　については、テレビ・ビデオがついている時間が長いほど「だめ！」といっても止めない（p.＜.001で有意）ことが見られました（図4）。

図4　ダメとテレビ・ビデオがついている時間

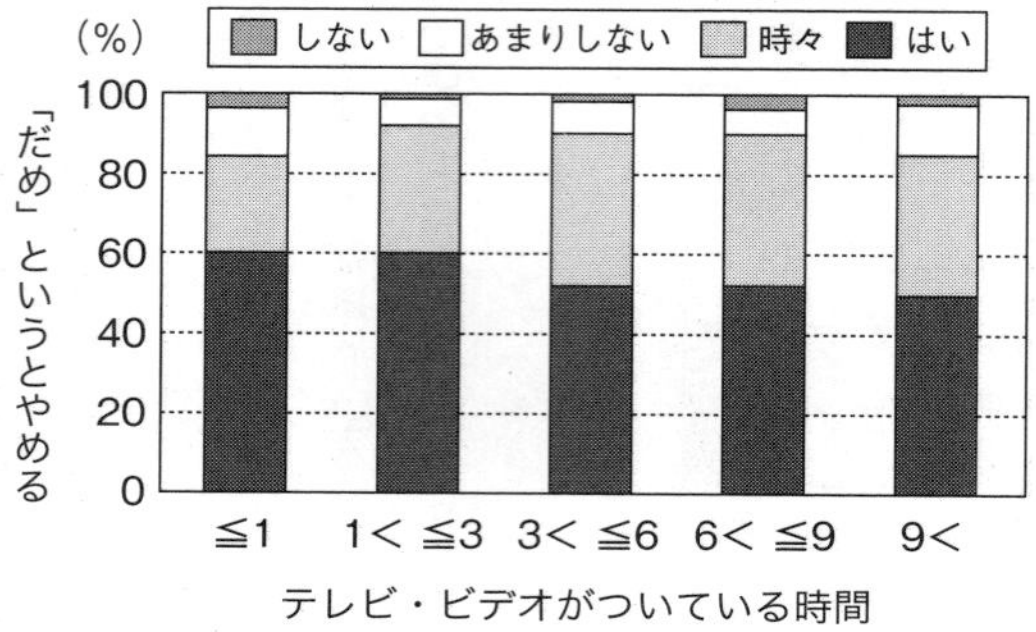

図5　視線をそらすと食事中のテレビ・ビデオ

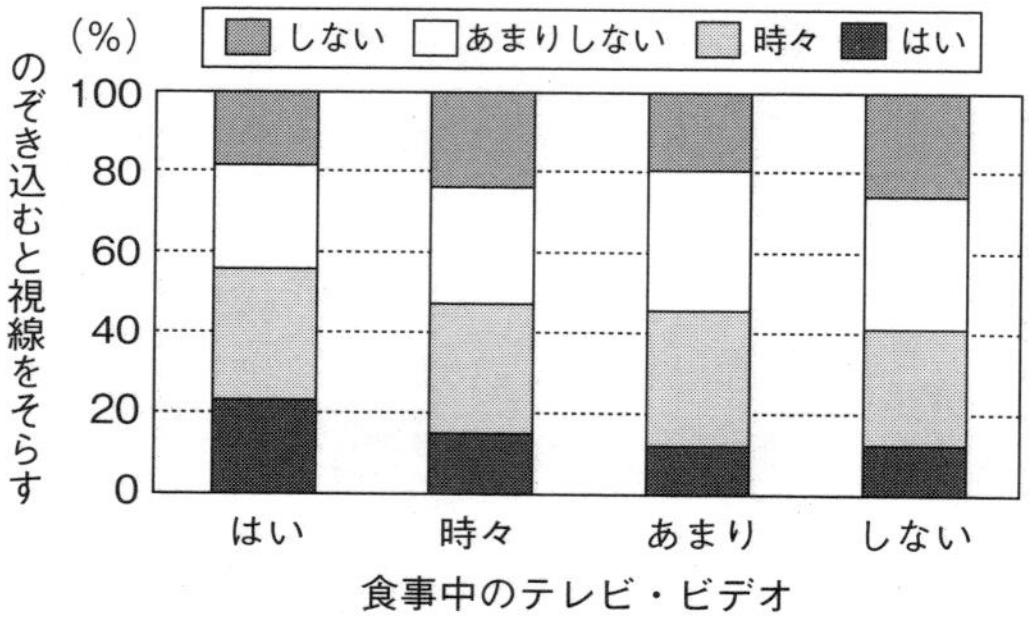

「のぞきこむと視線をそらす」について、食事中のテレビとの関連においては、食事中のテレビがついているほど、視線をそらす傾向が高くみられます（図5）。

「消すと嫌がり、つけてくれと要求する」については、食事中にテレビがついているほうが、消すと嫌がり、つけてくれと要求する率が高くなりました（p.＜.001で有意）（図6）。

子どものことばの数と、子ども用のテレビ・ビデオ視聴との関連では視聴が一時間未満では一〇語以上が六二・一％であるのに、二時間を超える場合には一〇語以上は五一・九％になります。三時間を超えると言葉が出ない子は四・六％、〇～五語までの子どもは五五・四％に上り、危険可能性として憂慮されることでしょう（図7）。

ことばの数とテレビ・ビデオがついている時間との関連でも、テレビ・ビデオがついている時間が長いほど言葉数が少ない傾向にありました（図8）。

図6　要求・消すと嫌と食事中のテレビ・ビデオ

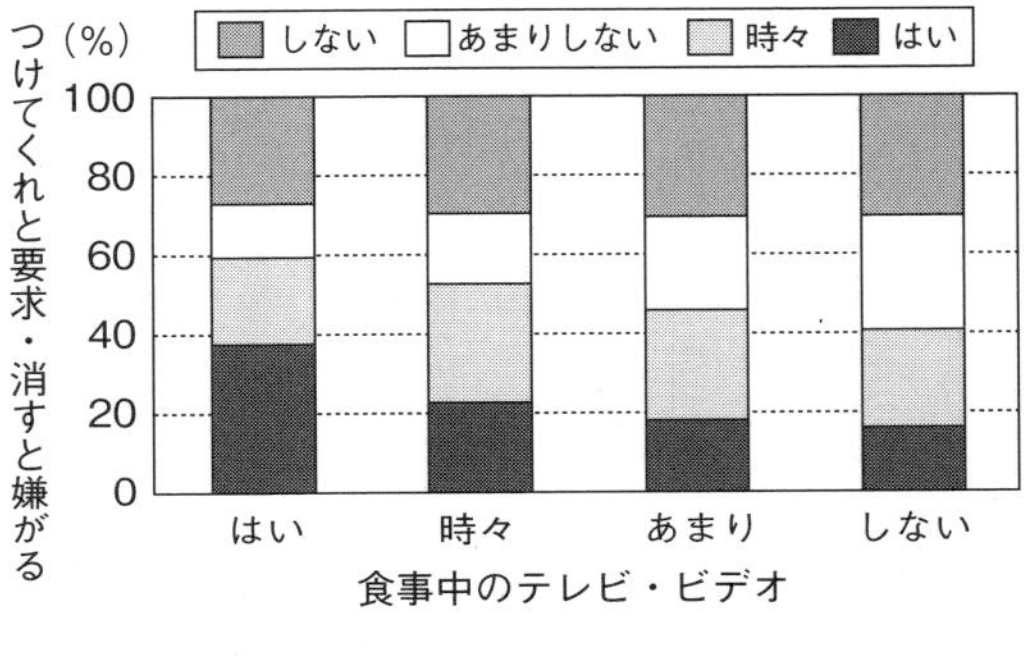

図7　言葉の数と子ども用テレビ・ビデオの視聴時間

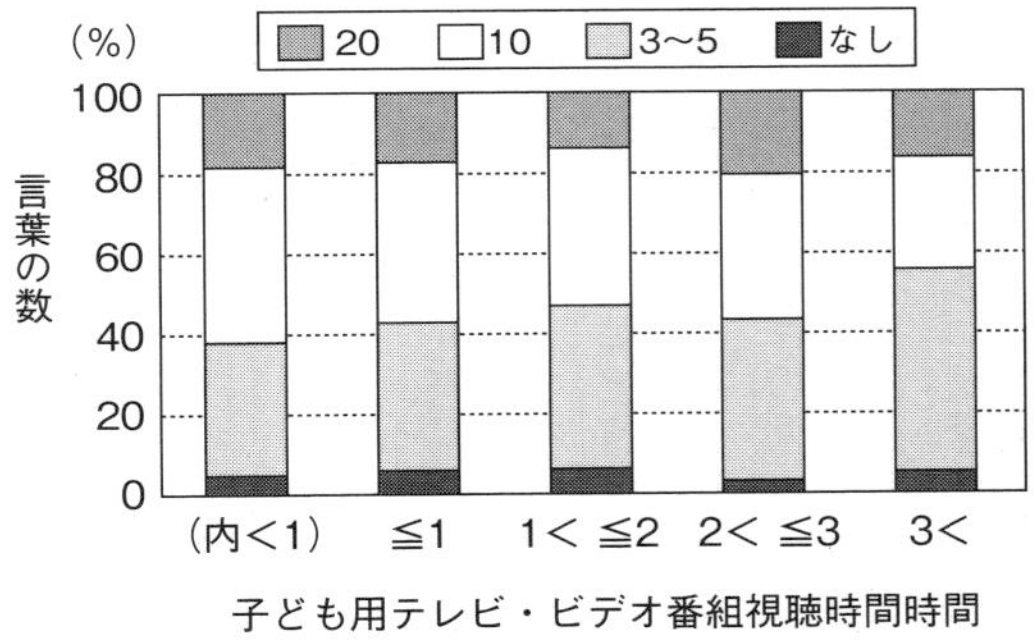

図8　言葉の数とテレビ・ビデオがついている時間

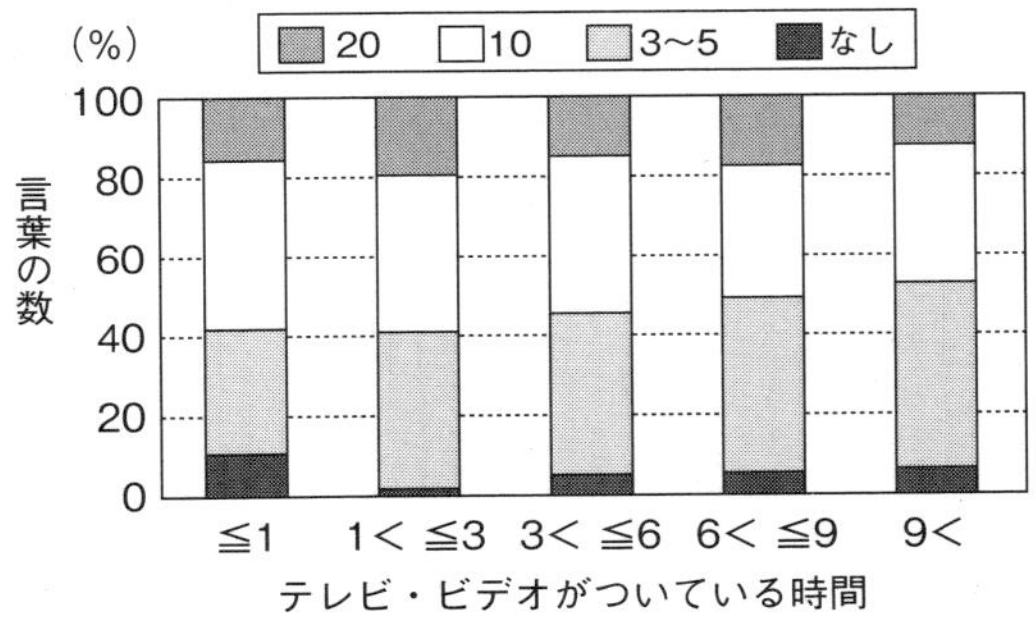

3　メディア漬けの危機

いまや日本の子どもたちは、「メディア漬け」ともいうべき状態にあるといえます。食事時間についているテレビは会話を奪い、「食事中の団欒」という言葉は死語になりました。

プレゼントとしてほしがるのは「ゲームソフト」と「ケータイ」という答えばかりの日本の子どもたちは、ＣＭに載せられて洗脳されているといえるほどです。戦いごっこ中心のごっこ遊びに辟易している保育者ですが、上着を脱いだ途端に自分の胸に〇〇マンがついていれば、回し蹴りをしたくなるのも当然でしょう。それに対して「白い下着にして下さい」と保護者に働きかけている園はそう多くありません。

さらに、テレビ・ビデオ・ゲームの世界に加えて、いまや子どもたちはインターネット・ケータイ・オンラインゲームの危険性にさらされています。インターネットのラインの向こうには、やくざとエロ本の世界が待っていると専門家はいいます。そんなものを子ども部屋に引き込むなど、危険だということを意外と親たちは知らないのです。確かに中学生くらいで性への関心が出てくることは自然ともいえます。しかし、隠れてＨ本を見ていることとアダルトサイトを見ていることとでは大きく異なります。Ｈ本はそれで終わりですが、いったんサイトにアクセスしたらそのアドレスは先方に知られてしまい、今度は先方から誘いや脅しが入ってくるのです。その違いをどのくらいの親たちが把握しているでしょう?

学校では調べ学習と称して「ＩＴ検索」を教えます。地域によってその学年は異なりますが、早いほうが危険も大きいと私は思います。調べたいことばを入れて「検索」をかければ、さまざまな関連する事柄が出てくるということは、必ずしも調べたいことだけが出てくるわけではないからです。子どもたちがその欄に入れて検索したがることばの一つは「うんち」や「おしっこ」です。これを入れて検索をかけたとき、どのようなサイトに繋がるかはどうぞやってみて下さい。アダルトサイトもいくつもあります。小学生にＩＴ検索を教える必要が本当にあるのか?教えている人はそのような危険性に気づいているのか？　文部科学省もやっと動き始めました。子どもたちがおかれているメディア環境との付き合い方を、もう一度考えてほしいものです。

4　私たちの提言

(1)　ノーテレビデーの実施

ノーテレビは、「テレビを見ないこと」が目的ではありません。当たり前になっている「どっぷりテレビ漬け」を止めてみることで、何が失われていたのか？　何を得ていたのかをちゃんととらえて見直す実験なのです。

ノーテレビの方法は、①「月に一日、朝から寝るまでつけない」だけでなく、②「食事の時だけ消す」、③「夜九時以降は消す」、④「朝だけ消す」、⑤「子どもだけノーテレビ」など、それぞれ（家庭単位や学級・学校単位で）決めてかまいません。二歳以下の乳幼児のいる家庭では「ためしに一週間ノーテレビ」をやってみると、子どもの遊びや言葉、表情などがかなり変わることも報告されています。

これまでの実践からいえることは、テレビがついていないと…

①たいていの子どもは食事や朝の準備がいつもより早くなります。
②視線が人や外に向き、会話が生まれます。
③帰宅後、テレビやゲームがないと、時間がたつのがゆっくり感じられ、時間がたっぷりあると感じることが報告されています。
④食事時にテレビがついていないと味や匂いや舌触りをちゃんと感じながら食べ、食卓に会話が生まれます。
⑤そしてたいていいつもより早く眠ります。

つまり、テレビがついているときは、これらがテレビに奪われているということです。月に一日だけでも朝から夜までテレビを消してみることで、これらのことに自分で気づくことができます。一週間以上のノーテレビチャレンジの実践では、子どもたちは数日するとテレビがなくても平気になり、会話と遊びの工夫が復活します。その結果「子どもたちはまだまだ健康さを取り戻せる。しかし、それを妨げるのはおとな（とくにお父さんがノーテレビデーに反対する）」ということもはっきりしています。

(2) ノーテレビへの家庭での一歩

ノーテレビデー以外に、日常の生活のなかでできることを紹介します。

①テレビにカバーを掛ける。
②ビデオテープやゲーム機は見えない扉や箱の中にしまっておくようにする。
③食事中や見ていないときは、「食事だから消すよ」「見ていないから消すよ」と口に出して消すようにする。
④テレビのコンセントはタイムスイッチに繋ぎ、見たい番組はその時間が終わったらスイッチが切れるようにセットして見る。
⑤寝る時間の一時間前にはテレビを切り、本の読み聞かせや、お話か、じゃれつき遊びをする。

日常生活の見直しによって、子どもたちに「テレビを主体的に見る」力をつけておくことが大切です。

子どもたちのメディア漬け状況は今や危機的ともいえます。小学生たちは学校での学習時間をはるかに超える時間をテレビやテレビゲームに費やしていますし、インターネットは性と暴力の世界を子ども部屋に直接持ち込んできます。さらに、テレビを見ながらの会話は断片的で、双方向性を失ってコミュニケーションが成り立ちません。オンラインゲームでは死者すら出始めています。

子どもたちをそれらに翻弄され、溺れてしまわない人間に育てるために、おとなたちが作ってしまったこの日本の社会のなかで、いまできることを一つずつ働きかけてゆきたいと思います。

【やまだ　まりこ】

「子どもとメディア」の問題に対する提言

社団法人 日本小児科医会 「子どもとメディア」対策委員会

わが国でテレビ放送が開始されてから五〇年が経過しました。メディアの各種機器とシステムは、急速な勢いで発達し普及しています。今や国民の六割がパソコンや携帯電話を使い、わが国も本格的なネット社会に突入しました。今後、デジタル技術の進歩はこのネット社会をますます複雑化し、人類はこの中で生活を営む時代に進みつつあります。これからもメディアは発達し多様化して、そのメディアとの長時間に及ぶ接触はいまだかつて人類が経験したことのないものとなり、心身の発達過程にある子どもへの影響が懸念されています。日本小児科医会の「子どもとメディア」対策委員会では、子どもに関係するすべての人々に、現代の子どもとメディアの問題を提起します。

ここで述べるメディアとはテレビ、ビデオ、テレビゲーム、携帯用ゲーム、インターネット、携帯電話などを意味します。特に、乳児や幼児期ではテレビやビデオ、学童期ではそれに加えてテレビゲームや携帯用ゲーム、思春期以降ではインターネットや携帯電話が問題となります。

提言

影響の一つめは、テレビ、ビデオ視聴を含むメディア接触の低年齢化、長時間化です。乳幼児期の子どもは、身近な人とのかかわりあい、そして遊びなどの実体験を重ねることによって、人間関係を築き、心と身体を成長させます。ところが乳児期からのメディア漬けの生活では、外遊びの機会を奪い、人とのかかわり体験の不足を招きます。実際、運動不足、睡眠不足そしてコミュニケーション能力の低下などを生じさせ、その結果、心身の発達の遅れや歪みが生じた事例が臨床の場から報告されています。このようなメディアの弊害は、ごく一部の影響を受けやすい個々の子どもの問題としてではなく、メディアが子ども全体に及ぼす影響の甚大さの警鐘と私たちはとらえています。特に象徴機能が未熟な二歳以下の子どもや、発達に問題のある子どものテレビ画面への早期接触や長時間化は、親子が顔をあわせ一緒に遊ぶ時間を奪い、言葉や心の発達を妨げます。

影響の二つめはメディアの内容です。メディアで流される情報は成長期の子どもに直接的な影響をもたらします。幼児期からの暴力映像への長時間接触が、後年の暴力的行動や事件に関係していることは、すでに明らかにされている事実です。メディアによって与えられる情報の質、その影響を問う必要があります。その一方でメディアを活用し、批判的な見方を含めて読み解く力（メディアリテラシー）を育てることが重要です。

私たち小児科医は、メディアによる子どもへの影響の重要性を認識し、メディア接触が日本の子どもたちの成長に及ぼす影響に配慮することの緊急性、必要性を強く社会にアピールします。そして子どもとメディアのより良い関係を作り出すために、子どもとメディアに関する以下の具体的提言を呈示します。

具体的提言

1 二歳までのテレビ・ビデオ視聴は控えましょう。
2 授乳中、食事中のテレビ・ビデオの視聴は止めましょう。
3 すべてのメディアへ接触する総時間を制限することが重要です。
　一日二時間までを目安と考えます。テレビゲームは一日三〇分までを目安と考えます。
4 子ども部屋にはテレビ、ビデオ、パーソナルコンピューターを置かないようにしましょう。
5 保護者と子どもでメディアを上手に利用するルールをつくりましょう。

小児科医への提言：具体的な行動計画

私たちは、「子どもとメディア」の問題解決のため、小児科医が率先してこの問題を理解し、提言に基づき行動を開始することを望みます。そのためには、日本小児科医会が原動力となり、関係諸機関との連携を計り、具体的な行動をとることが重要と考え、以下の具体的な行動計画を提言します。

1 日本小児科医会の活動

1）メディア教育の重要性を理解し、提言し、行動する指導者を育成する。

(1) 日本小児科医会主催の「研修セミナー」及び「子どもの心研修会」で「子どもとメディアの問題」を提起する。

(2) 多様な職域が参加できる全国規模の「子どもとメディア」研究会の設立を企画あるいは支援を行う。

2）「子どもとメディア」問題の調査・啓発活動を行う。

(1) 記者発表の機会を設定し、小児科医会の「子どもとメディア」に対する提言を公表する。

(2)「子どもとメディア」に関する提言を新聞広告する。

(3)「子ども週間」の全国統一テーマとして「子どもとメディア」を取り上げるように、関係機関に要望する。

(4) 日本小児科医会雑誌へ「子どもとメディア」の問題に関する特集の掲載を企画提言する。

(5) 日本医師会へ「子どもとメディア」問題を提言し、日本医師会雑誌への「子どもとメディア」問題の掲載を企画提言する。

(6)「子どもとメディア」に関しての市民啓発パンフレット・ビデオを作製し、関係機関に配布する。

(7)「子どもとメディア」に関しての市民向け小冊子を刊行する。

(8) 子どもとメディアの問題の調査を行う。

2 外来・病棟での活動

(1) メディア歴を問診表に組み入れる。
　メディア歴を把握するための簡便な問診を作成し呈示する。

一般診療および乳幼児や就学時健診の場で利用する。問診票からメディア歴を把握する。

メディアへの過剰で不適切な接触がある場合には、保護者と子どもに助言する。

(2) 啓発教材を活用する。

啓発用のポスター・パンフレットを掲示、配布する。

啓発用の小冊子・書籍の閲覧及び貸し出しを行う。

(3) テレビ・ビデオ等を管理する。

放映する場合には内容を吟味する。

啓発ビデオを上映する。貸し出しを行う。

(4) 絵本やおもちゃを整備する。

保育士やボランディアを導入する。

読み聞かせや手遊びなどを提供する空間を整備する。

3 地域での活動

(1) 出生前小児保健指導（プレネイタル・ビジット）、母親学級、乳幼児健診、講演会等の場を利用して、子育て中の保護者への啓発を行う。

テレビ・ビデオを見ながらの育児やテレビ・ビデオに任せる育児の弊害を知らせる。

乳幼児の視聴の制限や「ノー・テレビ・デイ」等を勧める。

(2) 子どもにかかわる人々（保育士、保健師、教諭等）を対象とした「子どもとメディアの問題」研修会を開催する。

(3) 保健、福祉、教育、医療等の関係機関に対して啓発活動を提言する。

保育園、幼稚園、小中学校、高校、大学、町内会、企業、医師会、自治体等に啓発活動を提案する。

(4) 地域でのプロモーション企画（ノー・テレビ・ディほか）を設定する、あるいは支援する。

(5) 啓発教材を活用する。

啓発用のポスター・パンフレットを掲示、配布する。

啓発用の小冊子・書籍の閲覧及び貸し出しを行う。

啓発ビデオを上映する。貸し出しを行う。

4 広域社会活動として

新聞やテレビ等のマスメディアを利用し、「子どもとメディア」問題を啓発する。

5 そのほか

具体的な活動を実施するために、小児科医のための「子どもとメディア」に関するガイドラインの策定が必要である。そのために、小児科医会は種々の調査を企画し、実施する。

㈳日本小児科医会「子どもとメディア」対策委員会
委員長：武居正郎（武居小児科医院）
副委員長：田澤雄作（みやぎ県南中核病院）
委員：家島厚（茨城県立こども福祉医療センター）
内海裕美（吉村小児科医院）
神山潤（前：東京医科歯科大学、現：東京北社会保険病院開院準備室）
佐藤和夫（国立病院九州医療センター）
田中英高（大阪医科大学）
山本あつ子（三井記念病院）
㈳日本小児科医会理事：豊原清臣
㈳日本小児科医会副会長：保科清

9 「おやこ劇場」が果たしてきた役割と今後の展望
――NPO法人横浜こどものひろば――

西村たか子

1 「おやこ劇場」の誕生

一九六六年六月に、「福岡子ども劇場」は誕生しました。「うつくしい夢と希望と愛を！たくましい創造力、豊かな感受性を！」という言葉をスローガンに掲げたこの会は、高度経済成長期がもたらしたテレビや漫画などの、子どもたちの文化に危機感をもった母親や青年たちによって立ち上げられました。はじめは「労演」「労音」などのような子どもの観劇団体として活動していましたが、子どもをとりまく状況について話し合いながら、「子どもに今いちばん必要なものは何かを考えたとき、生の芸術に接する機会をつくるということと、子どもたちが自主的に活動する場をとおして子どもの健全な成長をめざすこと」という意見が一致して「子どもの文化を皆で考えあい、創造していく会」という会の性格が固まっていきました。（高比良正司『夢中を生きる――子ども劇場と歩んで二八年』第一書林、一九九四年）。こうして芝居や人形劇などを観る「鑑賞活動」とまつりやキャンプなどの「自主活動」という二つの柱が考えられました。

会員数は発足当時一九二人でしたが、同じように子どもの状況に危機感をもった母親や児童劇団の人たちによって「劇場運動」として瞬く間に全国に拡がっていくことになります。四年後には一三劇場二万人という会員数にのぼり、各地方連絡会も作られ、七四年には「全国子ども劇場おやこ劇場連絡会」も立ち上げられました。八〇年の「全

「国大会」では「日本中すべての子どもを視野にいれ、地域に根ざした運動を！」というアピールがあり、九〇年には五三万人の会員数を記録しています。

筆者が関わってきた「横浜おやこ劇場」は、一二年後の七八年七月に誕生しました。当時横浜市は、急速な人口増を背景に、学校のマンモス化、プレハブ教室、狭い校庭、児童館もなく図書館の圧倒的な不足などという問題を抱えていました。子どもに少しでも良い文化をと願う母親たちが「親子映画の会」や「地域文庫」の活動をたちあげていましたが、「横浜の子どもたちにも生の優れた舞台に接する機会をつくりたい」という声が何人かからあがり、二年間の準備期間を経て発足しています。設立総会の資料には「子どもたちに与えられたマスコミ文化ではない、本物の芸術にふれて、みずみずしい感受性や豊かな創造力を養ってほしい」という親たちの思いが記されています。

発足と同時に、既存劇場にならって「鑑賞活動」や「自主活動」を実施しながら、全国の仲間と一緒に文化予算に関する署名活動や、「海外記念特別公演」の実施、ヨーロッパの子どもの文化視察、「子どもの権利条約」の批准に向けての取り組みなど、子どもの文化に関わる活動を展開しています。二〇〇〇年にはNPO法人格を取得して、三〇周年を迎えた今日では、地域の文化支援なども積極的に行い、子どもの文化の担い手として行政からの信頼も得ています。その一方で、社会状況の変化などにより会員数の急速な増加や大幅な減少なども体験するなど、活動の見直しと共に組織の見直しをしながら現在にいたっています。

2 「横浜おやこ劇場」の活動について

「横浜おやこ劇場」では、「この会は子どものためのすぐれた芸術を鑑賞し、児童文化創造、発展に努力します。それをとおして子どもたちの友情と自主性、創造を育み、健全で豊かな成長をはかります」という会の目的に沿って、次のような活動を行っています。

(1) 舞台鑑賞活動

「おやこ劇場」では会費のほとんどを、鑑賞活動に費やしています。はじめは皆で同じ作品を観ていましたが、四年後には低学年対象作品と高学年対象作品に分けています。その後、会員数の増加や会費の見直しに伴って、作品数や上演回数を増やしたり、年齢別例会や音楽月間、選択例会などの多様な企画も実施されています。

「おやこ劇場」で実施される舞台鑑賞活動は、一般にチケットを購入して観る場合と違って、作品の選定から鑑賞するまでがすべて会員によって行われています。作品を選んでから鑑賞するまでの流れは、おおよそ図1のようにまとめられます。

① 作品の選定

どのような作品を観るのかは、総会で決定されます。会員の年齢構成が、〇歳からおとなまでと、非常に幅広いために、限られた予算のなかで皆が満足できる作品の選定はとても大変です。運営委員会では、総会に提案する作品に関して下見をしたり、劇団の人たちと交流を行うなど、情報収集に努めていますが、最も基本になるのは「サークル一年のまとめアンケート」に寄せられた会員の声です。アンケートにはいくつかの項目を

図1 「横浜おやこ劇場」の舞台鑑賞活動の主な流れ

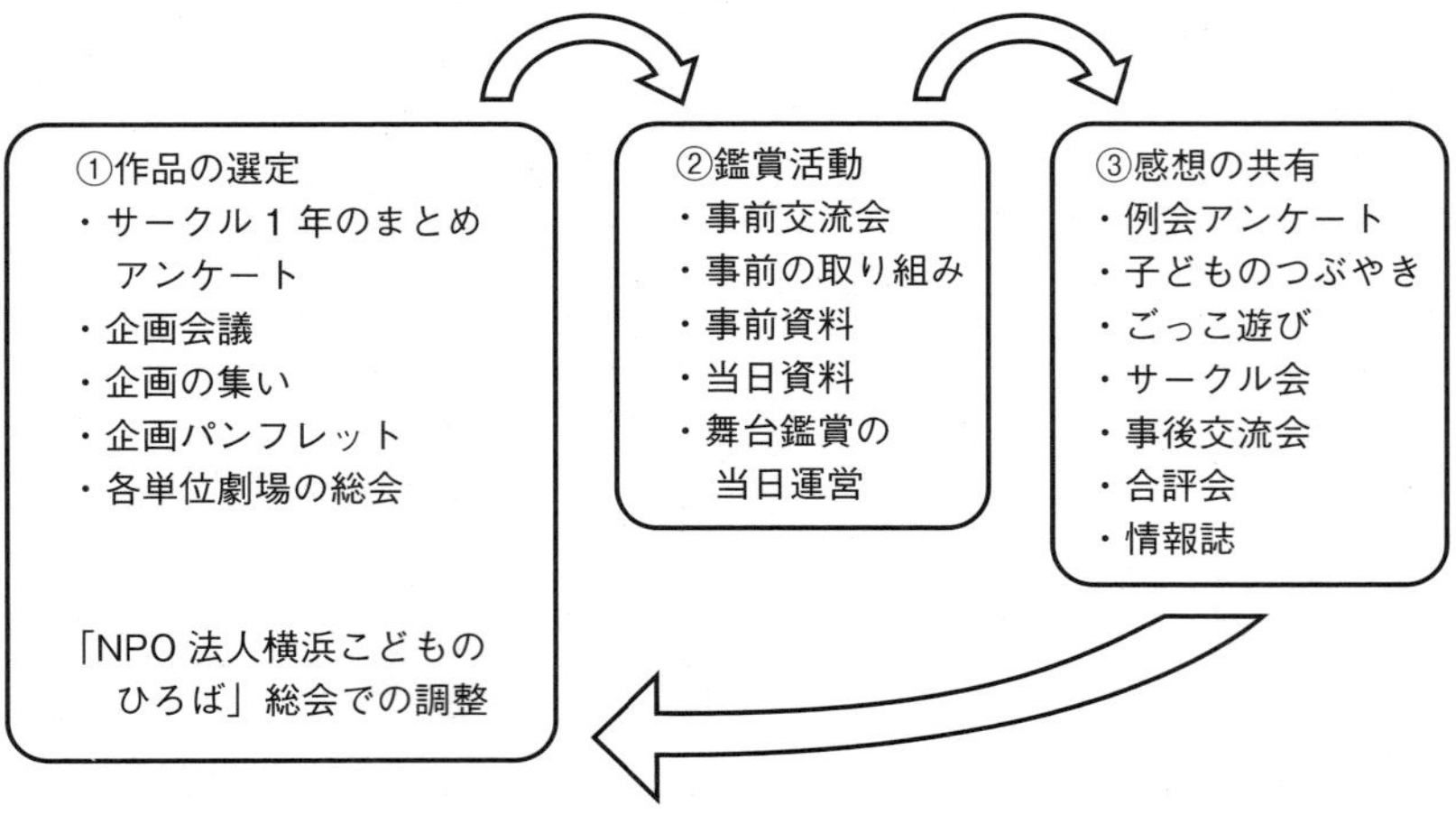

設けて、子どももおとなも今まで観てよかった作品やこれから観てみたい作品などを自由に記述します。そして、子どもの発達を考慮しながら、できるかぎり年齢に見合った作品やさまざまなジャンルの作品を選ぶ工夫をしています。

このようなプロセスを経て決められた作品は、どのような思いで選ばれたのか、実際に会員が観てどのような感想をもったのかなどを討議資料にまとめ、次の作品選びにいかされています。

② 鑑賞活動

舞台鑑賞の当日は、チケット（「会員手帳」一年間に鑑賞する作品が掲載されている）をもぎったり、会場の準備、資料の配布、ロビーの飾りつけ、出演者へのプレゼントなど、多くの人手が必要なため、会員が順番で運営を行っています。また、作品によっては、劇団の荷物をトラックから運ぶ手伝いや、出演者に手作りの食事を届けたりもします。

そのほか、鑑賞する前に劇団の人から作品について話を聴いたり、ワークショップを行ったりする「事前交流会」「事前の取り組み」や、「例会チーム」が作品について作成した「事前資料」を配布するなど、子どもたちがより作品を楽しめるような工夫が考えられています。

③ 感想の共有

子どもの年齢によって観る作品が異なりますが、親も子も友達も一緒に同じ作品を鑑賞しますので、鑑賞活動は会員同士の共通体験となります。当日の会場のロビーには「例会アンケート」の用紙を置いて、感想などを書きたい人が自由に記述するようになっています。小さな子どもたちの感想は、用紙いっぱいに勢い良く書かれた絵が非常に多く、一人ひとりがさまざまな場面で感じた事が表現されていま す。字が書けるようになった子どもは小学校の高学年になると、「楽しかった」り「つまらなかった」理由が述べられていたり、「もし、自分だったら…」という、自分自身に引き寄せた感想や立場の違う人の気持ちを推し量ろうとする感想などもみられます。

アンケートを書かない子どもも大勢いますが、作品のテーマソングを口ずさんだり、踊ったりする場面に一緒に観たおとなたちが出会うことも多々あります。会員以外の子どもたちを巻き込んでの「ごっこ遊び」に、発展する事なども良く見受けられます。

④「横浜こどものひろば0123」のコースの新設

日本ではほかに類を見ないといわれている、〇～三歳の乳幼児が舞台を観るという「横浜こどものひろば0123」が二〇〇四年一〇月に新設されました。このコースがはっきりとした形になるまでには、実に長い時間と、話し合いがもたれています。

「横浜おやこ劇場」では、九一年ごろから「ひとりぼっちの子育てやめよう」をキャッチフレーズに乳幼児をもつ親と子育て経験者で話す場、あそび場づくりがはじまり、各地域でさまざまな乳幼児のあそび会がつくられました。その実践をいかして、二〇〇〇年に「みんなであそぼう0123才inみなとみらい」という「パシフィコ横浜」のマリンロビーを使っての、大規模な乳幼児のあそび会を開催しています。その頃から乳幼児を対象とした継続的な活動の具体化について模索が始められました。中心となったのは「ちびっこかいじゅうの会」のメンバーで、この会は「みんなであそぼう0123才inみなとみらい」を企画した「横浜おやこ劇場」の乳幼児をもつ会員が、「ベビベビパーク」というコーナーを担当したことがきっかけでつくられています。

「横浜おやこ劇場」の運営委員会と「ちびっこかいじゅうの会」がお互いに学習会や話しあいを重ねながら、一時的に子どもを預かったり遊び場を提供するのではなくて、会員として継続的にお芝居などを観ていく事をめざした「横浜こどものひろば0123」の構想ができあがりました。〇歳からを対象とした鑑賞活動は前例がないために、「〇歳からの子どもに、お芝居を見せるとはどういうことか」という話し合いや、劇団側に作品を創ってもらう働きかけ、乳幼児期の子どもの発達講座などがもたれています。そして、実際に「はじめてのおしばい」という実験的な作品を観て感触をつかむなど、やっと実現する事ができました。

「横浜こどものひろば０１２３」がほかのコースと異なるのは、ワークショップ→観る→あそぶ を一つのサイクルとして毎月定例会を設けていることです。月に一回、親と子がお芝居を観たりワークショップをしながら、ゆったりとした時間を過ごしています。時間のある人は、定例会のあとお弁当を食べながら、子育ての情報交換をするなど会員同士の交流も生まれています。

⑵ 自主活動

もう一つの会の活動の中心となっているのが「自主活動」です。

「横浜おやこ劇場」は、子どもたちの豊かな育ちを保障したいという親たちの願いから創られたこともあり、子どもたちがやりたい事を自由に表現する場としての「自主活動」が非常にたくさん創られてきています。自主活動には地域の人たちを巻き込んだ大きな規模のものから、地域のサークル単位で取り組まれる小規模のものまでさまざまです。ほぼ毎年実施されている活動には、次のようなものがあります。

① おやこまつり：お金をかけずに身体も心も解放して大空の下で思いっきり遊ぶ場です。五〇〇人前後の子どもとおとなが参加しています。毎年テーマを決めて取り組んでいますが、基本的には子どもの「あの遊びがやりたい」という声を大切に進められます。高学年の子どもたちは、チケットの絵を描いたり、自分たちがやりたい遊びのコーナーを相談したり準備の段階から関わります。そして、段ボールで作った迷路、長靴飛ばし、風呂敷を縫い合わせたパラバルーン、子どもが出店するフリーマーケットなど、ブースを設けて行う「コーナー遊び」は、皆でアイデアを出し合って決めていきます。最後は、国盗り合戦などおとなも子どもも本気になって戦うスケールのおおきなゲームや、一緒に歌ったり踊ったりするプログラムもあります。

② おやこキャンプ：名前のとおり、親子で一緒に行くキャンプです。一泊～二泊で実施され、〇歳からおとなま

で、一五〇人くらいの参加があります。皆で寝食を共にしながら、炊事やキャンプファイヤー、ナイトハイクなど、自然のなかで日常と違う生活を体験します。日頃、忙しくてお芝居など一緒に観られないお父さんも参加して、子どもたちと薪割りやかまどの火熾しなどをして楽しみます。子どもが寝た後のおしゃべりタイムは、子育ての話や日頃感じている事など、親どうしの交流の場となっています。

③子どもキャンプ：小学校四年生以上の子どもと高校生や青年だけで行くキャンプで、高学年の自主活動では最も中心的な位置をしめています。青年がキャンプ場の下見をする事からはじまり、運営委員会と一緒に、今年はどんなキャンプをめざすのか話し合われます。参加する子どもたちは、一〇人ずつくらいのメンバーで班をつくり、班会を何度も開いて、キャンプ場で何をするのか、何を食べるのか、何

時に寝て何時に起きるのかなどを、すべて自分たちで話し合って決めます。青年は、班会のようすを親たちに報告しながら、「家で包丁の使い方を練習させてほしい」「子どもたちが話し合った内容に口を出さないで」などの希望も話されます。子どもキャンプに参加した子どもたちを中心に、高学年の異年齢集団ができあがっています。

④地域公演：会員以外の人にもチケットを売って、地域で小規模な舞台を鑑賞する活動です。「おやこ劇場」の良さをいろいろな人に体験してもらう機会として行っています。家の近くの幼稚園や町内会館などで、いつも遊んでいる友達と膝っこぞうをくっつけて観る地域公演には、手作りの暖かい雰囲気があります。

このほかにも、「花見の会」「クリスマス会」「新年会」など、やりたい人が「この指とまれ」で、自由に活動を創っています。

(3) さまざまな学習会

このほか、親を対象とした子育てに関する学習会は、頻繁に開催されています。子どもの年齢が〇歳から高校生までと幅広いため、会員の要求に応じて実施しています。

もっとも多いテーマは「子どもたちに健やかな心を」「子どもの心とからだ」「子どもの発達と芸術体験」「児童文化講座」「子どもの権利条約にむけて」などのように、日常の活動と子どもの育ちが繋がっていくような内容のものです。

そのほかには、「環境学習会」「売上税学習会」「ＮＰＯ学習会」のように、活動をすすめていく上で、専門的な知識が必要になったときにも、学習会を開催しています。

(4) 文化支援事業

「横浜おやこ劇場」は、三〇年間におよそ三五〇作品の上演を実施して、多くの子どもやおとなたちに舞台芸術にふれる機会の提供を行ってきました。実践を継続することで培われたノウハウをいかして、市内の文化事業の支援も積極的に行っています。とくに一九九五年に発足した「横浜演劇センター構想委員会」（市内で鑑賞活動を行っている三つの団体が呼びかけ人となり、「横浜を演劇の発信地にしよう」と呼びかけて発足）が立ち上げられたことがきっかけとなって、子どものための舞台企画を委託されるようになり、「パシフィコ横浜」の「夏休み子どもライブ」の企画・運営の委託や、「子どもアート体験プログラム」（文化庁の平成一五年度「文化体験プログラム支援事業」）、「子どもの文化活動を支える人のためのワークショップ」（文化庁の平成一六年度「芸術文化による創造のまち」支援事業）の実行委員会に参加して企画・実施や事務局などを担当しています。「横浜演劇センター構想委員会」は、九六年から「横浜アートＬＩＶＥ」という演劇祭を実施していますが、「横浜おやこ劇場」も実行委員会のメンバーとして、企画・実施などすべてに関わっています。

そのほか、総合学習の授業では、小学校に芸術家を紹介して、子どもたちがジャグリングやパントマイムを楽しむという機会の提供を行ったり、高校演劇の活動を支援したり、市民の鑑賞活動に関しての相談を受けるなど、日常的に市内の子どもの文化活動支援を行っています。

3　子どももおとなもお互いが成長できる場づくり

「横浜おやこ劇場」では、三〇年間にわたって前述のような多様な活動を展開・継続してきました。運営委員会では、子どもたちのようすをまとめたり、学習会や全国的な交流をとおして、子どもの成長発達に欠かせないと思われるさまざまな意義を実感してきています。

(1)　豊かな感性を育む「舞台鑑賞活動」

日本では、二〇〇一年に「文化芸術振興基本法」が公布施行されて、文化芸術が人々が人間らしく生きていく上で意義あるものとやっと明記されました。そして、とくに子どもにとっての芸術体験の重要性が謳われていますが、「おやこ劇場」では四〇年以上前から、子どもの芸術体験の場を提供してきているわけです。以下に、少しアンケートなどをご紹介しながら、芸術体験の大切さを会員がどのようにまとめているかを述べてみたいと思います。

①たくさんのワクワク・ドキドキ体験

思いっきり笑ったり、泣いたりという感動体験の重要性は、すでに多くの本にかかれていますが、眼を輝かせて舞台に見入っている子どものようすや、音楽にあわせて身体をゆらゆらさせているようすは、一緒に観ているおとなにも感動を与えてくれます。アンケートにも「ドキドキしてビックリしてハラハラしておもしろかった」「かなしいこともうれしいこともいっぱいあってたのしかった」「ぼくはおんがくにのりすぎて汗がびっしょりでてしまった」「最後にお母さんと心が通じあったとき、本当に感動した」などと、毎回たくさんの「たのしかった・嬉しかった」気持ちが表現されています。そして、アンケートに書かれた絵には、自分が印象に残った場面や登場人物などが、短い時間にことこまかに描かれています。おとなたちは、子どもたちの受け取る力、感じたことを表現する力のすばらしさを実感します。

② 舞台とのコミュニケーション

子どもたちは、舞台をみながら、登場人物に共感したり、悪に対して怒ったり、もし自分だったらとイメージするなど、さまざまな気持ちをやりとりしています。

・とんぼうがつかまって牢屋で泣く場面で、四才の子が一緒になって泣いていた。『やんぼう・にんぼう・とんぼう』

・ルウがラッパがさいしょは下手だったけど、ラッパがじょうずになってよかったね『チロヌップのきつね』

・うそばっかりついているとだめだよ『ライネケぎつね』

・もし今ビンを持っていたとしたらすぐ誰かに売っていると思う。あんな恐ろしいもの欲しくなんかない。死んだってかまわないぞ。『ビンの小鬼』

このように、体験の少ない子どもたちも、舞台で表現されている事柄をしっかり受けとめ、その子なりの気持ちの表現をしているのがわかります。

③ 登場人物や出演者への憧れ

・マサリーみたいにかしこくなりたい。『その名もマサリーよなぐにの猫』

・わたしはうしおににちからをかしてもらいたい。つばめどりにのってそらをとびたい。『まえがみたろう』

・あやつり人形さんみたいなパントマイムがやってみたいな！　劇団にはいりたいくらい！　でしになりたいくらい。ピエロさんて私のあこがれです。『からだのマジック』

そして、会員のなかには、実際に劇団に入って活躍している人もいます。

④「あーそうか」という気づき

驚いたり、不思議におもったり、自分自身の気持ちに気がついたりしています。

・動物はむだには殺さないんだね。食べる分だけであげちゃったね。『風をみた少年』

・こっぷの中に水が入っているのをたたくととてもきれいな音が出るのにおどろいた。『おもしろ音楽列車出発進行』

・戦争が始まったら、はじめるのは上のほうでも、戦うのは自分たちなんだ。『突然の陽ざし』

以上述べてきたように、鑑賞活動は同じ時空間を共有しながら、会員同士、あるいは登場人物や演じている人とのさまざまな感情のキャッチボールをしています。そして観たあとの話し合いをとおして、子どもの作品に対する受け止めかたの変化を実感できたり、ほかの人の感想に感動したり、同じ作品を観ていても感じ方が一人ひとり違う事などに気がついたりしているようです。一人の子どもを、縦断的に調査したものはありませんが、多くの感想文や子どものようすから年齢が上がるにしたがって表現されることばや受け止め方の深さ、自分へのひきよせ方などがどんどん変化しているようすがうかがえます。

そして「いつもはあまりのらない子が、目をそらさず真剣にみていた」などと、子どもの変化をうれしく思うおとなたちの暖かいまなざしによって、子どもたちは安心して感じた事を自由に表現しているようです。このようなまとめをしながら、生身の人間が演じる舞台を継続的に観ることの意義を実感してきています。

(2) 子どもの成長・発達を保障する「自主活動」

「おやこ劇場」では、会員の「やってみたい」気持ちを大切にしながら、子どもやおとなが成長・発達するために必要と思われる、次のような場や機会の提供を行ってきました。

① 子どもの異年齢自治集団づくり

「横浜おやこ劇場」では、子どもが社会化にむけて大きく質的変容を遂げるといわれる小学校高学年の仲間作りに力をいれてきました。とくに四年生以上の子どもと高校生・青年だけで行く「子どもキャンプ」では、仲間と三泊四日を過ごし、失敗などもたくさん経験しながらお互いに信頼関係を結び、仲間集団ができあがっていくようすがみられます。そしてその子どもたちが地域の自主活動などにも主体的に参加し、子どもの異年齢自治集団が形成されています。

小さい子どもをいたわったり、仲間どおしで大変な事を乗り切ったり、お互いを思いやったり、社会のルールを学んだりなどが、自然にみについていくようです。

② 青年の自己確立・自己実現の場の提供

「おやこ劇場」では、子どもにより近い存在である青年が、親とは違う立場で子どもと関わることを発足当時から大切にしてきています。青年は、サークル活動のなかで、自分の悩みや社会の矛盾に対して真剣に話し合うなどの体験をつうじて、お互いの違いを認め合いながらも仲間との信頼関係を結び、子どもたちの成長にも刺激を受けながら、自分自身が成長したというような発言が見られます。そして劇団やさまざまな親たちとの交流をとおして、自分のやりたい事が見つけられたりしているようです。

③ 子育てネットワークによる共同の子育ての場づくり

今、子育て支援が叫ばれ、共同の子育ての重要性が指摘されています。「おやこ劇場」では、乳幼児を抱える若い親から、孫がいる年齢の親まで、さまざまな年齢や立場の異なる親が、サークル会や自主活動、学習会を一緒に行ってきました。そのような活動をとおして、共同の子育てが親にも子にも安心感と心地良さをもたらすことを体験してきました。子どもに接するのはわが子がはじめてという新米ママにも「一人ぼっちの子育てやめようよ！」と声をかけています。子どもとの接し方なども、ちょっと先輩のお母さんからアドバイスが受けられたり、親子がゆったりと過ごせる遊び場の提供、子育て情報の交流の場作りも行ってきました。

このように、自主活動を継続することで、子どもの人間形成に欠かせないとおもわれるさまざまな場の提供を行ってきました。おとなも子どもも忙しく、人とゆっくり関係を結ぶことが難しくなってきていますが、参加した子どもたちの夢中になって遊ぶ姿や楽しそうな表情、「またやりたい」という声に励まされて、今日まで継続してくることができたのだと思います。そして、地域の人たちを巻き込んだ活動への発展は、豊かな地域文化を創りあげてきたといえるのではないでしょうか。

4 「おやこ劇場」の課題と展望

以上、「横浜おやこ劇場」の三〇年間の活動をご紹介しながら、会が果たしてきた役割について述べてきました。活動を継続する事で、鑑賞活動の内容は充実し、自主活動も地域に根ざして多様な活動が展開されています。ＮＰＯ法人格を取得するなど、子どもの文化の担い手として地域からの期待も大きくなっています。さらに、〇歳からおとなまでという年齢の会員を有して活動をしている会は、他には見られないと思います。ただ、一方で会員数の動きをみてみると、一九九二年に最高会員数を記録したあと、減り続けています。それは全国の「おやこ劇場」でも同じようです。そして、親も子も忙しいなかで、活動に参加できない会員も多く、委員などの担い手の不足も常態化しているのが現実です。青年も就職と同時に活動への参加が困難になってきています。会員数の減少は、活動の縮小、関わる会員の減少を意味します。

文化芸術振興基本法が施行される一方で、学校の鑑賞教室は減少傾向にあります。一人で遊べるゲーム機や、携帯電話の発達によるコミュニケーションツールが変化するなかで、子どもの文化を中心とした「おやこ劇場」のような活動はますます重要になってきていると思われます。今まで培ってきた力を発揮して、どのように活動を展開していけるのか、大きく問われています。

そのなかで、「横浜こどものひろば０１２３」のコースができたことは、新たな活力を生み出すきっかけになっています。日々発達を遂げている子どもたちのようすに、親もスタッフも演じている人たちにも多くの感動が生まれています。社会では子育て支援の充実が叫ばれていますが、一時的な支援ではなく、会員として継続的に子どもやおとなの育ち合う場を保障していこうとする「横浜こどものひろば０１２３」の活動は、少しずつ拡がりをみせています。そして、乳幼児コースを卒業して低学年のコースに移行した親たちが中心となって、０１２３のコースを運営するという循環も生まれています。これからも、身近な地域のなかで、人と人がじかに触れ合いながら、仲間と一緒にゆっくりと関係をつくりあっていくという体験が、拡がっていくことに期待していきたいとおもいます。

【にしむら　たかこ】

団体紹介
正式名称　特定非営利活動法人 横浜こどものひろば
所在地　〒231-0064 横浜市中区野毛町二-九〇 桜木町スカイハイツ三〇二号
連絡先　TEL ○四五-二四三-〇七六二
FAX ○四五-二四三-〇七六三
Email lep0600@nifty.com
URL www.yokohama-kodomo.com
担当 大原淳司（事務局長）

主な活動
■年間五回の舞台鑑賞活動やドラマワークショップなどの表現活動
■おやこまつり、子どもキャンプ、おやこキャンプなど地域における自主的な活動
■市内の文化事業の企画・実施および協力・提携など

機関誌・出版物
・機関誌「ていすりい」
・各地域の劇場の情報誌「ふーぷ²」「きらら」「わくわく」「タムタム」
・記念誌『10年誌―横浜おやこ劇場の1978年〜1988年―』

一言PR
子どもたちの豊かな成長を願って、右記の活動を三〇年間にわたって展開してきました。〇歳からおとなまでの大異年齢の会員で構成されていますが、「おやこ劇場」のような会は他にみられません。

エピローグ：子どもが豊かに育つまちづくりをめざして
――子どもの権利施策の創造――

姥貝荘一

はじめに

本稿を「子どもが豊かに育つまちづくりをめざして――子どもの権利施策の創造――」とさせていただいたのは、一九九六年に『子どもの地域生活と社会教育――二一世紀への展望――』（学文社）を刊行した際に、上杉孝實先生には「子どもの生活と地域」、小木美代子先生には「戦後学校外・子ども地域施策の動きを追って」というタイトルでそれぞれ執筆いただいたことにあります。まさに「子どもの社会教育」の理論化への第一歩でもありました。

そういった経緯がある訳ですが、筆者は一地方議会議員の立場から、上杉孝實、小木美代子両先生の研究をこれからの自治体の子どものための社会教育政策・施策にどのように生かしていくのか、といった視点で本稿の副題「子どもの権利施策の創造」について考えていきたいと思います。

1　上杉孝實先生の研究から

まず初めに、上杉孝實先生の研究のなかから、「子どもの社会教育」を考えていくことにします。

上杉孝實先生は社会教育の現場（図書館、婦人会館、科学教育センター勤務）の経験を経て、京都大学をはじめとする約四十年にわたる研究生活のなかで、社会教育の方法論を中心に多くの課題を追究してこられました。また、国際比較のなかで日本の社会教育の意義を明らかにすることについても、積極的に研究をすすめてこられました。
この小論では、上杉孝實先生の「社会教育における家族の影響」と「子どもの生活と地域」の二つの論文をもとに考察させていただきます。

(1) 「社会教育における家族の影響」

本論文は、一九八八年に日本社会教育学会の年報として出版された『現代家族と社会教育――日本の社会教育第三二集』(東洋館出版社)に収録されたもので、日本社会教育学会の宿題研究として取り上げられた「現代家族と社会教育」の研究成果のまとめともいうべきものです。

年報のまえがきには、そのテーマのねらいとして「変貌する社会の中で、既存の家族・家庭像では捉えきれない家族の問題状況に対応して、どのような社会教育実践がなされてきたのかを検討し、これらの実践を支える理論研究を通して、二一世紀に向けての新たな家庭の構築に資する社会教育の役割を明確にする必要に応えることにあった。」(二頁)と、日本社会教育学会・年報第三二集編集委員会名で記されています。

上杉先生は、本論文のなかで、「現代の家族のありようが、社会教育をどのように規定し、また家族に対して社会教育はどのような機能を持っているのかを探ることが課題となるのである。」(一七一頁)として、論をすすめています。

そういった課題をもとに、社会教育と家族の問題に対して、次の四つの特徴について指摘しています。

①社会教育活動への家族単位の参加
②教育委員会や公民館の講座・学級への性別役割分業の影響
③地域における子ども集団を意図的につくる必要性
④家族に対する社会教育の学習機能

(2)「子どもの生活と地域」

本論文は、『子どもの地域生活と社会教育——二一世紀への展望——』（白井愼・小木美代子・姥貝荘一編、学文社、一九九六年）のなかに収録されたものです。

上杉先生は、本論文のなかで、「核家族化と少子化が顕著になっているなかで、子どもたちに、多様で豊かな人間関係を保障し、自由で活発な活動ができるようにするための意識的な取組みが必要となっている。それには、身近な地域での生活の見直しをしなければならない。」（五六頁）と述べ、次のように問題提起をしています。

①なかま集団の可能性
②近隣集団の能力を育てる機能
③「子どもの社会教育」の実践交流と理論的整理
④地域の教育力形成と条件整備の課題

2 小木美代子先生の研究から

次に、小木美代子先生のこれまでの研究から、「子どもの社会教育」を考えていくことにします。

小木美代子先生は、一九六七年以来、約四〇年にわたって日本福祉大学で子ども文化論、子どもの社会教育の研究に長く携わってこられました。

また、子どもの文化研究所の月刊誌『子どもの文化』編集長として、一九九四年四月号から一九九九年三月号までの五年間にわたり、子どもの育ちの連続性の問題や、それまで文化財に偏っていたものを子ども会なども視野に入れて編集を試みたり、当時まだ一般化されていなかったＮＰＯの問題を取り上げたりして誌面の刷新をすすめてこられました。

(1)「戦後学校外・子どもの地域施策の動きを追って」

本論文は、『子どもの地域生活と社会教育――二一世紀への展望――』の第Ⅱ章として執筆されました。

小木先生は、本論文のなかで、「戦後五〇年。わが国はこの間に大きく二回の産業施策の大転換によって、私たちの住む地域は大変貌を余儀なくされ、家庭生活の構造も大きく様変わりした。それに連れて子どもの生活の仕方や活動も大きく変化したといえる。それらは、どのように変化したのか、また、子どもの地域生活・活動に、施策や親、大人たちはどのようにかかわっていったのか、を追跡するのが本章の課題である。」（七三頁）と述べ、次のように歴史的経過と課題について整理しています。

① 子ども向け社会教育施策の歴史的経過とこれからの課題
② 子どもの権利条約の批准・発効と子どもの地域活動活性化の課題
③ 急展開をみせた子育て支援施策――「エンゼルプラン」は子どものためになされているか
④ 子ども向け文化施策の動向
⑤ 子どもの地域活動の復権と異年齢集団活動の再創造

(2)「一九八〇年代後半から顕在化する新しい子育ち・子育てグループの誕生とその背景」

本論文は、二〇〇〇年に出版された『子育ち学へのアプローチ――社会教育・福祉・文化が織りなすプリズム――』（小木美代子・立柳聡・深作拓郎編、エイデル研究所）の理論・政策動向編のⅢに収録されています。

小木先生は、本論文のなかで、、「一九八〇年代後半以降に誕生し、活発に活動を続けている〝組織〟と呼ぶにはあまりにも小さな子育て・子育ちグループは、どのような背景から生まれ、どこまでその拡がりと深まりを持ってきているのでしょうか。ここでは八〇年代後半以降、わが国のバブル経済期を起点にして誕生してきた数多くの子育て・子育ちグループについて考察するとともに、その背景を探っていくことを課題としています。」（三九頁）と述べています。

① **子育て・子育ち支援施策の流れと新しいグループの誕生**

①文部省の子育て・自分育て・子育ち支援施策の流れと新しい子育て・自分育て・子育ちグループの誕生

②子育て支援施策・エンゼルプラン（厚生省）の登場と新しい子育てグループの誕生

③保健婦・保健所のはたらきかけから生まれ、発展し続ける子育てグループ

④〝ふるさと創生事業〟から生まれた子育て・子育ちグループ、子ども施設

⑤児童館の午前中を利用して始まった親子教室や母親クラブの取り組みから発展した子育てグループ

⑥その他、子育ての不安を抱えた母親たちへの相談事業、若い母親やグループを受け入れる活動拠点での交流を通して生まれた子育てグループ

② **住民が生み出した子育て・子育ちのネットワーク**

①若い母親の〝育児不安〟が生み出した子育て・自分育てグループ（一九八〇年代の初期の頃）

②高度情報（化）社会・マスコミの影響がつくり出した子育てグループ

③今日の教育・子育て文化状況が生み出した子育て・子育ちグループ

④遊びの伝承の途切れが促した親父の出番とおとなと子ども共育ちグループの出現

⑤子ども期からの国際交流の必要性が生み出した子育て・子育ち、共育ちグループ

⑥その他、小さな小さな児童館活動や子ども文庫、絵画教室、フリースクール、障害児や不登校児の親の会、諸種の趣味の会、スポーツサークルなど多様なルーツから出発している子育て・子育ち・共育ちグループ

③ **子どもの権利条約の発効・内実化をめざす子育て・子育ちグループ**

④ **多様な子育て・子育ちグループの今後の課題**

戦後まもなくの頃、教師主導でつくられた子育て・子育ち運動・組織づくりを第Ⅰ期、一九七〇年代のまったく自

分たちで自主的目的的に子育て・子育ち組織づくりに取り組んできたおやこ劇場運動などを第Ⅱ期とすれば、今日の公私、価値観やセクション、専門の違いを超え、協同・協働して行うパートナーシップによる子育て・子育ちグループづくりは、第Ⅲ期に分類される新しい段階のものであり、すでに全国組織をもったり、各地で持ち回りのフォーラムや集会を開いたりするまでに成長し、NPOに移行しているものもみられ、今後に十分期待できると指摘されています。

しかし、反面で、子育て・子育ちグループづくりや運営において、上からのおしつけが始まっているとか硬直化してきている、世話役のなり手がいないなどの問題も出てきており、また、グループがなかなか継続して発展せず、できては消え、またつくられるという状況が今なお続いており、これらの現状をどう打開していくのかが、今後に取り組むべき課題であるとも述べられています。

3 上杉・小木両先生の研究成果と子どもの権利施策の創造

両先生の研究の優れた点を継承・発展させていくには、どうしたらよいか、「子どもの権利施策の創造」というテーマに沿って、あらためて考えていくことにします。

(1) 子どもの権利施策に求められることと全国の動き

上杉先生は「社会教育における家族の影響」のなかで、「子ども会やその育成会を意図的につくることによって、子ども集団の形成を進めるとともに、おとなのつながりを増すことが必要」（一七四頁）と指摘されています。また、「子どもの生活と地域」のなかでは、「おとなの子どもへの働きかけは、子どもの自主組織づくりを支えるものでなければならず、おとなの課題は、子どもの育ちやすい地域づくりに取り組み、その姿が成長・発達のモデルとして子どもに影響を及ぼすようになることである。また、子どもの自主組織の活動は、自由な日常のなかま集団につながることが期待される。」（六九頁）と述べられています。前者からはおとなの「子どもに対する意図的な関わり」が重要であり、後者からは「子どもの育ちやすい地域づくり」の条件を整えることが必要であると強く感じられます。

小木先生の「戦後学校外・子どもの地域施策の動きを追って」は、戦後の子どもの地域施策の変遷と子どもの生活・活動の変化をとらえたスケールの大きいものであり、「一九八〇年代後半から顕在化する新しい子育ち・子育てグループの誕生とその背景」は、前述の論文の続編ともいうべきものですが、子育ち・子育て支援施策と子育ち・子育てグループの活動の相関をとらえたところに特徴があります。

「戦後学校外・子どもの地域施策の動きを追って」のなかで、「一九六〇年代にわが国の高度経済成長政策が本格的に推進されるようになり、産業構造が大転換した。それによって労働形態も子どもの生活も大きく変えられることになった。そして、都市に住むことを余儀なくされた人びとを中心に核家族化し、学歴だけを指標とする子育て観によってこどもたちが育てられるようになり、教育政策も、近代的産業を支えるにふさわしい人材育成のカリキュラムに変わり、偏差値教育が激しさを増すに連れ、学習塾産業が幅をきかすようになった。当然のこととして、子どもの地域生活・活動は、都市部を中心にして壊滅的な状況を招いてしまった。（略）他方、これらの政府側の動きに対置して全国学童保育連絡協議会（一九六七年）、全国子ども劇場・おやこ劇場連絡協議会（一九七一年）、親子読書・地域文庫全国連絡会（一九七一年）などの結成が相次ぎ、一九七〇年代は政府側の力と、国民・運動側の動きが拮抗したおもしろい時期であったといえる。」（七六‐七七頁）と、子どもの社会教育施策の歴史的経過について述べています。

また、「一九八〇年代後半から顕在化する新しい子育て・子育ちグループの誕生とその背景」のなかでは、子どもの権利条約の発効・内実化をめざして、「地方自治体が独自に、あるいは民間とパートナーを組み、子どもの権利条約の実現に向けて真っ正面から取り組み、条例を制定したり（川西市・「子どもの人権オンブズパーソン条例」、川崎市・「子どもの権利条例」、大阪市・「人権尊重社会づくり条例」、箕面市・「箕面市子ども条例」など）、子どもの人権審査委員会を設置したり（神奈川県）、子ども権利擁護委員会の設置、子育て・子育ち支援計画の策定（中野区）、〝子ども会議〟を創設したり（「みやぎ子ども議会」、近江八幡市「ハートランドはちまん議会ジュニア」、「福岡県子ども議会」、福岡県大野城市「大野城子ども議会」など）、持ち回りの〝子どもの権利条約フォーラム〟を開催したりしてきており（実行委員会形式）、これらがユニークな子育て・子育ちグループを誕生させ、成長・発展してきた事例もみられます。」（五〇頁）と述べられています。

上杉先生の指摘にも適う「子どもの権利施策」の具体的な事例が多々紹介されています。そういった全国の動向を意識しながら、次に、筆者が活動している地域に隣接する、東京多摩地区の自治体において、子どもの権利施策を創造する根拠となる「子どもの権利条例」・「子ども条例」がどのように制定されてきているか、目を向けてみたいと思います。

(2) 東京多摩地区における「子どもの権利条例」・「子ども条例」制定をめぐる動きと教訓

筆者は、二〇〇八年九月八日の八王子市議会第三回定例会で、「子どもの権利条例」制定ついての一般質問をしました。市からの答えは、「条例の制定につきましては、こども育成計画の後期計画を策定していく中で、その意義やあり方について検討していきたいというふうに考えております。」といった素っ気ないものでした。

その際に、一般質問をするための準備として、東京多摩地域の二六の自治体について、「子どもの権利条例」・「子ども条例」制定についての調査をしました。調査の結果は、調布市で二〇〇五年三月二三日に、子どもに関する施策推進の基本を定めた「子ども条例」が制定され、二〇〇八年七月一日には、日野市で「子ども条例」が制定されました。

日野市の「子ども条例」の場合は、当初「子どもの権利条例」の制定をめざしていたものが、市議会での審議の過程で「子どもの権利」をすすめていこうとする考え方と、「日野市青少年健全育成基本方針」の趣旨を生かすという市の姿勢との考え方の違いが浮き彫りになりました。そして、審議の結果として、「子どもの権利条例」の骨格ともいうべき「子どもの権利」という言葉を削って、「子ども条例」という名称とともに、条例の中味が変質させられてしまったのです。（「日野市子ども条例」制定についての審議経過は、章末に資料として掲載しています）。

二〇〇八年一〇月には、小金井市で子どもの権利保障などをうたった「子どもの権利に関する条例」案が市議会に提出されました。この時には内容の詰めに時間がかかり、条例制定の方針が固まってから議会提出までに七年もついやしたようです。小金井市が最初に条例制定の方針を示したのは、二〇〇一年八月につくられた「のびゆく子どもプラン小金井」で、二〇〇三年九月に、公募の市民らで「小金井市子ども権利条例策定委員会」がつくられ、条例の内容を検討し、二〇〇六年三月に「小金井子どもの権利条例案の策定について」（答申）が出されました。最終段階で権利の主張だけではなく、責任や義務についても盛り込むべきだとの意見が市側に強まり、文案を調整したようです。

その他の市については、三鷹市・国分寺市・西東京市などが現在、検討中のようです。

東京多摩地区における「子どもの権利条例」・「子ども条例」制定をめぐる動きから理解されることは、子どもの権利施策の創造には、まず、子どもの権利をどのようにとらえるのか、十分な検討と合意づくりが不可欠であるということと思われます。

おわりに

朝日新聞の二〇〇八年三月三日社説「希望社会への提言一九」に、「『こども特定財源』こそ必要だ」というタイトルで次のような文章が掲載されました。

「私たちの将来に重くのしかかる難問を二つあげるならば、地球温暖化、そして少子化ではなかろうか。

このままでいくと、一〇〇年後の人口は四、四〇〇万人余になってしまうと政府は推計している。いまの三分の一に近い。

まさかとは思うが、それほど減少スピードは速く、深刻だ。（省略）
そのために何をするか。
少子化対策は「未来への投資」であると考え、思い切って資金を投入しよう。最初にそう提案したい。
日本と同じように少子化に悩む欧州のなかで、スウェーデンやフランスは、いったん落ち込んだ出生率を回復させた。それらの国は、経済規模でみて日本の四倍以上の財源を注ぎ込んでいる。（省略）
いま国会では、ガソリン税などの道路特定財源を維持し、道路に一〇年間で五九兆円を注ぎ込むとする政府の計画が問題になっている。道路ばかり造っても、人口が急減したのでは意味がない。少子化対策にこそ中期計画がほしい。
児童手当の充実まで含めて計画を立てると、財源は膨らむに違いない。だが深刻な少子化を考えれば、いま必要なのは道路ではなく、「こども特定財源」ではないのか。（省略）」

この社説が掲載された時は、国会でガソリン税などの道路特定財源を維持し、道路に一〇年間で五九兆円を注ぎ込もうとする政府の計画が問題になっていました。少子化対策を「未来への投資」であると考え、「子ども特定財源」が重要であるとする朝日新聞の社説に筆者も同感です。

本稿のタイトル「子どもの豊かに育つまちづくりをめざして――子どもの権利施策の創造――」という課題に対し、上杉孝實先生および小木美代子先生の論文を参考にさせていただきながら、主に各地の「子どもの権利条例」制定の動きを取り上げて検討を試みましたが、願うならば、こういった「子どもの権利条例」・「子ども条例」・「子ども条例」制定の動きが全国各地に広がり、そういった声の高まりを得、近い将来、子ども全体の幸福を考えるための「子ども省」の設置を究極の課題として考えていきたいものです。

【うばがい　そういち】

「日野市子ども条例」制定についての審議経過（日野市議会、平成二〇年第二回定例会健康福祉委員会会議録より）

平成二〇年第二回定例会（二〇〇八・六・一九）

◎議案第五五号、「日野市子ども条例」の制定

○議長（手嶋精一郎君）　健康福祉委員長の審査報告を求めます。

〔健康福祉委員長　登壇〕

○健康福祉委員長（渡辺　眞君）　健康福祉委員会に付託されました議案につきまして、審査の経過並びにその結果をご報告申し上げます。

まず、議案第五五号、日野市子ども条例の制定について御報告申し上げます。

本議案は、子どもの権利や、子どもが健全に育つための責務に関する基本理念を定め、市、市民が子どもの権利を尊重し、保障、擁護することで子どもの幸せを実現するため制定するものです。

主な質疑といたしましては、一、健全育成の観点が盛り込まれた経緯はどうだったのか。二、「子ども」の漢字、平仮名表記はどういう法的根拠があるか。

主な意見といたしましては、一、考え方や意見の調整が不十分と思われるので継続審査にすべきである。二、素案に対するパブリックコメントも反映されており、賛成する。三、この条例により各種の日野市の子ども施策に法的な根拠が与えられることになるので賛成する。などがございました。

審査の結果、賛成多数で原案のとおり可決すべきものと決しました。（省略）

○議長（手嶋精一郎君）　議案五五号について御意見があれば承ります。清水登志子議員。

○二番（清水登志子君）　議案第五五号、日野市子ども条例の制定について、日本共産党市議団を代表して、この条例を継続審査とし、市民的な討議を尽くすべきであるとの立場から意見を申しあげます。

まず、条例の問題点について、意見を述べさせていただきます。

一つ目は、条例の構成についてです。この条例は、前文、総則、子どもの権利と続きますが、この条例は子どもの権利をどう保障するのか、そういうまちづくりをどう進めていくのか定める条例ですから、子どもの責務を定義する前に、まず子どもの権利とは何なのか、これを述べるべきではないでしょうか。

また、この条例は、上位法である児童憲章や児童の権利に関する条約と同列に、法的な性格を持たない行政方針である日野市青少年健全育成基本方針を置いて、その

趣旨を生かすと定めています。そのときどきで変わる行政方針を普遍的な立法の中に生かすとするのは、適当ではありません。青少年健全育成基本方針にある考えを条例に生かしたいということであるならば、具体的な文言を盛り込むべきです。

次に、子どもの責務についてです。この条例では、子どもの権利を保障するまちをつくる上で必要な環境整備として、市や大人、保護者、関係機関の責務について述べています。そこに子どもの責務も同列に置いておりますが、子どもがみずからの権利を尊重し、他人の権利を尊重することは、上からこうあるべきだと押しつけて書くものなのでしょうか。子どもが権利の主体者として、その発達段階に応じて自分の権利について学び、行使をし、尊重される経験を通じて、みずからの権利を保障するように他人の権利も尊重することを理解していくことが大切であるという視点から、市やおとななどとは別個に、このことについて述べられるべきではないでしょうか。（省略）

以上のように、この条例案は、市民参加でつくり上げてきた素案から、本質的な部分にかかわる変更も含めて大幅な修正が加えられています。しかも、その修正作業そのものは事務局によって行われ、この修正部分については、市民による討議は全く経ておりません。

子どもの権利条例の制定をめぐって意見の違いがあること、このこと自体は決して悪いことではないと思います。むしろ、異なる意見を丁寧に討議する過程を通じて互いの認識が深まり、よりよい政策や協力関係をつくり上げること、そのことが条例づくりの一番大切な部分でもあると思います。市民的な討議に十分な時間をかけずに、拙速に条例案をまとめ上げるために、無理やり異なる考えを一つの条例に詰め込むようなことをすれば、条例本来の目的が失われることにもなりかねません。

改めて市民の議論にゆだね、合意をつくり上げることが必要であるとの立場から、継続審査を求め、議決には加わらず、退席させていただいて、日本共産党市議団の意見とさせていただきます。

○議長（手嶋精一郎君）　菅原直志議員。

○二〇番（菅原直志君）　二〇番、菅原です。この条例案に対して賛成の立場で意見をさせていただきたいと思います。

すべての人が一〇〇点の条例というのは、なかなか出すのは難しくて、やはり、ただおおむね、大体多くの人の了解の中で、さまざまな決まりごとというのは決められていくという側面があると思います。まずは、そういう手続をやってきた市、そして関係された市民の方々も、一定の手続を経て、おおむねの了解を経てこの条例が出されたということを私たちは尊重すべきではないかというふうに思っております。

審議が、市民的討議がなされていないという、今、清水議員からの意見がございましたけれども、では、どのようにすればよかったのかなということについて、もう少し具体的に意見があってもよかったのかなと思います。比較しないと意見にならないと思うので、お話をしているのですけれども、もう一つ、一番重要なことというのは、私たちは修正案が出せるということですね。この修正案の手続を全くとらずに、この議案に対して反対をされるというのは、やはりもう少しやり方があるのではないかというふうに私は思っております。（省略）

一番最初にお話をしたように、市民的討議というところが一つのポイントかと思います。その部分を尊重して、私は賛成したい。以上で終わります。

（議案第五五号は、日本共産党市議団退席の後、原案のとおり可決されました。）

◎請願第二〇―一二号、「日野市子ども条例」の修正を求める陳情

○議長（手嶋精一郎君）　健康福祉委員長の審査報告を求めます。

〔健康福祉委員長（渡辺　眞君）　登壇〕

○健康福祉委員長（渡辺　眞君）　健康福祉委員会に付託された請願のうち、請願第二〇―一二号、「日野市子ども条例」の修正を求める陳情につきまして、審査の経過並びにその結果を御報告申し上げます。

この請願は、今定例会に上程された「日野市子ども条例」について、条例の名称を「日野市子どもの権利条例」とし、さらに健全育成の視点で書かれた条文を全体にわたり削除するよう要望するものです。

主な質疑といたしましては、一、この条例と日野市青少年健全育成基本方針との関係はどうなっているのか。二、請願にある子どもの権利と健全育成は相反するとの指摘をどう考えているのかなどがございました。

主な意見といたしましては、一、権利侵害を受けている子どもたちに責務を求めることは条例趣旨になじまないので採択すべきである。二、条文全体を考えれば、条例名を変える必要はないのではないかということで不採択などがございました。

採決の結果、挙手少数で不採択すべきものと決しました。

（省略）

○議長（手嶋精一郎君）　請願第二〇―一二号について御意見があれば承ります。清水登志子議員。

○二番（清水登志子君）　請願二〇―一二号、「日野市子ども条例」の修正を求める陳情について、日本共産党市議団を代表して、採択の立場から意見を申し上げます。

今議会に提案された「日野市子ども条例」は、いまだ、さまざまな形で権利侵害を受けている子どもたちの権利を保障するまちをどうつくり上げていくのか、これが出発点でした。しかし、子どもの基本的人権よりも国益の方が上だとする人々の声に押されて、条例文から

「子どもの権利」という文言はことごとく削られ、別な言葉に置きかえられ、制限や義務が書き加えられました。その結果、陳情が指摘するように、子どもにとって何のための条例なのかが不明確になり、根本的な部分が変質いたしました。

また、日野市青少年健全育成基本方針は、そのときどきの行政の考え方によって変化していくものであって、普遍的な性格を持つ条例がそれに基づくということはあり得ません。

以上、請願二〇―一二号、「日野市子ども条例」の修正を求める陳情を採択すべきとの立場からの意見とさせていただきます。

(請願二〇―一二号は、委員長報告のとおり不採択となりました。)

あとがき

これまで折々に多大なご指導を賜ってきた上杉孝實、小木美代子、両先生に感謝と人生の節目の祝意を表すると共に、学恩に報いる本を関係者の協力でまとめてみたいと思い立ち、実現の運びとなったことを、まず素直に喜びたいと思います。

しかし、この本を刊行することには、同時に大きな覚悟が必要でした。それは、関係の催しや会合を開く度に、仮に何か行き詰っても、常に両先生がおられ、いろいろお知恵を拝借して切り抜けられるとの思いが安心感となり、思い切っていろいろ実行してきたわけですが、真に学恩に報いるべく、両先生を敬愛し、引き続きお手本とさせていただきながらも、そうした甘えを払拭し、相応に自立する決意をどこかで固めることが必要な時期に来ているのではないか？　両先生を監修者として別格に位置づけさせていただいて編集を進めることは、まさに、一般に対し、そうした意思の表明になるとの判断があったからです。

いざ、現実にそのスタートラインに立って、どうしていけばよいのか？　と問うほどに、思い起こされてくることがありました。その第一は、本当はあり余る多くの優れた学識で、さまざまご意見もあろうに、決して高ぶることなく、私どものような若輩にも、いつもにこやかに穏やかな口調でご自身の思いを語られる両先生の言葉や態度に、気がつけば、大局を見据えた含蓄やするどい慧眼、人間に対する慈しみを悟らされ、内心、自己の浅学や高慢不遜を恥じている自分を発見することが間々あることです。

第二は、両先生の周囲に集まる人材の豊かさです。本書の編集を通じて、寄稿者の皆さんの多彩な顔ぶれに改めて驚かされました。どれほど多くの方々が両先生を慕っておられることか…なぜだろうと考える内に、ふと、心に思い浮かぶことがありました。

この本の編集の佳境であった二〇〇八年は、子どもの権利条約の思想的源流とされるヤヌシュ・コルチャックの生誕一三〇周年でした。ユダヤ系ポーランド人であり、小児科医、孤児院長、児童文学作家でもあったコルチャックは、子どもたちの健やかな育ちの支援に関わるさまざまな社会事業や教育活動に従事し、子どもとの直接的な交流の中で、その人間的本質を見抜き、それを踏まえて子どもの権利についての考えをまとめ、後世に残しましたが、自分だけが助かることを拒否し、ナチスの親衛隊によりトレブリンカ強制収容所で、子どもたちと共にガス室で殺害されました。

私は、プロローグで、「子どもの発達支援と権利保障」について拙文を記させていただきましたが、今世紀に入ってからの私の重要な思索の対象が、まさにそれであったからです。この過程で、子どもの権利条約の理念と共に、コルチャックの思想や生き方に触れ、学び、感銘を受けることが多々ありましたが、両先生の生き方や人間に対する眼差しと響きあうものに気づき、いつしか確信的な思いになったのは、子どもの育ちの支援に関わる者は、〝人格的に優れた実践者でなければならない〟という悟りでした。

すると、はたして自分は……改めて重い問いかけに押しつぶされそうです。残念ながら、私がそれを極めるまでには、まだまだ多くの時間と修養が必要と思われます。今後の一つの大きな目標は、より若い皆さんと共に、人格的にも両先生に一歩でも迫れるよう、精進していくことと考え、この場においてそれを誓いたいと思います。

そういえば、本書の大変重要な特色は、まさにこの人たちこそが、今後この分野をリードしていくであろう稀有な若き人材の皆さんに呼びかけ、積極的にご寄稿いただいたことです。さらなる夢を託すことのできる後継者たちの存在に発展的な未来を予見しています。また、両先生を慕って集まられた多くの人たちが、本書を契機につながりをもち、広げ、深めていくことも疑いないことと思われます。子どもの社会教育や子育ち学の礎が一段と強固になっていくチャンスと信じます。さらに、そうした動きと連動しつつ、本書が各地で多々活用されること、そして、さまざまな方面から建設的な批判や検証が加えられ、実践や研究に一層の展望が開かれていくことを期待したいと思います。
最後になりましたが、本書の刊行の実現にご尽力をいただいた学文社の編集者落合絵理さんに、心からの御礼を申し上げます。

二〇〇九年二月

編著者　立　柳　聡

監修者

上杉孝實（うえすぎ たかみち）

京都府出身、現在兵庫県川西市に在住。社会教育職員等を経て、姫路短期大学、奈良女子大学、京都大学、龍谷大学、畿央大学に勤務。現在、京都大学名誉教授、畿央大学教授・教育学部長。元日本社会教育学会長。専攻は社会教育、教育社会学。主要著書に『地域社会教育の展開』（松籟社）、『現代文化と教育』（高文堂出版社）など。

小木美代子（おぎ みよこ）

三重県出身、現在名古屋市に在住。日本福祉大学専任講師を経て、教授（社会福祉学部）となる。その間に京都大学、名古屋大学等の非常勤講師を歴任。現在、日本福祉大学名誉教授、日本社会教育学会名誉会員。あいち・子ども NPO センター代表理事。専攻は子どもの社会教育、子ども文化論。主要著書に『学校五日制でどうなるの』（学陽書房）、『暮らしと文化のキーワード』（中部日本教育文化会）など。

編著者

姥貝荘一　八王子市議会議員

立柳　聡　福島県立医科大学

未来を拓く子どもの社会教育

2009 年 4 月 15 日　第 1 版第 1 刷発行

監修者　上 杉 孝 實
小 木 美 代 子

発行者　田中　千津子
発行所　㈱ 学 文 社

〒 153-0064　東京都目黒区下目黒 3-6-1
電話 03（3715）1501 ㈹
FAX 03（3715）2012
http://www.gakubunsha.com

© Uesugi Takamichi & Ogi Miyoko 2009
乱丁・落丁の場合は本社でお取替えします。
定価は売上カード，カバーに表示。

印刷所　新灯印刷㈱

ISBN978-4-7620-1955-5